불확실한 세상에서 삶의 의미를 찾고 싶은

_____님에게

지그문트 바우만
행복해질 권리

일러두기

1. 단행본은 『 』, -단편 소설, 에세이, 논문 「 」, 정기간행물(잡지 등)은 《 》, 영화, 방송 프로그램, 기사 제목, 노래 등 〈 〉로 표기하였다.
2. 본문의 언급된 책이나 인물, 영화 등은 최초 언급 시에만 원제를 병기하고 모두 우리말로 표기했다. 단, 통상적으로 대부분의 사람들이 안다고 판단될 때에는 병기를 생략했다.
3. 원서의 이탤릭체는 본문에 이탤릭체+볼드체로 옮겼다.

The Art of Life
Copyright © 2008
This edition is publihshed by arrangement with Polity Press Ltd., Cambridge
Korean translation rights arranged with Polity Press Ltd., Cambridge,
through Danny Hong Agency, Seoul.
Korean translation copyright © 2025 by Book21 Publishing Group

이 책의 한국어판 저작권은 대니홍에이전시를 통한 저작권사와의
독점 계약으로 ㈜북이십일에 있습니다.
저작권법에 의해 한국 내에서 보호를 받는 저작물이므로 무단전재와 복제를 금합니다.

지그문트 바우만
행복해질 권리

세기의 지성이 불안한 현대인에게
건네는 철학적 조언

지그문트 바우만 지음 김수진 옮김 노명우 감수

The Art of Life 21세기북스

그대는 고립된 독립체가 아니다.
유일무이하고 대체 불가능한 우주의 한 부분이다.
이 사실을 잊지 말라.
그대는 인류라는 퍼즐을 이루는 데 꼭 필요한 한 조각이다.

에픽테토스, 「삶의 기술」

행복하게 사는 것……. 이것은 모든 사람의 바람이다.
그런데 무엇이 삶을 행복하게 만드는지 뚜렷하게 알려면
어둠 속에서 손으로 더듬어 가며 빛을 찾아야 한다.
행복한 삶을 이루기 어려운 이유는
이를 위해 고군분투하며 에너지를 쏟아부을수록
도중에 잘못된 방향으로 접어들었을 때
오히려 행복한 삶에서 더 멀어지기 때문이다…….

세네카, 「행복한 삶에 대하여」

추천의 글

살아 있는 한 희망을 놓지 않으리

김만권 (정치철학자, 『외로움의 습격』 저자)

　　2017년 1월 세상을 뜰 때까지, 지그문트 바우만은 세계에서 가장 영향력 있는 사회학자 중 한 명이었다. 더하여 위대한 철학자였다. 예를 들어 단단한 영토 국가의 경계가 무너진 지구화 시대에 개인들이 처한 삶의 모습을 '액체 현대$^{liquid\ modernity}$'라는 개념으로 숨김없이 드러냈다. 우리 시대의 개인들은 모든 것이 불확실해진 세계에서 불안에 떨고 있을 뿐만 아니라, 국가의 보호 없는 삶에 노출돼 있다.

　　이렇게 새로이 도래한 시대의 본질을 적나라하게 폭로한 바우만이 묻는다.

　　'불확실성이 지배하는 우리 삶에서 행복이란 무엇인가?'

'추구할 만한 가치들이 짧은 순간에만 존재하는 세계에서 우리는 어떤 행복을 찾을 수 있을까?'
'만약 그런 게 있다면 어떻게 행복에 이를 수 있을까?'
'행복이란 게 있기는 할까?'

행복 추구가 인간의 본성인지는 답할 수 없어도, 인류가 오랜 시간 행복 추구를 삶의 목적으로 삼아 왔음은 분명하다. 위대한 아리스토텔레스의 철학 역시 '행복'이 그 중심에 있다. 하지만 견고한 가치가 사라진 액체 현대 시대에는 행복이 무엇인지 아는 일조차 쉽지 않다. 그러다 보니 개인들 대다수는 '나는 행복해질 수 있을까?'란 불안에 시달린다.

이 와중에 액체 현대를 이루는 중요한 요소인 '소비사회'가 찾아낸 일반적 행복의 척도는 돈이다. 소비가 삶의 본질이기에 돈은 행복의 필수 요소이다. 돈이 있으면 행복하리라고 믿는 나, 끊임없이 소비하는 나, 소비하기 위해 돈을 벌며 지쳐 가는 나, 그렇지만 여전히 돈이 있어야 행복하다고 믿는 나의 모습이 악순환의 고리를 이룬다.

더 심각한 문제는 불확실성의 세계에서 개인들이 장기적 전망 아래 자기희생이나 더 높은 가치에 헌신하는 일이 쉽지 않다는 데 있다. 오히려 불확실성의 세계에서 가장 확실한 것은 지금 바로 이 순간이 즐겁기를 바라는 것이고, 그래서 행복이란 지금 모든 게 즐겁기를 바라는 일이 돼 버리기 십상이다. 그렇다면 행복은 진정 그런 모습으로 존재할까?

바우만에 따르면, 우리 시대의 행복은 아름답지만 불확실하다는 점에서 밤하늘에 빛나는 수많은 별 중 하나 혹은 몇 개를 선택해 따라가는 일과 같다. 어떤 별을 선택해야 하는지 알 수 있는 비법 따윈 없다. 그런 점에서 우리의 선택은 언제나 위험이 따른다. 그 위험한 선택이 내가 누구인지를 형성하고, 내가 이 세상에 어디에 존재하는지를 알려 준다. 개인으로 존재하는 것은 숙명이지만, 삶은 우리가 어떤 의지로 어떤 선택을 하는가에 따라 각자의 삶에 다른 모양과 흔적을 남긴다.

그래서 바우만은 말한다. "우리가 알든 모르든, 좋아하든 애통해하든, 우리 인생은 예술 작품"이라고. "삶은 예술 작품이라는 명제가 공리나 훈계가 아니라 사실의 진술"이라고. "우리 모두는 우리 삶의 예술가"라고. "예술가로 산다는 것은 달리 모양이나 형태가 잡히지 않은 것에 형태와 모양을 잡는" 일이라고. "인생이라는 예술의 요구대로 우리 삶을 살려면 직접 맞서기 어려운 도전에 스스로 도전장을 내밀어야 한다"고.

그 어려운 도전은 각자의 행복을 추구할 때 모두가 마주하는 양자택일 상황에서 시작된다. "나의 고유한 안녕을 돌보는 데 초점을 맞출지, 아니면 다른 사람들의 안녕을 돌보는 데 초점을 맞출지를 택해야 한다." 바우만은 확신한다. 우리에겐 여전히 다른 사람들의 안녕을 돌보는 데서 출발할 자발적 인성이 있다고. 우리에게 타자에 대한 책임이 있다는 사실에서 어떻게 만족감을 얻을지는 궁극적으로 개인에게 오롯이 달려 있다고.

누군가는 말할지 모른다. 그건 순진한 철학자의 희망에 불과하다고. 하지만 바우만은 고대인들의 지혜 한 자락을 빌려 대답한다. "살아 있는 한 희망을 놓지 않는다.^{dum spiro, spero}"

내 얼굴의 나약함이, 타자의 무능함이 서로에게 책임을 불러일으킬 수 있을까? 그 책임이 행복이 될 수 있을까? 인생이 내가 만들어 가는 예술이란 믿음이 조금이라도 있다면, 바우만의 『지그문트 바우만 행복해질 권리』를 열어 보길 바란다. 여러분의 삶의 모양이나 형태를 잡는 첫 손길이 될지도 모른다는 희망을 담아서 말이다.

감수의 글

인생이라는 예술을 가꾸라는
바우만의 지혜로운 해법

노명우(아주대학교 사회학 교수)

　누구나 행복을 원하지만 정작 행복하다고 느끼는 사람은 그다지 많지 않다. 행복해지려고 애쓰고 있음에도, 현대인은 상시적인 불만족의 늪에 빠져 허우적거리고 있다. 행복이란 결코 도달할 수 없는 신기루 같은 것일까? 행복은 애초부터 소수의 사람에게만 허락된 인생의 목표인 것일까?
　혜안慧眼은 관습을 깨는 사유를 하는 사람이 세상을 보는 눈이다. 혜안을 지닌 사람은 생각 방법을 바꿈으로써 도무지 풀리지 않을 것 같은 난제를 해결할 수 있는 실마리를 찾아낸다. 노년의 지그문트 바우만이 쓴 이 책에서 우리는 혜안으로 인생의 행복이라는 난제를 풀어 가는 탁월한 방법을 접할 수 있다. 바우만은 질문과 해답의 틀 자체를 재구성하는 현자이다.

더 많은 돈과 더 많은 소비가 진정 행복에 도달하기 위해 필요충분조건인지 바우만과 함께 제대로 의심해 보자. 시장주의 경제 구조 속에 사는 한 인간은 생존에 필요한 재화를 구매하기 위해 돈을 필요로 하는 것은 사실이다.

돈이 인간의 생존을 위한 필수 조건임은 부인할 수 없지만, 돈이 자동적으로 행복을 보장해 주는가? 아니다. 돈이 행복의 전제 조건이라 하더라도 행복은 돈만으로는 설명될 수 없다.

행복은 생존 위에 만족이 더해져야 도달할 수 있는 상위 목표이다. 생존에 머무르지 않고 삶의 만족에 도달하기 위해서는 '돈으로 할 수 없는 것'이 충족돼야 한다. 사람의 인생은 '돈이 있어야만 할 수 있는 일'과 '돈이 없어도 할 수 있는 일'로 양분돼 있건만, 시장주의적 관념에 포획돼 있는 사람은 행복에 도달할 수 있는 방법을 오로지 돈으로 할 수 있는 절반의 세계에서만 찾아내려 한다.

행복에 도달하는 수단을 돈으로 할 수 있는 세계에서만 찾는 사람이 소비주의의 덫에 걸려 있을 때, 바우만은 행복에 도달하기 위해 절대적으로 필요한 수단이 돈과 소비라는 확고한 믿음이 오히려 우리를 끝없는 불만족으로 몰아넣고 있는 것은 아닌지 묻는다. 그리고 GNP와 같은 단 하나의 지수, 월급 크기와 같은 단 하나의 요인만으로 행복에 도달할 수 있으리라 어설

프게 믿고 있는 우리에게 삶을 살아 내는 다른 방법이 있음을 일깨워 준다.

그것이 나를 돌보고 배려하는 삶의 기술이다. 자기배려라는 고대 헬라스 철학의 위대한 유산을 현대적 사유의 소재로 전화시켰던 미셸 푸코의 탁월한 시도를 물려받아, 바우만은 소비주의의 악무한 회로에서 벗어날 수 있는 방법을 탐색한다.

바우만은 자기 경쟁력 강화라는 시장주의적 자기계발이 더 이상 행복을 보장하는 당연한 수단이 아니라고 여길 때 비로소 보이는, 삶 자체가 하나의 예술 작품이 되는 그 순간을 위해 나를 돌보고 배려하는 기법의 세계로 안내한다.

행복은 물질적으로 풍요로운 삶과 동의어가 아니다. 아리스토텔레스가 물질적 풍요와 구분하기 위해, 물질적 풍요로 환원되지 않는 좋은 삶을 향한 여정을 에우다이모니아 eudaimonia라는 단어로 언급했듯이 바우만은 보다 많은 돈과 보다 많은 소비가 행복에 도달하게 해 줄 것이라는 잘못된 판단에서 시작된 불만족의 늪에서 우리를 건져 내기 위해 우리를 에우다이모니아, 즉 좋은 삶의 세계로 이끈다.

좋은 삶(행복한 삶)은 로또 당첨처럼 단박에 얻을 수 있는 것이 아니다. 붓질에 붓질을 더한 끝에 걸작을 만들어 내는 예술가처럼, 행복은 돈으로 좌지우지되지 않은 삶의 영역에서 자신을 돌보는 기법이 쌓이고 쌓여 도달할 수 있는 삶의 경지이다. 볼테르는 『깡디드』의 마지막에서 인간은 종국에 "우리의 정원을 가꾸는 것"이 해법이라고 제안하지 않았던가? 그렇다. 행복은 돈이라는 총알을 장전하고 득템을 위해 브랜드 사냥에 나선 소비주의에 포획된 사냥꾼 방식으로는 도달할 수 없는 인생의 경지이다. 일격에 다량의 이익 얻기를 추구하는 사냥꾼과 달리 정원사는 단 하루도 정원 가꾸기를 게을리하지 않는다.

인생의 행복은 사냥꾼의 헌팅 트로피가 아니다. 인생의 행복은 정원사의 태도를 견지한 삶에게만 도달이 허락된 목적지이다. 돈이 아주 많지 않아도 돈으로 살 수 없는 것을 영위하고 있고, 친밀한 인간관계 안에서만 번창할 수 있는 것 속에 있다면, 우리 각자의 인생은 하나의 걸작에 가까운 예술 작품이 될 수 있다.

나만의 독창성, 가치를 부여하는 일에의 헌신, 고생 끝에 힘들게 무엇을 얻어 냈을 때 맛보는 희열, 일을 제대로 그리고 훌륭히 해냈다는 자부심, 불굴의 정신으로 장애물을 극복하고 힘겨운 일을 해냈다는 뿌듯함, 타인에 대한 애정 어린 관심, 나의 이익을 위하는 일만이 아닌 공적인 일에의 참여, 내가 나를 돌보고 타인이 나를 돌보고 그러하기에 다시 내가 타인을 돌보는 돈으로는 얻을 수 없는 회로의 순환 속에 우리가 그렇게 도달하고 싶은 행복이 있다.

    행복은 오랜 시간 동안 잘 가꿔진 인생 정원의 다른 이름이라고 할 수 있다. 이제는 우리 모두가 각자의 인생을 예술 작품으로 만들기 위해 기꺼이 정원사가 되겠다고 마음먹을 때이다.

서문

행복, 과연 무엇이 문제인가

　제목을 보고 고개를 갸우뚱하는 독자가 많을 것이다. 그러라고 — 잠시 멈춰서 생각해 보라고 — 던진 질문이다. 그런데 뭘 멈추라는 걸까? 바로 행복 추구이다. 행복 추구는 거의 언제나 우리 마음속에 있으면서 우리 삶의 대부분을 차지한다. — 독자 여러분도 대부분 여기에 동의할 것이다. 행복 추구의 동력은 떨어질 수도 없고, 앞으로도 떨어지지 않는다. 그러니 행복 추구에 멈춤이란 없다는 것은 말할 필요도 없다……. 적어도 (찰나의, 기껏해야 찰나의) 한순간 이상 멈추는 일은 없다.

　그렇다면 왜 이 질문에 고개를 갸우뚱하게 되는 걸까? '행복, 과연 무엇이 문제인가?'라고 묻는 것은 얼음에서 무엇이 뜨거운가, 혹은 장미에서 무엇이 악취를 풍기는가 하고 묻는 것이나 다름없기 때문이다. 얼음은 열과 양립할 수 없고 장미는 악취와 양립할 수 없을진대, 이런 질문들은 **상상도 할 수 없는** 공존(열이 있는 곳에는 얼음이 있을 수 없으므로)이 가능하다는 가정을 전제로 한다. 도대체 어떻게 **행복**에 **문제**가 있을 수 있을까? '행복'은 잘못된 것 **없음**과 동의어가 아니던가? 그야말로 잘못된 것이 **있을 수 없음**과 동의어가 아니던가? **그 어떤** 잘못도 불가능하다는 뜻이 아니던가?!

이런 질문을 던진 인물은 바로 마이클 러스틴[1]이다. 지금껏 여기에 의문을 품은 사람은 문제의식을 지닌 극소수에 불과했으며, 아마 앞으로도 그럴 것이다. 러스틴은 문제를 제기한 이유를 다음과 같이 설명한다. 우리가 속한 사회와 같은 사회, 즉 행복을 추구하는 수많은 남녀노소에 의해 움직이는 사회는 점점 더 부유해지지만, 그렇다고 사람들이 더 행복해진다고 단정할 수는 없다. 인간의 행복 추구는 제 살 갉아먹기와 같다. 가용한 모든 실증적 데이터에 따르면, 부유한 사회의 구성원 같은 경우에는 행복한 삶을 가져다주는 주요 수단으로 여겨지는 것, 즉 풍요로움의 증대와 더 큰 행복 사이에 상관관계가 전혀 없는 듯하다.

경제성장과 행복 증진이 상호 밀접하게 관련돼 있다는 것은 대체로 가장 의구심이 들지 않는, 어쩌면 그 무엇보다도 자명한 진리 가운데 하나로 여겨진다. 아니면 적어도 세상에서 가장 유명하고 가장 존경받는 정치 지도자들과 그 조언자들이나 대변인들은 그렇게 말한다. 그러면 그들의 견해에 의존하는 경향이 있는 우리는 잠시 멈춰 심사숙고하거나 곱씹어 생각하지도 않고 그들의 말을 따라 한다. 그리고 그들이나 우리나 이런 상관관계가 진짜라는 전제하에 행동한다. 우리는 이 믿음에 따라 그들이 더욱더 단호하고 활발하게 행동하기를 원한다. 그러면서 그들이 성공을 거둬 (다시 말해 우리의 소득, 가용 현금, 재산과 자산과 부의 규모가 증대함으로써) 우리 삶의 질이 높아지기를, 지금보다 더 큰 행복감을 느끼기를 희망하며 그들에게 행운을 빈다.

러스틴이 조사해 요약한 거의 모든 연구 보고서에 따르면, "미국과 영국 같은 국가들에서는 생활 수준 향상이 주관적인 안녕감의 증진과 무관했다. — 실제로는 오히려 조금 감소했다." 로버트 레인은 전후 미국의 소득이 획기적으로 엄청나게 증가했음에도 미국인들이 느끼는 행복감은 줄어들었다는 사실을 발견했다.[2] 리처드 레이어드는 국가 간 데이터를 비교하고 나서 다음과 같은 결론을 내렸다. 삶에 대한 만족감을 나타내는 지수들은 대체로 국민총생산^{GNP} 수준과 나란히 높아지기는 하지만, 어디까지나 삶의 화두가 빈곤과 결핍에서 필수적인 '생존' 욕구의 충족으로 바뀌는 지점까지만 유의미하게 상승한다. 그

다음부터는 부가 추가적으로 증가하는데도 상승 속도가 대폭 느려지거나 아예 멈춰 버린다.³ 전체적으로 보면, 1인당 연평균 소득이 2만~3만 5,000달러인 나라들과 1만 달러 이하인 나라들은 삶에 대한 만족감을 나타내는 지수들이 불과 몇 퍼센트밖에 차이 나지 않는다. 이를 보면 소득 증대를 통해 사람들을 더 행복하게 만든다는 전략은 통하지 않는 듯하다. 반면 지금까지 알려진 바로는, 부의 수준에 따라 가장 극적으로 성장하는 것으로 보이는 사회지표는 다름 아닌 범죄율이다. 강도와 자동차 절도, 마약 밀매, 경제적 부당이득과 기업의 부패 발생 지수가 크게 높아졌다. 이들 지수는 주관적 안녕감이 상승하리라 예상했던 속도만큼이나 빠르게 증가했다. 또한 불확실성에 대해 불편하고 불안한 감정을 느끼는 빈도도 높아졌다. 이런 감정은 사는 동안 영구적으로 마음속에 자리 잡는 것은 물론 견뎌 내기도 힘들다. 불확실성은 '주변에' 만연하나 뿌리를 내린 것처럼 보이지는 않고 특정되지도 않는 만큼 더 성가시고 짜증스럽다……

지난 수십 년간, 정부 정책 및 우리와 정부의 '생활정치'(영국 사회학자 앤서니 기든스가 주창했다. 민생 문제 해결과 국민의 생활수준 향상뿐만 아니라 생활세계 속의 다양한 사회문제 해결에 초점을 두는 것으로, 제도 정치를 넘어 사회운동을 아우르는 개념 – 옮긴이) 전략은 공공연히 '최대 다수의' 행복 총량 증가를 주요 목표로 삼아 그 방향을 결정해 왔다. — 즉 경제성장과 가용 현금 및 신용대출 증가에 따른 행복 총량 증가가 목표였다. 이런 사실을 고려하면 위와 같은 연구 결과들은 심히 실망스럽다. 최대 다수의 행복 총량 증가는 정부 정책과 우리의 행복 추구의 성패를 가늠하는 주요한 척도 역할도 했다. 심지어 행복을 추구하는 인간의 보편적 권리를 천명한 사건이 근대사회의 시작을 알렸다고 해도 무리가 아니다. 그러면서 근대사회는 예전보다 번거롭거나 고되지 않으면서도 더 효과적으로 행복을 추구하게 만들어, 행복이 삶의 형태보다 우월하다는 것을 입증하겠다고도 약속했다. 그렇다면 이를 입증하기 위해 제시된 수단들(주로 'GNP' 증가로 측정되는 지속적 경제성장률)이 잘못 선택된 것은 아닌지 의문이 들 수 있다. 이 경우, 선택 과정에서 정확히 뭐가 잘못됐을까?

인간은 육체적, 정신적 노동의 결과로 다양한 생산물을 얻는다. 이 생산물들의 유일한 공통분모는 시장가격이 매겨진다는 것이다. 가용한 생산물의 증감 파악이 목적인 'GNP' 통계는 생산물 거래 과정에서 손바뀜하는 돈의 규모를 기록한다. 다만 GNP 수치가 이처럼 경제 규모를 보여 주는 공개적인 임무에서 실력을 제대로 발휘하느냐는 별개의 문제이다. 문제는, 대체로 그러고는 있지만, GNP 수치를 행복 증감의 지표로 삼아야 하느냐이다. 돈을 쓰면 쓸수록 돈을 쓰는 사람의 행복도 함께 상향해야 한다고 추정되지만, 여기에 직접적이고 명백한 인과관계는 보이지 않는다. 가령 행복을 추구하기 위해 사람을 빠져들게 하고, 에너지 소모가 크고, 위험이 따르고, 정신적 부담을 준다고 알려진 활동을 했다고 하자. 그 결과 우울증 지수가 더 높아지면, 항우울제 소비에 더 많은 돈을 쓸 가능성이 크다. 차량 소유가 증가해 자동차 사고 발생 빈도와 사고 피해자 수가 늘어나면, 차량 수리비와 치료비 지출도 커진다. 세상의 모든 수돗물 수질이 계속해서 나빠지면, 장거리건 단거리건 여행을 떠날 때마다 배낭이나 여행 가방에 넣어 갈 생수를 사는 데 더 많은 돈을 쓰게 된다. (공항 검색대를 지나기 전에 생수병 속 내용물을 비우라는 요구를 받으면, 검색대를 통과하고 나서 새로 생수를 사야 한다.) 이 모든 경우와 이와 유사한 수많은 경우에 돈을 더 많이 주고받게 되면서 GNP 수치가 증가한다. 이는 확실하다. 물론 항우울제 구매자, 자동차 사고 피해자, 생수병 구매자, 그리고 자신이 불운할까 걱정하고 고통받을 차례일지도 모른다고 두려워하는 모든 사람의 행복도 마찬가지로 커질 수는 있다. — 하지만 그러리란 확신은 훨씬 줄어든다.

그런데 이 모든 것이 전혀 뉴스거리가 되지 못한다. 때마침 얼마 전에 장클로드 미셰아가 복잡다단한 '근대화 프로젝트[4]'의 역사를 다시 쓰면서 기억 하나를 소환해 냈다. 때는 미국 대선이 한창이던 1968년 3월 18일. 로버트 케네디 후보가 GNP가 행복의 척도라는 것은 근거 없는 거짓이라며 신랄하게 공격하기 시작했다.

우리는 GNP를 계산할 때 대기오염과 담배 광고, 고속도로에서 다친 사람들을 실으러 가는 구급차도 고려한다. GNP에는 우리 집을 보호하고, 우리 집에 침입한 자들을 가두는 감옥을 보호하기 위한 보안 시스템 비용도 반영된다. GNP로 인해 우리의 세쿼이아 숲이 파괴되고, 그 자리에 도시가 이리저리 무질서하게 퍼져 나간다. GNP에는 폭탄과 핵무기, 경찰이 도시 치안을 유지하는 데 필요한 무장 차량의 생산량도 포함된다. 심지어⋯⋯ 아이들에게 장난감을 팔고자 폭력을 미화하는 TV 프로그램들까지 GNP에 기록된다. 반면 GNP는 우리 아이들의 건강이나 우리 교육의 질, 우리 놀이가 얼마나 흥겨운지에는 주목하지 않는다. 우리 시詩의 아름다움과 우리의 결혼 생활이 주는 힘은 측정하지 않는다. 우리가 하는 정치 토론의 질과 우리 대표자들의 성실성은 평가하려고 애쓰지도 않는다. 우리의 용기, 지혜, 문화는 고려 대상으로 삼지 않는다. 우리의 연민과 조국에 대한 헌신에 대해서는 눈을 감고 입을 다문다. 한마디로 GNP는 삶의 고통을 감수할 만큼 삶을 가치 있게 만드는 것들을 뺀 나머지 모두를 측정한다.

로버트 케네디는 이렇게 맹렬히 비난하며, 삶을 살 만한 가치가 있게 만드는 것들의 중요성을 복원하겠다고 발표했다. 그러나 불과 몇 주 뒤, 그는 살해되고 말았다. 만약 그가 미국 대통령에 당선됐다면 과연 자신이 한 말을 실현했을지, 최소한 노력이라도 했을지 우리로서는 알 길이 없다. 다만 우리는 안다. 그로부터 40년간 사람들이 그의 메시지를 듣고, 이해하고, 받아들이고, 기억한 흔적은 거의 남아 있지 않다는 것을 말이다. 심지어 우리가 선출한 대표들은 의미 있고 행복한 삶으로 가는 왕도가 상품시장에 있다는 주장을 부정하기 위한 그 어떤 조치도 취하지 않았다. 우리 역시 그의 메시지에 따라 삶의 전략을 새로 짜려는 의향을 전혀 보이지 않았다.

전문가들은 인간 행복에 없어서는 안 되는 재화의 절반가량은 시장가격을 매길 수도, 상점에서 구할 수도 없는 것들이라고 한다. 여러분의 현금 사정이나 신용 상황이 어떠하든 사랑, 우정, 가정생활의 즐거움, 사랑하는 사람을 돌보거나 곤경에 처한 이웃을 도우며 느끼는 만족감은 쇼핑몰에서 찾을 수 없다. 우리 모두에게는 '노동의 결실을 보고 싶어 하는 본능'이 있다. 그런데 이런 공통된 본능을 충족시키는, 일을 훌륭히 완수했을 때 느끼는 자존감도 쇼핑몰에서는 찾을 수 없다. 거기에는 직장 동료나 함께 일하는 다른 사람들에게서 받는 평가나 공감, 존중도 없다. 무시, 경멸, 모욕, 치욕을 당할 수 있는 위협에서 자유롭지도 못하다. 게다가 상점에서만 구할 수 있는 재화를 살 돈을 충분히 벌고자 하면, 앞서 열거한 것 같은 상업적이지 **않고** 시장성 **없는** 재화를 구하는 데 드는 시간과 에너지가 부담이 된다. 그 결과, 득보다 실이 많아지기 쉽다. 실제로도 그런 경우가 빈번하다. 늘어난 소득이 행복을 낳을 가능성보다 '돈으로 살 수 없는' 재화에 대한 접근성이 떨어지면서 불행해질 가능성이 더 커진다는 말이다.

 소비하는 데는 시간이 든다(쇼핑도 마찬가지이다). 당연히 소비재 판매자들은 소비라는 즐거운 행위에 드는 시간을 최소한으로 줄이는 데 관심이 많다. 이와 동시에, 필요하기는 하나 시간만 많이 잡아먹고 영업이익은 거의 없는 활동들을 최소한으로 줄이거나 완전히 없애는 데도 관심이 많다. 카탈로그에 자주 등장하는 신상품 설명 문구를 떠올려 보자. 제시된 약속 — '힘들일 필요 전혀 없음', '별다른 기술 필요 없음', '(음악, 전망, 맛있는 음식, 깨끗해진 블라우스 등을) 당장 즐길 수 있음', '터치 한 번만으로'와 같은 약속 — 을 들여다보면, 파는 사람과 사는 사람의 관심이 하나로 수렴된다고 여겨지는 것 같다. 이런 약속은 판매자들의 마음을 에둘러 인정하는 모양새이다. 구매자들이 이미 산 재화를 즐기는 데 시간을 허비하느라 무모한 쇼핑을 더 많이 할 시간이 부족해지지 않기를 바라는 마음 말이다. 그러면서도 약속하는 내용은 분명 판매하면서 내세울 수 있는 매우 신뢰할 만한 장점이기도 해야 한다. 예비 소비자들은 빠른 결과를 원하며, 정신적·신체적 능력을 잠깐만 동원하고 싶어 하는 것이 틀림없는 듯하다. ─ 아마도 더 매력적인 대안을 위한 시간을 마련하기 위해서일 것이다. 기적과 같은 기발한 신형 전자 캔 오프너 덕분에 '여러분에게 해가 되는' 부류의 노력을 덜 들이고 캔을 열 수 있다고 해 보자. 그러면 체육관에서 '여러분에게 이로운' 다양한 활동을 약속하는 기구들로 운동할 수 있는 시간이 늘어난다. 하지만 이렇게 맞바꾸면서 얻는 이득이 뭐든, 행복의 총량에 미치는 영향은 그저 모호할 뿐이다.

로라 포터 Laura Potter 는 온갖 종류의 대기실 탐험이라는 기발한 프로젝트에 착수했다. 실험에 앞서, 그녀는 대기실에서 기다리는 사람들이 "참을성이 바닥나 불만으로 얼굴이 벌겋게 상기된 채 시간이 0.001초씩 흐를 때마다 저주를 퍼붓고" 있으리라 예상했다. 그곳을 찾게 만든 "긴급 용건"이 뭐든 간에 기다려야 한다는 사실에 맹렬히 항의하고 있으리라 짐작했다.[5] 우리는

"즉각적인 만족감을 추종하는" 만큼 우리 가운데 "기다릴 줄 아는 능력을 상실한" 사람들이 많으리라 예단한 것이다.

우리는 '기다림'이란 단어가 입에 담을 수 없는 말이 돼 버린 시대를 살고 있다. 우리는 기다리는 대상이 뭐든 기다릴 필요 자체를 점진적으로 (최대한) 뿌리 뽑아 왔다. 현재 우리가 쓰는 최신 수식어는 '즉석'이다. 이제는 밥솥이 끓는 데 걸리는 12분밖에 안 되는 시간마저 할애하지 못해, 시간을 절약해 주는 전자레인지용 2분 요리가 생겼다. 누군가와 자연스럽게 만날 기회를 기다리지 못하고 스피드데이트 같은 인위적인 만남을 추구하기도 한다. …… 시간에 쫓기는 생활 속에서 21세기 영국인들은 더 이상 그 무엇도 기다릴 시간이 없는 듯하다.

그런데 이런 예상과 달리, 그녀를 (그리고 아마도 우리 대부분을) 깜짝 놀라게 할 매우 뜻밖의 결과가 나왔다. 로라 포터는 가는 곳마다 같은 인상을 받았다고 한다. "기다림은 즐거운 일이었다. …… 기다리는 시간은 일종의 사치를 누리는 시간이 된 것 같았다. 빡빡한 생활 계획표 군데군데에 빈 시간이 창문처럼 뚫려 있는 것만 같았다. '대기자들'은 대기실을 '지금의' 블랙베리, 노트북, 휴대전화 문화에서 벗어날 수 있는 일종의 피난처로 여겼다." 포터의 결론에 따르면, 어쩌면 우리는 대기실에서 몹시도 즐겁지만 애석하게도 기억에서 멀어진 느긋함의 예술을 떠올리는지도 모른다…….

우리는 다른 것들을 쫓을 시간을 마련하고자 늘 서두른다. 그런데 이런 바쁜 삶이라는 제단에 바친 희생제물은 느긋함이 주는 즐거움뿐만이 아니다. 한때는 우리의 독창성, 헌신, 힘들게 익힌 기술로 얻었던 결과들을 이제는 신용카드를 한번 긁거나 버튼 한번 누르면 되는 장치에 '외주'를 줘서 얻는다. 그 과정에서 우리는 많은 이들을 행복하게 하고, 아마도 모두의 행복에 필수적이었던 뭔가를 잃는다. '훌륭히 해낸 일'에서 느끼는 자부심, 멋과 솜씨, 기술에 대한 자긍심, 불굴의 정신으로 장애물을 극복하고 힘겨운 일을 해냈다는 뿌듯함 같은 것들 말이다. 더 길게 보면, 이미 습득한 기술과 새로운 기술을 익히는 능력도 잊거나 잃는다. 이와 함께 노동의 결실을 보고 싶은 본능이 충족될 때 느끼는 기쁨도 사라져 버린다. 이런 본능은 자존감^{self-esteem} 형성에 없어서는 안 될 필수 조건이다. 자기 존중^{self-respect}을 통해 느끼는 행복과 마찬가지로, 자존감은 다른 뭔가로 대체하기 힘들다.

확실히 시장은 피해를 바로잡고 싶은 열망이 큰 것 같다. 그래서 여러분의 시간과 기력 부족으로 더는 '직접 만들' 수 없는

'DIY'식 재화들 대신 공장에서 만든 대체품들의 도움을 받게 한다. 예를 들어 시장의 제안에 따라 시장의 (돈으로 해결하는) 서비스를 사용해 파트너를 레스토랑에 초대하거나, 아이들에게 맥도날드 햄버거를 사 주거나, 부엌에서 '하나부터 열까지' 식사를 준비하는 대신 집으로 음식을 포장해 올 수 있다. 또는 함께 보내는 시간이 부족한 것, 서로 대화가 뜸한 것, 개인적인 관심, 연민, 배려를 확실히 표하지 않거나 거의 표현하지 않은 것을 만회하기 위해 사랑하는 사람에게 값비싼 선물을 사 줄 수도 있다. 하지만 제아무리 레스토랑 음식이 입에 맞아도, 상점에서 구입한 선물에 고가의 가격표와 명품 라벨이 달렸어도 소용없다. 이 정도로는 결여된 재화가 줄 수 있는 추가적인 행복의 가치에 한참 미치지 못한다. 결여된 재화의 예로는 다 함께 먹으려고 만든 음식을 식탁에 차려 놓고 모두 둘러앉는 것, 내게 중요한 사람이 내가 털어놓는 마음속 생각, 희망, 근심을 한참이나 주의 깊게 경청하는 것, 아니면 이와 비슷한 애정 어린 관심, 참여, 보살핌 등을 꼽을 수 있다. '주관적 행복'에 필요한 재화들, 특히 시장성 없는 모든 재화는 하나의 공통분모가 있는 것이 아니라서 그 가치를 수량화해 평가할 수 없다. 어떤 재화의 수량이 증가해도, 품질과 출처가 다른 어떤 재화의 부족분을 온전히 제대로 다 메울 수도 없다.

모든 선물에는 주는 사람의 희생이 요구된다. 선물을 주는 사람은 바로 이런 자기희생을 깨달음으로써 커다란 행복감을 느낀다. 이런 점에서 보면, 노력도 희생도 필요치 않아서 다른 어떤 탐나는 가치를 포기하지 않아도 되는 선물은 보잘것없다. 위대한 인문주의 심리학자 에이브러햄 매슬로와 그의 어린 아들은 둘 다 똑같이 딸기를 무척 좋아했다. 그들의 아내이자 어머니는 늘 딸기를 실컷 먹을 수 있도록 아침을 차렸다. 한번은 매슬로가 내게 이런 이야기를 들려줬다. "애들이 다 그렇듯이 우리 아들도 참을성 없고 충동적이라 즐거움을 천천히 음미하며 기쁨을 길게 늘릴 줄 몰랐다네. 눈 깜짝할 사이에 자기 접시를 비우고, 아쉬운 듯 여전히 딸기로 가득한 내 접시를 쳐다보지. 이런 일이 벌어질 때마다 나는 내 몫의 딸기를 아들에게 넘긴다네." 매슬로는 이렇게 이야기를 마무리했다. "그런데 말이야, 내 기억에는 이 딸기들이 나보다 우리 아들 입안에 있을 때 더 맛있게 느껴졌다네……." 시장은 사랑과 우정의 충실한 동반자인 자기희생 욕구를 써먹을 기회를 완벽하게 포착해 냈다. 반드시 충족돼야 인간이 행복할 수 있다고 알려진 다른 욕구나 욕망 대부분이 그랬듯 자기희생 의지도 상업화됐다(오늘날 카산드라 같은 예언자가 있다면, 선물을 줄 때조차 시장을 조심하는 편이 좋을 거라고 우리에게 조언할 것이다). 이제 자기희생은 주로 큰돈 또는 가능하면 더 큰돈을 내주는 것을 의미한다. 그리고 이런 의미만 있는 편이 낫다. 왜냐하면 이런 행위는 GNP 통계로 정당하게 기록될 수 있기 때문이다.

결론적으로 말하면, 단 하나의 지수 — GNP — 에만 주목하는 방법으로 인간이 느끼는 행복의 크기와 깊이를 제대로 다룰 수 있다는 주장은 오해의 여지가 대단히 많다. 이런 주장이 통치 원칙이 되면 해가 될 수도 있다. 의도하거나 추구한다고 알려진 것과는 정반대 결과를 낳기 때문이다.

삶의 질을 높여 주는 재화들이 일단 비금전적인 영역에서 상품시장으로 이동하기 시작하면, 이를 막을 방도가 없다. 이런 움직임은 스스로 탄력을 받는 경향이 있어서 자체적인 추진력과 가속력이 생긴다. 그러면 본질적 특성상 개인적으로만 생산되고, 진하고 친밀한 인간관계에서만 번창할 수 있는 재화들은 공급이 더더욱 감소한다. 후자에 속하는 재화들, 즉 '돈으로 살 수 없는' 재화들을 다른 사람들에게 제공하는 것이 불가능해질수록, 또는 이런 재화들을 생산하기 위해 다른 사람들과 기꺼이 협력할 의지가 줄어들수록, 그 결과로 느끼는 죄책감과 불행감은 더 깊어진다(기꺼이 협력할 의지는 제공 가능한 재화 가운데 만족감이 가장 크다고 흔히 여겨진다). 죄책감에 사로잡힌 사람들은 속죄하고 만회하고자 하는 마음에 자신과 함께 사는 사람들에게 더는 해 줄 수 없는 것들 대신 돈을 주고 살 수 있는 더욱더 값비싼 대체품들을 찾는다. 그러다 보니 더 많은 돈을 버느라 그들과 함께 보내는 시간은 더욱더 줄어든다. 결국 너무 바쁘고 지친 탓에 만들어 줄 수 없어 완전히 놓쳐 버린 재화들을 만들어 나눌 기회는 더욱 줄어든다.

그러므로 '**GNP'의 증가**는 되려 **행복의 증진**을 제대로 보여 주지 못하는 형편없는 척도처럼 보인다. 우리가 행복을 **추구**할 때 어쩔 수 없이 혹은 확신에 차거나 현혹돼 — 또는 계략에 넘어가 — 채택한 전략들은 결과를 예측하기도 힘들고, 우리를 잘못된 방향으로 안내할 수도 있다. 그런데 GNP는 오히려 이런 전략들을 잘 보여 주는 민감한 지표가 될 수 있다. 우리는 GNP 통계를 통해, 행복을 찾는 사람들이 걸어온 길이 돈이 거래되는 주된 장소인 상점을 경유하도록 얼마나 많이 재설계됐는지 알 수 있다. — 행복을 찾는 사람들이 채택한 전략들이 서로 다르든 다르지 않든(그런데 다들 다르다), 이들 전략이 제안하는 길들이 다양하든 다양하지 않든(그런데 다양하다) 말이다. 모든 상점 매개 전략의 기저에는 소비의 규모와 질 그리고 행복은 밀접한 관련이 있다는 믿음이 깔려 있다. 우리는 GNP 통계를 바탕으로 이런 **믿음**이 얼마나 강하고 널리 퍼져 있는지 추론해 낼 수 있다. 또한 시장이 얼마나 성공적으로 이런 숨겨진 추정을 이윤

발생의 원동력으로 삼는지도 알 수 있다. — 이를 위해 시장은 행복을 낳는 소비를 상점에서 파는 물건이나 서비스의 소비와 동일시하는 방법을 사용한다. 이런 점에서 마케팅의 성공은 안타까운 결과로 돌아온다. 이런 식의 행복 추구가 마케팅의 역할이라 여겨졌지만, 이는 궁극적으로 끔찍한 실패라는 결과를 낳는다.

이처럼 행복과 상품 쇼핑을 동일시함으로써 일어나는 가장 중대한 결과 가운데 하나는 행복 추구를 서서히 멈출 기회를 제 발로 걷어찬다는 것이다. 행복 추구는 절대로 끝나지 않는다. — 행복 추구의 끝은 결국 행복의 끝을 의미하는 셈이 되기 때문이다. 행복이라는 안정적인 *상태*에 도달하기란 불가능하기에, 주자runner들이 (미미하더라도) 계속 행복할 수 있는 방법은 끈질기게 손가락 사이로 빠져나가는 목표물을 **쫓는** 것뿐이다. 행복으로 가는 이 트랙에 결승선이란 없다. 겉으로 보이는 수단은 목적으로 탈바꿈한다. 꿈꾸고 갈망하던 '행복한 상태'는 잡힐 듯 잡히지 않고, 이를 위로할 수 있는 유일한 방법은 코스를 이탈하지 않는 것뿐이다. 탈진해 쓰러지거나 레드카드를 받고 레이스를 포기하지 않는 한 끝내 승리하리란 희망의 불씨는 살아 있기 때문이다.

시장은 행복이라는 꿈을 교묘히 바꿔치기하는 수법으로 행복 추구를 끝내지 못하게 만든다. 충만한 삶이자 온전한 만족감을 주는 삶이라는 이상향 대신, 이런 삶에 필요하다고 여겨지는 수단을 탐색하는 것으로 교묘히 바꿔치기하는 것이다. 탐색의 목표물들은 섬뜩할 정도로 빠르게 서로 대체된다. 행복 추구가 이런 공공연한 목적을 달성하는 것이라면, 추구하는 목표물들은 금세 쓸모없어지고 빛바래고 매력과 유인력을 잃고 버려질 수밖에 없다. 그리고 비록 같은 처지에 놓일 운명이더라도 '새롭게 향상된' 다른 목표물들로 ― 여러 차례 ― 대체된다. 행복을 추구하는 사람들은 (그리고 이들을 열심히 지도하는 코치들과 안내자들도 물론) 이런 사실을 충분히 잘 안다. 목표물들이 여러 차례 대체되는 사이, 행복의 초점은 예상대로 **구매 후** 느끼는 더없는 행복감에서 그보다 먼저 일어나는 **쇼핑**이라는 행위로 서서히 이동한다. 즐거운 기대가 넘쳐흐르는 쇼핑이라는 이런 행위가 즐거운 이유는 그 안에 아직은 때 묻지 않은 순수하고 꿋꿋한 희망이 담겼기 때문이다.

성실하고 전문적인 카피라이터들 덕분에 오늘날에는 어린 나이에 거리(번화가)에서 삶의 지혜를 얻는 경향이 있다. 행복의 본질과 행복한 삶에 이르는 길을 논하는 예리한 철학적 명상록을 공부하고 그 메시지를 곱씹기는커녕 그런 명상록을 처음 접할 기회가 생기기도 훨씬 전에 그런 일이 벌어진다는 말이다. 많은 독자를 거느린 호평받는 어떤 잡지를 예로 살펴보자. 이 잡지의 '패션'란 첫 페이지를 보면, 12세 여학생 리버티가 "자신의 옷장을 채울 방법을 이미 파악했음"을 알 수 있다.[6] 톱숍은 그녀가 "제일 좋아하는 상점"인데, 사실 그럴 만도 하다. 그녀의 표현에 따르면 "엄청 비싸긴 해도 여기 물건들은 확실히 세련됐기" 때문이다. 그녀는 톱숍에 자주 들렀을 때 가장 안전하다고 느끼며 위안을 얻는다. 톱숍의 구매 담당자들이 그녀를 대신해 실패 위험을 감수하면서 선택에 대한 책임을 지기 때문이다. 일단 이 상점에서 물건을 사면 실수할 확률이 거의 0으로 줄어든다. 그녀는 자신의 눈에 띄는 옷을 (사람들 앞에서 입기는커녕) 돈 주고 살 만큼 자신의 취향과 결정력을 충분히 신뢰하지 않는다. 하지만 이 상점에서 산 옷이라면 얼마든지 자신 있게 공공장소에 입고 나갈 수 있다. 사람들이 알아보고 인정해 주기에 종국에는 감탄의 대상이 되고, 곧이어 높은 위상을 얻으리라 자신하기 때문이다. 옷과 장신구를 보란 듯 걸치고 사람들 앞을 다니는 의도는 이렇듯 기분을 좋게 하는 모든 것들을 성취하기 위해서이다. 리버티가 지난 1월에 산 반바지에 대한 이야기를 들려줬다. "저는 그 반바지가 싫었어요. 마음에 들어서 샀는데 집에 와서 보니까 너무 짧았거든요. 그런데 《보그》에서 반바지를 입은 여자분을 본 거예요. 제가 톱숍에서 산 바로 그 반바지였죠! 그다음부터 그 반바지와 저는 일심동체가 됐답니다." 라벨, 로고, 장소가 고객들에게 해 주는 역할이 바로 이것이다. 즉 혼란스럽게 뒤얽힌 지뢰투성이 행복의 길 위에서 고객들의 안내자 노릇을 한다. 대중의 인정과 존중을 나타내는 이 같은 증명서는 자신이 바른 트랙에 있음을 (권위 있게!) 확인해 준다. 우리가 이런 증명서를 발급받는 행복을 여전히 추구하는 덕분에 희망의 불씨는 꺼지지 않는다.

문제는 이 증명서의 유효기간이 언제까지냐 하는 것이다. 확언하건대 2007년 4월 당시에는 "그다음부터" "일심동체"였던 것이 사실이지만, 리버티의 긴 인생에서 보면 그 상태가 그리 오래 지속되지는 않는다. 당장 몇 달 뒤 발간된 《보그》에는 짧은 반바지를 입은 여자는 등장하지 않는다. 대중의 인정 증명서를 자세히 들여다보면, 지독하게 짧은 유효기간이 깨알 같은 글씨로 적혀 있다. 장담하건대 설사 다음번에 리버티가 똑같은 반바지를 찾더라도 톱숍에는 없을 것이다. 내기해도 좋다. 반면 리버티가 그 뒤에도 계속 톱숍을 찾을지 어떨지를 두고 내기한다면, 찾는다는 쪽이 100퍼센트 이길 것이다. 그녀가 그곳을 계속해서 찾고 또 찾을 것이기 때문이다. 그 이유가 뭘까? 첫째, 리버티는 자신이 가는 날에 매대와 행거에 진열할 상품을 정하는 상점 관계자들의 지혜를 신뢰하도록 학습됐기 때문이다. 그녀는 그들이 대중의 승인과 사회의 인정을 보증하는 물건들을 판매한다고 믿는다. 둘째, 리버티는 짧지만 굵은 경험을 통해 얼마 전 진열된 상품이 며칠 뒤면 사라진다는 사실을 이미 알기 때문이다. 그녀는 상점을 충분히 자주 방문해야 어떤 물건이 '(아직) 유행이고' 어떤 물건이 '(벌써) 유행이 지났는지' 등 금세 옛날이야기가 돼 버리는 정보를 업데이트하고, 어제는 전혀 진열될 기미가 없었는데 오늘은 보란 듯 '나온' 물건이 뭔지 파악할 수 있다. 그래야 옷장이 차질 없이 '제대로 돌아간다.'

우리는 믿을 만한 라벨, 로고, 상점을 발견하지 못하면 혼란에 빠지고 길을 잃을 수도 있다. 라벨, 로고, 상점은 우리 안전을 위협하는 불길한 급류 한가운데 얼마 남지 않은 안전한 피난처이다. 화날 정도로 불확실한 세상에서 몇 안 되는 확실한 안식처인 셈이다. 그런데 만약 라벨, 로고, 상점에 신뢰를 투자했다면, 이는 자신의 미래를 저당 잡힌 것이다. '유행'이나 '최신식'을 보증하는 단기 증서는 이런 투자를 유지하는 동안에만 계속 발급된다. 게다가 라벨, 로고, 상점의 막후에 있는 사람들은 새로 발급된 증서의 유효기간을 이전 증서보다 짧으면 짧지, 절대 더 길게 만들지는 않는다.

자신의 미래를 저당 잡히는 것은 분명 만만치 않은 일이자 진지하게 결정해야 하는 문제이다. 리버티는 12세에 불과하다.

미래가 창창하다. 하지만 미래가 길든 짧든, 라벨, 로고, 상점이 주도하는 소비자-시장 사회에서 행복을 추구하려면 미래를 저당 **잡혀야 한다**. 쌤소나이트 전면 광고에 등장하는 유명 배우는 리버티보다 훨씬 나이가 많지만, 그의 미래 역시 저당 잡힌 것처럼 보인다. 물론 그의 나이가 나이인 만큼, 담보 계약은 이미 오래전에 체결됐다(적어도 광고가 암시하는 바로는 그렇다). "인생은 여행"이라는 헤드 카피 아래 군데군데 굵은 활자로 단어를 강조한 메시지가 시선을 사로잡는다. "캐릭터는 강한 정체성 유지가 관건이다."('유지'라는 단어에 주목하자.) 광고 사진 속 유명 배우는 저 멀리 노트르담대성당을 배경으로 센강을 따라 항해하는 보트 위에서 쌤소나이트가 갓 출시한 '그래비톤$^{Graviton, 중력자}$'를 안고 있다(가벼움을 자랑하는 여행 가방의 이름에 '중력'을 언급한 것에 주목하자). 행여 이 사진의 메시지가 온전히 전달되지 않을까 걱정이라도 한 듯 카피라이터들이 급히 부연 설명을 한다. 이 유명 배우는 "쌤소나이트의 그래비톤을 들고 여행하며 자신을 표현한다."라고 말이다. 하지만 그가 자신을 어떻게 표현하는지에 대해서는 함구한다. 물론 그럴 만한 이유가 있다. 더 설명하지 않아도 노련한 독자의 눈에는 그 내용이 명확히 보이리라 기대하기 때문이다. 그가 뭘 표현하는지는 쉽게 파악할 수 있다. '나는 지금 막 그래비톤이 출시된 존 루이스 백화점에서 돌아오는 길이다. 그곳에서 나는 무게 있는 사람처럼 다른 사람들과 함께 그래비톤 하나를 구입했다. 이로써 나는 나만의 특별한 무게감을 얻었다(유지했다?).'

리버티의 경우와 마찬가지로, 이 유명 배우에게 올바른 상점에서 올바른 라벨과/이나 로고가 붙은 물건을 사서 소유하고 대중에게 보이는 행위는 사람들이 그 무엇보다 갈망하고 지키고 싶어 하는 *사회적 지위*를 획득하고 유지하는 행위와 같다. 사회적 지위는 사회적으로 *인정받지* 않는 한 아무런 의미도 없다. 즉 해당 인물이 올바른 '사회'로부터 그 사회에 걸맞은 정당한 구성원으로 — '우리 가운데 하나'로 — 승인받지 않는 한 의미가 없다(사회적 지위에는 각각의 범주마다 고유한 법규와 재판관이 있다).

라벨, 로고, 브랜드는 *인정의 언어*에서 사용하는 용어들이다. 우리에게는 브랜드와 로고의 도움을 받아 되고 싶은 것, 대체로 '인정받고' 싶은 것이 있다. 바로 최근 들어 *정체성*이라는 이름으로 거론되는 그것이다. 앞서 기술한 광고 작업을 보면, 우리 소비자 사회의 중추가 된 '정체성' 강박을 확인할 수 있다. 이제는 '캐릭터'를 보여 주고, 자신의 '정체성'을 인정받고, 이처럼 상호 관련된 목적을 달성할 확실한 수단을 발견하고 획득하는 것이야말로 행복한 삶을 추구하는 과정에 있어 가장 큰 관심사이다.

'귀속' 사회에서 '성취' 사회로 이행한 초기 근대 이래(즉 자신의 정체성을 '타고나는' 사회에서 정체성 수립이 자신의 과제이자 책임이 된 사회로 변화한 이래) '정체성'은 중요한 이슈이자 흥미진진한 과제였다. 하지만 이제는 삶을 드러내는 여타 장식품들과 같은 운명이 됐다. 이제 정체성은 최종적으로 정해진 방향이 있다고도, 부술 수 없는 견고한 흔적을 남긴다고도 여겨지지 않는다. 그 대신 다양한 모양의 틀에 담아 새로 찍어 내기에 적합하도록 쉽게 녹일 수 있어야 하고, 그러는 편이 선호된다. 한때 '일생일대'의 프로젝트였던 정체성이 이제는 순간의 상징이 됐다. 한때 영원하도록 설계됐던 것과 달리, 이제는 '영원히 지속되도록 만들어지지' 않는다. 그 대신 정체성은 계속해서 **조립**되고 **분해**돼야 한다. 이 두 작업은 모순적으로 보이지만, 똑같이 중요하며 똑같이 사람을 빠져들게 만드는 경향이 있다.

정체성을 조작하기 위해 미리 돈을 내거나 취소 없는 종신 구독을 할 필요는 없다. 그 대신 이 작업은 이제 '시청 중(또는 통화 중) 결제'와 유사한 활동이 됐다. 물론 정체성 조작은 여전히 변함없는 관심사이긴 하다. 하지만 이제는 극히 짧은 (그리고 마케팅 기법의 발전 덕분에 더욱더 짧아진) 여러 번의 노력으로 쪼개져 찰나의 집중만으로도 여기에 빠져들게 됐다. 돌연 정신없이 잇

따라 폭주하는 이런 활동들은 사전 설계도, 예측도 할 수 없지만, 그 대신 효과는 즉각적으로 나타난다. 불편하게 느껴지지 않을 정도로 금세 나타나는 이런 효과는 반발을 살 정도로 오래 지속될 것처럼 보이지도 않는다.

유동하는 현대에서 정체성은 재가공하고 재생하는 방향으로 조작된다. 이런 도전에 부응하는 데 필요한 기술은 곡예사의 저글링 묘기와 비슷하다. 아니 더 정확히 말하면, 마술사의 기교와 재주에 가깝다. 지극히 평범한 일반적인 소비자가 이런 기술을 발휘할 수 있는 것은 **시뮬라크르** simulacrum라는 방편 덕분이다. (장 보드리야르가 뇌리에 각인될 정도로 인상적으로 설명한 바에 따르면) 이런 현상은 일종의 심신질환과 유사하다. 이는 '실재하는 것'과 '실재하는 것처럼 보이는 것', '현실'과 '환상', '실제 상태'와 '실제 상태의 시뮬레이션' 사이의 구별이 없어지고, 경계가 모호해지는 것이라고 알려져 있다. 과거에는 정체성 수립이 '내면의' 자원을 총동원해 쉴 틈 없이 쏟아부어야 하는 한없이 고된 일로 인식됐고, 실제로도 그랬다. 그런데 지금은 약간의 돈과 시간을 들여, 돈으로 살 수 있는 기성품 장치나 기구의 도움을 받아 이런 작업을 완수할 수 있게 됐다. 물론 구매한 장식품들로 이루어진 정체성의 매력도는 여기에 들인 돈의 액수와 비례한다. 최근에는 최고급 명품 디자이너 매장에서 대기자 명단을 도입하면서 매력도가 대기 시간과도 비례하기 시작했다. 대기자 명단을 도입한 목적은 달리 생각할 수 없다. 구매자는 기다림 끝에 손에 넣은 정체성의 징표로 남과 차별화된 특별함을 얻는데, 대기자 명단이 이 특별함을 더욱 강화해 주는 것이다. 사회학의 창시자 중 한 명으로 꼽히는 게오르그 짐멜이 오래전에 지적했듯, 가치는 이 가치를 획득하기 위해 희생해야 하는 다른 가치로 측정된다. 그래서 우리의 유동하는 현대 소비자 사회의 특징인 빠르게 움직이고 빠르게 변화하는 환경 속에 던져진 사람들에게는 만족감의 지연이야말로 가장 극심한 고통을 수반하는 희생임이 틀림없다.

과거를 무효로 만들면서 '다시 태어나라', 오래되고 낡아서 싫어진 자아는 버리고 더 매력적인 다른 자아를 얻으라, '완전히 다른 사람'으로 환생하라, '새로운 시작점'에서 출발하라……. 이런 솔깃한 제안을 받으면 뿌리치기 어려운 법이다. 힘겨운 노력과 고통스러운 자기희생이 불가피하게 요구되는 자기계발에 도대체 왜 공을 들이는가? 게다가 이 모든 노력과 자제력, 몸이 축날 정도의 금욕에도 불구하고 여전히 득보다 실이 많다면, 이 마당에 뭐 하러 돈을 더 낭비하는가? 명약관화하지 않은가? 더 이상 손실이 발생하지 않도록 손을 떼고 다시 시작하는 편이 더 싸게 먹히고, 더 빠르고, 더 철두철미하고, 더 편리하고, 성취하기에 더 쉽지 않은가? 점과 사마귀로 뒤덮인 낡은 허물을 벗고 이미 기성복으로 만들어져 나온 새로운 가죽옷을 사는 편이 더 낫지 않은가 말이다.

상황이 몹시 힘겨워졌을 때 거기서 벗어나려는 것은 새삼스럽지 않다. 성공하기도 하고 실패하기도 하지만, 늘 사람들이 해 오던 일이다. 진정 새로운 점은 **자기 자신에게서 벗어나 맞춤형 자아를 얻겠다는** 한 쌍의 꿈이다. 그리고 이런 꿈을 현실로 만들 수 있다는 신념이다. 이는 가능한 여러 선택지 가운데 단지 **하나**가 아니다. **가장 쉬운** 선택지이자, 문제가 있는 경우에도 효과가 있을 가능성이 가장 큰 선택지이다. 마치 지름길 같은 선택지라서 덜 번거롭고 시간과 에너지도 덜 잡아먹는다. 그래서 짐멜의 말대로 포기하거나 줄여야 하는 다른 가치의 비용을 따져 보면 대체로 더 **저렴**하다.

만약 행복이 영구적으로 손에 닿는 곳에 있다면 어떨까? 겨우 몇 분만 투자해서 전화번호부를 훑어보고 지갑에서 신용카드를 꺼내는 것만으로도 행복에 도달할 수 있다면? 그렇다면 행복에 이르지 못하는 자아는 '진짜'이거나 '참'일 리 없다. 그 대신 시대에 뒤떨어진 나태, 무지, 기량 부족의 흔적일 뿐이다. 그런 자아는 복제물이거나 사기임이 틀림없다. 행복하지 않거나 충분히 행복하지 않다면, 혹은 누구든 적절한 기술과 수단으로 열심히 노력하면 느낄 수 있다는 행복보다 자신이 느끼는 행복의 강도가 약하다면, 이는 현재의 '자아'에 만족하기를 거부하고 자아 발견(더 정확히 말하면 자아 발명) 여행에 나서서 탐색을 계속할 충분한 이유가 된다. 가짜 자아나 망한 자아는 '진본이 아니니' 버려야 한다. 반면 진짜 자아에 대한 탐색은 계속해야 한다. 게다가 현재의 순간은 금세 역사가 되고, 때맞춰 이내 또 다른 순간이 찾아온다는 확신이 있다면 탐색을 중단할 이유는 거의 없다. 새로운 약속을 하고, 새로운 잠재력이 넘치며, 새로운 시작을 보여 주는 또 다른 순간이 온다는 확신 말이다…….

쇼핑객 사회에서 쇼핑하는 삶을 사는 **우리는 행복해지리란 희망을 잃지 않는 한 행복하다.** 그 희망의 일부가 여전히 째깍거리며 작동을 멈추지 않는 한 불행으로부터 안전하다. 따라서 행복해지리란 희망의 불씨를 **살려 두는** 것이 행복의 열쇠이자 불행의 해독제이다. 그런데 이런 희망이 살아 있으려면 반드시 충족돼야 하는 조건이 있다. '새로운 기회'와 '새로운 시작'이 빠른 속도로 잇따라야 하고, 새로운 출발이 앞으로 무한히 이어진다는 전망이 있어야만 한다. 이 조건은 인생을 여러 작은 에피소드로 쪼개면 충족된다. 다시 말해 줄거리, 등장인물, 결말이 각각 따로 있는 단절되고 독립된 기간들로 자르면 된다. 두 번째 필요조건 – 결말 – 은 한 에피소드의 등장인물들이 오직 해당 에피소드에만 나오기로 돼 있을 때 충족된다. 다시 말해 이 등장인물들이 다음 에피소드에도 계속 등장하리란 약속을 하지 않는 것이다. 모든 에피소드는 각기 고유한 줄거리가 있기에 각기 새로 캐스팅을 할 필요가 있다. 약속이 무한히 끝없이 유지되면, 뒤이은 에피소드들에서 쓸 수 있는 줄거리의 범위가 심하게 제한될 수 있다. 무한한 약속과 행복 추구는 서로 목적이 어긋나는 것처럼 보인다. 소비자 사회에서는 모든 인맥과 유대 관계가 구매자와 구매한 상품의 관계 패턴을 따라야 한다. 상품은 지겨워질 정도로 너무 오래가서는 안 되기에, 삶의 무대를 아름답게 장식하지 않고 지저분하게 만들기 시작하면 그 무대를 떠나야 한다. 한편 구매자는 자신이 사 온 물건에 영원한 충성을 맹세하거나 그 물건에 영주권을 줄 리도 없을뿐더러 그럴 의지도 없다. 애초부터 소비 지상주의 유형의 관계는 '추후 통지가 있을 때까지만' 유효하다.

최근 스튜어트 제프리스는 '죽음이 우리를 갈라 놓을 때까지'와 같은 오랜 관계를 대체하는 새로운 유형의 관계를 조사했다.[7] 그러면서 '헌신 공포증'이라는 기류의 부상에 주목했다. 그는 "위험 노출을 최소화하는 가벼운 헌신을 설계하는 경우"가 "점점 흔해지고 있음"을 발견했다. 이런 설계는 독침에서 독을 짜내는 것을 목표로 삼는 것과 같다. 원래 인간관계에 발을 들이면 언제나 위험이 따르는 법이다. 함께한다는 일체감 속에 숨은 가시와 덫은 대개 서서히 모습을 드러내는 탓에, 사전에 전체 목록을 만들기란 불가능에 가깝기 때문이다. 기쁠 때나 슬플 때나 무슨 일이 생겨도 관계를 유지하겠다는 약속이 동반되는 관계. 이런 관계를 맺는 것은 백지수표에 서명하는 것과 같다. 인용할 면책조항도 없이, 아직은 상상할 수도 없고 알지도 못하는 모종의 불편과 불행에 직면할 가능성이 있다는 뜻이다. "새롭게 개선된" "가벼운 헌신" 관계의 예상 지속 기간은 그 관계에서 느끼는 만족감의 지속 기간까지로 확 짧아진다. 즉 헌신은 만족감이 옅어지거나 수용 가능한 기준에서 벗어나기 전까지만 유효하며, 이보다 한순간도 더 오래 지속되지 않는다는 말이다.

    몇 해 전, "반려견은 크리스마스 시즌뿐만 아니라 일생을 함께할 동반자"라는 슬로건 아래, 새로 부상하던 기류를 잠재우기 위한 전쟁이 벌어졌다. 1월 들어 싫증이 난 반려견을 투기하는 행위가 급증했는데, 이런 기류는 그때까지만 해도 일시적 유행에 불과하다고 여겨졌다. 이 시기가 되면 반려견을 크리스마스 선물로 받은 아이들이 선물이 주는 즐거움에는 싫증을 느끼고, 그 대신 반려견을 돌보는 데 드는 매일매일의 노고에 지치면서 벌어진 일이었기 때문이다. 하지만 제프리스의 연구 결과로 알게 됐듯 이제는 새로운 흐름이 포착되고 있다. 오는 10월, 미국에서 대대적 성공을 거둔 애완견 대여 회사 플렉스페츠가 런던 지점을 오픈할 예정(2008년 영국에 진출했으나, 정부가 동물 학대 행위라고 규정하며 사업을 취소시켰다. - 옮긴이)이다. "고객들은 완벽하게 훈련된 사랑스러운" 대여용 강아지를 "단 몇 시간 또는 며칠만 빌릴 수" 있다고 한다. 플렉스페츠는 "소유에 따르는 부담을 지우지 않으면서도 전통적인 즐거움을 제공하는 서비스"에 특화된, 빠르게 팽창하는 회사 가운데 하나이다. 한때 지속성이 원칙이던 자리를 찰나성이 차지하는 경향은 비단 반려동물에만 국한되지 않는다. 이런 경향의 끝자락에서 급증하는 것이 바로 '함께 살지만' 혼인 서약은 못마땅한 커플들이 꾸린 가정이다. 2005년에는 (짐작건대 영원히 같이 살지는 않을) 동거 커플 수가 200만 쌍을 훌쩍 넘겼다.

'헌신 공포증'은 우리 현대인들의 행복한 상태와 행복에 대한 전망에 어떤 영향을 미칠까? 최소한 두 가지 방식으로 그 영향을 평가할 수 있다. 하나는 즐거운 시간에 드는 비용이 절감되는 것을 환영하고 환호하는 것이다. 헌신을 약속한 파트너 관계에는 항상 미래의 제약이라는 그림자가 맴돌았다. 미래의 제약에 대한 불안은 향이 가장 달콤한 연고를 망쳐 버리는 파리

('연고 위에 앉은 파리'라는 속담은 '옥에 티'라는 의미로 쓰인다. - 옮긴이)에 빗댈 수 있다. 따라서 치명적인 피해를 주기 전에 옥에 티 같은 이 파리를 죽여 버리는 것, 즉 미래의 제약에 대한 불안을 사전에 차단하는 것은 분명 상당한 진보였다. 그런데 스튜어트 제프리스에 따르면, 어느 유명 렌터카 회사는 고객들에게 반복적으로 예약하는 차량에 이름을 붙이라고 조언한다고 한다. 이를 두고 제프리스는 이렇게 평가한다. "이 제안은 정곡을 찌른다. 우리는 그 어느 때보다도 장기적 헌신을 약속하지 않는 시대를 산다. 하지만 아무리 그래도 애착이 주는 정서적 즐거움, 어쩌면 자기기만적인 그런 즐거움은 ― 마치 오랫동안 존재해 온 망령처럼 ― 우리 마음속에 남아 있다. 렌터카 회사의 제안은 이런 사실을 여실히 보여 준다."

정말 그렇다. 예전에도 수없이 그랬듯 우리는 또다시 깨닫고 깨닫는다. 케이크를 온전히 가지고 있으면서 동시에 먹을 수는 없는 법이다. 세상에 공짜 밥은 없다. 뭔가를 얻으려면 그 대가를 치러야 한다. 렌터카를 이용하면, 가끔 타는 차를 매일 관리하고 돌봐야 하는 만만치 않은 숙제에서 해방된다. 차가 있으면 자주 세차해야 하고, 타이어를 확인해야 하며, 부동액과 오일을 교체해야 하고, 면허와 보험을 갱신해야 하는 등 잊지 않고 챙겨야 할 크고 작은 일이 무수히 많다. 더 즐거운 소일거리에 쓸 수 있는 소중한 시간을 낭비하면서 성가신 일을 해야 하는 것이다. 그러면 마음이 초조해지고 불만이 쌓일 수 있다. 그러나 (사람에 따라 놀라운 이야기일 수도 있고 예상한 그대로일 수도 있지만) 자기 차에 필요한 일들을 처리하는 행위가 딱 부러지게 즐겁지 않은 것만은 아니다. 일이 훌륭히 처리된 것, 바로 자신이 그 일을 해낸 것에서도 그 나름의 즐거움을 느낄 수 있기 때문이다. — 구체적으로 말하자면, 여러분이 자신의 기량을 발휘하고 자신의 헌신을 입증하면서 일을 해냈기 때문이다. 그러면 가랑비에 옷이 젖는 것처럼, 눈치채지 못하는 동안 서서히 즐거움 중의 즐거움, 즉 '애착의 즐거움'이 생긴다. 이 즐거움이 건강하게 자라나려면 돌보는 대상의 특징과 돌보는 행위의 질이 똑같이 중요하다. '나와 너', '서로를 위해 사는 우리', '우리는 하나'라는 즐거움은 손에 잡히지는 않아도 너무도 현실적이고 압도적이다. '변화를 만드는' 즐거움은 여러분에게만 중요한 것이 아니다. 영향을 주고 흔적을 남기는 데서 오는 즐거움. 자신이 필요한 사람 — 이고 대체 불가한 사람 — 이라는 느낌이 주는 즐거움. 이는 몹시도 즐거운 감정이지만, 이런 감정을 느끼기는 매우 어렵다. 이런 감정은 외로이 자기만 걱정하고 편협하게 자기 창조, 자기주장, 자존감 증진에만 관심을 집중할 때는 도저히 느낄 수도, 상상할 수도 없다. 이런 감정은 돌봄으로 가득한 시간이 켜켜이 쌓여야만 생긴다. 돌봄이야말로 애착과 일체감이라는 눈부신 캔버스를 만들어 내는 씨실과 날실이다.

프리드리히 니체는 온전히 인간적이고 행복한 삶을 사는 이상적인 비결로 '초인'이라는 이미지를 제안한다. ― 온전히 인간적이고 행복한 삶은 우리가 사는 탈근대 혹은 '유동하는 현대' 사회에서 인기가 높은 이상향이다. 자기주장이라는 예술의 명인인 초인은 가장 평범한 사람들의 발목을 잡는 그 어떤 족쇄도 전부 피하거나 벗어날 수 있다. '초인'이야말로 진정한 귀족이다. "힘 있고 지위 높은 고결한 사람들은 자기가 선한 사람이고 선한 행동을 한다고 느꼈다."⁸ 하지만 나중에는 "신분 낮고 저급하며 저속한 천민들"의 복수심에 불타는 *르상티망*에서 나온 반발과 협박에 굴복해 뒷걸음치며 물러났고 자신감과 결의를 잃었다. 이를테면 '초인'(또는 달리 번역하면 '우월한 인간^{Higher Man}')은 과거의 귀족(더 정확히 말하면 니체가 과거 어느 시점에 존재했다고 묘사한/상상한 귀족)이다. 이 귀족이 삭제된 곳 없이 원래의 순수한 모습 그대로 부활하거나 환생한 것이다. 초인은 자신이 겪은 일시적 불운과 수치가 남긴 심리적 잔재를 모두 없애 버리고, 옛 귀족들에게는 당연한 사실로 여겨졌던 것을 자신의 의지와 행동으로 재창조한다. (니체는 이렇게 주장했다. "'귀족으로 태어난 자들'은 그저 자기가 '행복한 사람'이라고 *느꼈다*. 그들은 자신의 행복을 인위적으로 만들어 낼 필요가 없었다. …… (혹은) 스스로 거짓을 말해 행복해질 필요가 없었다. …… 그들은 모자란 것 없는 완전한 사람들이라 힘이 넘쳤고 그 결과, 필연적으로 활기찼다. 그들은 너무도 현명해 행복과 행동을 분리하지 않았다. — 필연적으로 그들은 마음속으로 활동을 행복이라고 여기게 된다."[9])

니체의 '우월한 인간'에게는 모든 규칙과 의무를 무시하려는 결의와 힘이야말로 타협으로부터 필사적으로 지켜 내야 하는 지고의 가치이다. 하지만 얼마 지나지 않아 니체가 알게 됐듯 초인 스타일의 자기통제로 가는 길에는 앞을 막아서는 강력한 장애물이 있었다. 시간이라는 불굴의 논리가 그 주인공이다. 특히 한나 부친스카-가레비치의 통찰력 있는 논평[10]에 따르면, 성가시지만 굴복시킬 수 없는 '순간의 끈기'가 걸림돌이다. 자기통제에는 자기 창조 프로젝트에 반하는 외부 세력의 영향을 무력화하거나 적어도 중화할 수 있는 능력이 필요하다. 그런데 이런 외부의 힘 가운데 가장 만만치 않고도 압도적인 힘이 하나 있다. 바로 자기통제를 완수하려는 미래의 초인, *그 자신*의 충동이 남긴 흔적, 앙금, 잔재이다. 즉 자기통제를 위해 그가 스스로 착수해 완수한 행동들이 낳은 결과들 말이다. 현재의 순간은 이미 일어난 모든 일에서 무 자르듯 잘라 내 따로 생각할 수 없다 (자기통제를 완료하기 위해 내딛는 발걸음 하나하나가 또 다른 '현재의 순간'이다). '새로운 시작'은 실제로는 실현할 수 없는 환상이다. 행위자는 지난 모든 순간의 지워지지 않는 흔적들을 지닌 채 현재의 순간에 이르기 때문이다. 그래서 '초인'이 되면 과거의 순간들이 남긴 흔적은 그 자신이 과거에 한 행동이 남긴 흔적이 될 수밖에 없다. 온전히 자력으로 지탱하는 독립된 '에피소드'는 신화와 같다. 행위에는 그보다 오래 지속되는 결과가 따르기 때문이다. 부친스카-가레비치는 "의지가 미래를 설계한다. 그런데 의지의 자유는 과거가 박탈한다."라고 지적한다. "오래된 계좌를 청산하려는 의지는 과거를 향한다. (니체의 작품 속 대변인 차라투스트라가 말했듯) 이것이 의지가 겪는 치가 떨리고 외로운 고통이다." 그렇다면 '순간의 끈기'는 '새로운 시작'이라는 시도의 실패를 알리는 조종弔鐘인 셈이다. 훈련된 귀는 이 조종 소리를 '새로운 시작'이 시도되기 전에도 잘 들을 수 있다. 비유하자면 뱃속에 자기통제를 잉태했는데, 배아 대부분이 낙태는 아니더라도 유산으로 결국 생명을 잃는 것과 같다.

    니체는 '우월한 인간'이 과거(그의 과거 행동과 약속도 포함된 과거)를 조롱하며 과거에 얽매이지 않고 자유롭기를 바란다. 하지만 다시 한 번 말하겠다. 과거는 상상력의 비상을 늦추거나 저지하고 미래 설계자의 손발을 묶는다. 이런 과거는 다름 아니라 지난 순간들이 가라앉아 생긴 앙금이다. 현재의 약점은 과거가 힘을 과시해서 생긴 직간접적인 결과이다. 그런데 참으로 끔찍한 일은 따로 있다. 야심만만한 '초인'(즉 니체의 동원령을 진심으로 받아들이고 따르는 남녀노소)들의 기지가 뛰어나고 결의가 확고할수록 문제이다. 권력과 권력의 과시를 바탕 삼아 둥지를 튼 행복을 보충하고 확대하기 위해 현재의 순간을 하나하나 지배하고 조작하고 활용하는 그들의 솜씨가 능숙할수록 문제이다. 그들의 '업적'이 남긴 각인이 어쩔 수 없이 더 깊어지고 지워지지 않을수록 문제이다. 그럴수록 장차 그들이 운신할 수 있는 폭은 점점 더 좁아지기 때문이다.

니체의 '우월한 인간'도 우리 대부분, 즉 보통 사람들과 같은 결말을 맞을 운명처럼 보인다. 가령 '자기 삶을 살고 싶었던 남자'의 이야기를 들려주는 더글라스 케네디의 소설 속 주인공처럼 말이다.[11] 이 남자는 자신을 둘러싼 의무의 벽 안에 스스로 갇혀 살았다. 가정생활의 함정과 덫이 점점 늘어나면서 이 벽은 끊임없이 두꺼워졌다. 반면 그러는 내내 그는 더 많은 자유를 꿈꿨다. 그는 가벼운 몸으로 여행을 떠나기로 결심했다. 하지만 짐은 점점 늘어나 살짝 움직이는 것조차 고역이 돼 한 발자국도 뗄 수 없었다. 이처럼 해결할 수 없는 모순에 휩쓸린(더 정확히 말하면 스스로 모순에 빠진) 케네디 소설 속 주인공은 다른 사람들보다 많은 억압을 받은 것이 아니었다. 그는 누구로부터 해를 입은 피해자도 아니었고, 누군가가 악의나 원한을 품은 대상도 아니었다. 스스로를 주장할 자유를 꿈꾸던 그의 꿈을 좌절시킨 것은 다른 누구도 아닌 바로 그 자신이었으며, 다른 무엇도 아닌 그 자신의 자기주장을 위한 노력이었다. 그를 짓누르고 신음케 했던 짐은 이런 노력의 결과로 얻은 탐스럽고 참으로 소중한 열매 ― 그의 경력, 집, 자녀들, 충분한 신용 ― 로 만들어졌다. 케네디가 시사하듯 이처럼 간절히 바라는 훌륭한 '삶의 재화들'은 모두 아침에 잠자리에서 일어날 좋은 이유가 됐다…….

따라서 니체가 의도했든 아니든, 우리는 그의 메시지를 (십중팔구 그의 의도와 달리……) 일종의 경고로 해석할 수 있다. 물론 자기주장은 인간의 운명이고, 이런 운명을 실행하려면 진짜 **초인적**인 자기통제력이 필요할 것이다. 또한 이런 운명을 이행해 자신의 **인간적**인 잠재력에 정당성을 부여하려면 진정한 초인적인 힘을 찾고 소환해서 활용해야만 할 것이다. 하지만 비록 그렇더라도 '초인 프로젝트'는 처음부터 패배의 씨앗을 품고 있다. 이는 어쩌면 불가피하다.

우리가 이 소식을 알든 모르든, 좋아하든 애통해하든, 우리 인생은 예술 작품이다. 인생이라는 예술의 요구대로 우리 삶을 살려면, 모든 분야의 예술가들이 그러듯 우리도 (어쨌든 도전장을 내미는 순간에는) 직접 맞서기 어려운 도전에 스스로 도전장을 내밀어야 한다. (어쨌든 선택의 순간에는) 우리 힘을 훌쩍 능가하는 목표를 선택해야 한다. 우리가 뭘 하든, 성가시더라도 탁월성의 기준을 선택할 때는 (어쨌든 이미 성취했듯) 그 일에 부응하는 우리 능력을 끈질기게 능가하는 기준을 선택해야만 한다. 우리는 **불가능한 것을 시도해야** 한다. (확실성은커녕) 믿을 만한 유리한 예측이 뒷받침되지 않는 상황에서 우리가 할 수 있는 유일한 일은 희망을 품는 것이다. 오랫동안 뼈를 깎는 노력을 들이면 언젠가는 이런 기준에 부합하고, 이런 목표에 도달해, 도전에 잘 대처할 수 있다는 희망 말이다.

인간은 태어나면서부터 불확실성이라는 서식지에서 산다. 물론 불확실성에서 벗어나리란 희망은 삶을 영위하는 원동력이다. 암묵적 추정일 뿐일지라도 불확실성에서 벗어나는 것은 행복이라는 합성 이미지를 구성하는 가장 중요한 요소이다. 그래서 '적절하고 완전한 진짜' 행복은 항상 저만치 앞선 곳에 있는 것처럼 보인다. 가까이 다가가려 할 때마다 뒤로 물러선다고 알려진 지평선처럼.

차례

추천의 글 ǀ 살아 있는 한 희망을 놓지 않으리	6
감수의 글 ǀ 인생이라는 예술을 가꾸라는 바우만의 지혜로운 해법	10
서문 ǀ 행복, 과연 무엇이 문제인가	15

1장 행복의 비극

소비사회가 바꾼 행복의 모습	59
도대체 행복이란 무엇인가	69
현대인의 행복 찾기 게임	76
사랑과 희생의 종말	92
강요당한 행복 추구의 결과	112

2장 우리, 삶의 예술가

인생이라는 예술 작품	123
스스로 생각할 줄 아는 용기	135
운명의 여신과의 만남	153
낡은 페르소나를 재창조하다	169
이기주의를 퍼트리는 이데올로기	186

3장	**어떤 삶을 선택할 것인가**

행복 추구의 원심력과 구심력	211
함께하는 세상에 대한 희망	225
현대인의 불안을 없앨 해독제	246
결국 당신의 선택에 달려 있다	253

후기 ǀ 지금, 어떻게 살아야 하는가?	276

참고문헌	292

The Art of Life

1장

행복의 비극

소비사회가 바꾼 행복의 모습

수많은 고위 권력층뿐만 아니라, 이 반열에 이르지는 못했으나 그런 날이 오기를 꿈꾸는 더욱 수많은 사람들이 매일 빠뜨리지 않고 읽는《파이낸셜타임스》. 이 신문은 한 달에 한 번《돈, 어떻게 써야 할까 How to Spend It》라는 화려한 럭셔리 라이프스타일 매거진을 별책 부록으로 발행한다. 여기서 '그것It'이란 돈을 의미한다. 더 정확히 말하자면, 더 많은 수익을 보장하는 온갖 투자처에 자금을 투입하고, 어마어마한 정원이 딸린 저택에 사는 데 필요한 주거비와 생활비, 맞춤 양복 고지서, 헤어진 파트너에 대한 위자료, 벤틀리 세단 할부금 등을 모두 내고 남은 현금을 말한다. 달리 표현하자면, 고위 권력층이라면 감수해야 하는 일종의 필수 비용 이외에 그 이상으로 자유로이 선택해서 쓸 수 있는 여분의 돈을 가리킨다(때로 이런 선택의 여지가 많을 때도 있지만, 그래도 그들은 항상 더 많은 여지를 원한다). 이렇게 쓰일 '그것'은 낮에는 위험천만한 선택들로 차고 넘치는 하루를 보내느라 신경을 곤두세우고, 밤에는 행여 잘못된 길로 가거나 틀린 판단을 하지나 않았을까 두려움에 잠 못 이룬 그들에게 주어질 보상이다. 즉 고통을 받더라도 이를 감수할 만한 가치가 있는 것으로 만드는 것이 바로 '그것'이다. 간단히 말해 '그것'은 **행복**을 상징한다. 더 정확히 말하자면, 행복에 대한 희망 *그 자체가* 바로 행복이다. 혹은 적어도 그들은 그 자체를 행복이라 여기고, 그렇게 되기를 몹시 희망한다…….

앤 리핀은 《돈, 어떻게 써야 할까》 발행본들을 꼼꼼히 살펴보고서 "상승세를 타고 있는 현대 젊은이"에게 행복이 **성취됐음**을 보여 주는 물질적 원천/징표/증거가 뭔지 알아냈다.[1] 예상대로 행복에 이르는 모든 추천 경로는 상점, 레스토랑, 마사지숍 등 돈을 쓸 수 있는 곳을 거치게 돼 있었다. 그것도 아주 큰 돈을 쓰게끔 말이다. 가령 브랜디 한 병에 3만 파운드를 쓰거나, 7만 5,000파운드를 들여 와인 저장실을 마련한 다음 다른 술과 함께 이 고가의 브랜디를 보관해 두고 친구들을 불러 넋을 **빼놓**는 식이다. (왜일까? 친구들의 부러움을 사거나, 그들에게 굴욕감을 주거나, 그들을 무안하게 만들거나, 그들의 코를 납작하게 하기 위해서일까?) 하지만 몇몇 매장과 레스토랑에는 확실히 아무나 함부로 범접할 수 없는 높은 가격을 제시하는 것 말고도 뭔가가 더 있다. 범인凡人들은 근처에 얼씬도 하지 못하게 만드는 뭔가가 말이다. 그것은 바로 주소를 비밀에 부치는 것이다. 이 주소를 손에 넣기란 지극히 어려운 만큼 주소를 아는 극소수는 '선택'을 받아 — 평범한 중생은 꿈도 꾸지 못할 만큼 높은 신분으로 상승해 — 하늘을 날 것 같은 느낌을 받는다. 아마도 그 옛날 신비주의자들이 신의 은총을 알리는 천사 전령의 전언을 들었을 때와 같은 느낌일 것이다. 다만 냉철하고 현실적인 '지금 당장의 행복'을 담담하게 추구하는 우리 시대에는 상점을 들르지 않는 지름길로 가면서 그런 느낌을 느끼기란 거의 불가능하다.

《돈, 어떻게 써야 할까》의 상임 기고가 가운데 한 명이 설명하듯 터무니없이 비싼 몇몇 향수에 "그토록 묘하게 마음이 끌리는" 이유는 "충성 고객에게만 비밀리에 제공되는 향수"라는 사실 때문이다. 이들 향수는 예사롭지 않은 향은 물론 장엄한 멋과 함께 자신도 기품 있는 사람들 중 하나임을 후각적으로 상징한다. 앤 리핀이 주장하듯 이 같은 더할 나위 없는 행복감 안에는 특권층 — 거의 모두에게 진입장벽이 있는 집단 — 에 속한다는 소속감과 (물건을 자랑하거나, 다른 사람들에게는 개방되지 않는 장소를 방문함으로써) 최고의 취향, 안목, 심미안을 지녔다는 증표가 합쳐져 있다. 이 조합의 핵심은 특권 의식, 즉 자신이 선택받은 소수 중 하나임을 아는 데 있다. 내가 혀, 눈, 귀, 코, 손가락으로 느끼는 즐거움 중 다른 사람들이 혀를 비롯해 쾌락을 감지하는 감각기관으로 만끽할 수 있는 것은 ― 사람들 대부분이 아무리 비싼 대가를 치르더라도 ― 거의 없으며, 있다 하더라도 극히 얼마 되지 않는다는 사실을 앎으로써 그 즐거움은 배가된다……. 고위 권력층을 행복하게 만드는 것은 특권 의식일까? 행복에 얼마나 다가갔는지는 동료 여행자들 무리에서 얼마나 앞섰는지로 가늠되는 걸까? 혹은 명시적으로 표현하든, 아니면 절대 노골적으로 내색하지는 않든, 이런 믿음이야말로 적어도 《돈, 어떻게 써야 할까》 독자들의 행복 추구 방향을 좌우하는 것이 아닐까?

리핀에 따르면, 어떤 경우든 이런 방식으로 행복한 상태에 이르려고 하면 기껏해야 절반만 성공할 수 있다. 이런 식으로 얻는 일시적 기쁨은 금세 녹아 사라지고 장기적으로는 불안이 남기 때문이다. 리핀이 주장하듯 《돈, 어떻게 써야 할까》 편집자들이 지어낸 "환상 세계"는 "연약하고 영구적이지 않은 것"이 특징이다. "장엄함과 과도함을 통해 정당성을 얻으려 분투하는 모습에는 불안정성과 취약성이 내포돼 있다." 이 "환상 세계"에 사는 사람들은 "결코 안도할 수 있을 정도로 충분히 소유하거나 정말로 만족스러울 만큼 소유할 수는 없음"을 잘 안다. "소비는 안도감과 포만감을 주는 것이 아니라 되레 불안감을 상승시킨다. 충분함으로는 절대 충분할 수 없는 법이다."《돈, 어떻게 써야 할까》기고가 중 한 명이 독자들에게 경고하듯 '모두'가 럭셔리카를 구할 수 있는 세상에서 정말 높은 자리를 노리는 사람들은 "더 높은 수준으로 올라서는 것 말고는 다른 선택지가 없다."

(만약) 자세히 들여다본다면 이런 사실은 충격적으로 다가온다. 하지만 누구나 이렇게 가까이 들여다보지는 않는다. 그리고 그러고 싶어 하는 사람은 거의 없을 뿐만 아니라, 그러고 싶더라도 그럴 수 있는 사람은 더 없다. — 잘 보이는 좌석은 값이 워낙 비싸 구할 수 없기에, 더 가까이 다가가 들여다볼 수가 없다. 다만《헬로 HELLO!》를 비롯해 유명인의 사생활을 다루는 잡지들 덕에 우리 대부분은 이런 종류의 '행복 추구' 모습을 가끔 스치듯 보게 된다. 그러면 이러지 말아야 한다는 경각심이 생기는 것이 아니라, 그 모습을 따라 하게끔 된다. 어쨌든 이래야 우리도 잡지에 나오는 상류층 중 한 명이 될 테니까……. 불안으로 고통스러워할 가능성이 제아무리 걸림돌이 된다 해도, 그쯤은 상류층이 되기 위해 치러야 할 작은 대가에 불과하다. 여기

서 메시지는 단도직입적인 만큼 뚜렷해 보인다. 즉 상점들을 지나야만 행복에 이를 수 있으며, 그 상점들이 특권층에만 제한될수록 그 끝에 도달했을 때 얻는 행복의 크기가 더 크다는 것이다. 행복에 이른다는 것은 다른 사람들이 얻을 기회나 가능성이 없는 것들을 내가 획득한다는 의미이다. 행복에는 내가 남들을 능가한다는 **우월 의식**이 필요하다……

대로변 상점들은 골목에 숨어 있거나 선별적으로 (그리고 인색하게 소수에게만!) 주소가 알려진 부티크 상점들이 없었다면 번창하지 못했을 것이다. 골목 안 부티크 상점에서 판매하는 상품은 대로변 상점과는 다르다. 그러나 놀랍게도 두 쪽 다 똑같은 메시지를 보낸다. 똑같은 꿈을 실현해 주겠다는 약속의 메시지 말이다. 분명 부티크 상점들이 선택된 소수를 위해 해 준 일이 대로변에서 대량으로 파는 모조품들의 약속에 권위와 신뢰를 부여한다. 두 경우 모두, 그들이 하는 약속은 놀라우리만치 똑같다. 여러분을 '**누구누구보다** 나은' 사람이 되게 해 준다는 약속 말이다. ― 그러면 여러분은 다른 사람들, 즉 여러분이 해낸 일을 하겠다고 꿈꿨으나 실패하고 만 다른 사람들을 압도하고, 그들에게 굴욕감을 주고, 그들을 비하하고, 깎아내릴 수 있게 된다. 간단히 말해 우월 의식의 보편 법칙이 **여러분을 위해** 작동할 것임을 약속하는 것이다…….

많은《파이낸셜타임스》독자들이 찾아본다고 알려진 또 다른 신문에는 새로 출시된 컴퓨터게임 제품을 정기적으로 소개하고 평가하는 코너가 있다. 수많은 컴퓨터게임의 인기 비결은 게임이 주는 재미에 있다. 현실 세계에서는 우월 의식을 실행에 옮기는 것이 **필수적이고** 불가피하지만, 그런 만큼 **위험성 있고** 위태롭다. 하지만 게임 안에서는 그 예행연습을 **안전하고 자유롭게** 선택해서 할 수 있다. 다치는 것이 무섭거나 양심상 타인을 다치게 하고 싶지 않아서 못 하는 것이 아니라면, 우리는 하도록 부추겨진 일이나 하고 싶었던 일을 게임 덕분에 할 수 있다. 이런 게임들 가운데 〈최후의 대학살ultimate carnage〉, 〈최후의 승자last man standing〉, 〈자동차 충돌demolition derby〉처럼 신문에서 추천하는 게임에는 열광적이고 딱히 삐딱하지 않은 후기가 달린다.

가장 재미있는 부분은 [……] 경기장에서 레이스를 벌이다 타이밍에 맞춰 정확하게 충돌해야 플레이어의 래그돌이 차 앞 유리창을 뚫고 공중으로 멀리 날아간다는 것이다. 거대한 볼링장 레인 위로 불쌍한 주인공 캐릭터를 던져 버리는 것부터 시작해서 드넓은 수면 위로 매끈한 조약돌을 던져 물수제비를 뜨듯 주인공 캐릭터를 던져 튕겨 나가게 하기까지, 하나하나가 똑같이 터무니없고 폭력적이며 웃긴다.

우월 의식을 이처럼 재미있고 '유쾌하게' 만드는 것은 주인공 캐릭터의 '불행'(똑같이 되갚지 못하는 무능력)에 맞서는 여러분의 실력(타격을 가하는 타이밍과 정확성)이다. 여러분은 절정의 기량을 발휘해 주인공 캐릭터에게 굴욕감을 주는 대가로 자아에 활기를 불어넣어 줄 자존감을 얻는다. 여러분이 운전석에 안전하게 앉아 있는 동안 앞 유리창 밖으로 튕겨 나가는 래그돌 모형 캐릭터가 없었다면, 실력을 발휘해서 얻는 만족감과 재미는 반감됐을 수 있다.

막스 셸러는 일찍이 1912년에 다음과 같이 지적했다. 평균적인 사람은 가치를 경험한 다음에 비교하지 않는다고. 그보다는 오로지 다른 사람(들)의 소유물, 조건, 역경, 자질과 '비교하는 동안 이를 통해서만' 가치를 평가한다고.[2] 문제는 이런 비교에는 부작용이 따른다는 것이다. 높이 평가된 어떤 가치가 자신에게 없음을 깨닫게 된다는 것이다. 평균적인 사람이 이런 사실을 알고, 더 나아가 그 가치를 소유하고 즐기는 것이 **자신의 능력 밖**임을 깨우친다면 어떤 일이 벌어질까? 그 무엇보다도 강한 감상을 불러일으키고, 상호 대립적이지만 똑같이 격렬한 똑같은 두 가지 반응을 촉발한다. 하나는 압도적인 욕망이다(그런데 이 욕망을 충족시키는 것이 불가능할 수 있다는 생각에 더 괴롭다). 다른 하나는 **원한**이다. ― 자기 비하 self-depreciation 와 자기 혐오 self-contempt 를 피하고 싶은 간절한 욕구 때문에 가슴에 한이 맺혀, 문제가 된 가치와 그 가치를 소유한 자들을 싸잡아 비하하고 조롱하고 깎아내리려 든다. 주목할 만한 사실은 이처럼 서로 모순되는 두 가지 욕구가 얽혀 있는 탓에, 굴욕감을 느끼면 매우 양가적인 태도가 나온다는 것이다. 애증이 교차하는 이런 태도는 '인지부조화'의 원형, 비이성적 행동의 온상, 이성의 논리가 뚫고 들어갈 수 없는 요새와 같다. 또한 이 때문에 고통받는 모든 이들에게는 끊임없는 불안과 정신적 불편함의 근원이기도 하다.

막스 셸러가 예측했듯 동시대를 사는 우리 현대인들 가운데 이처럼 고통받는 대열에 드는 사람들이 대단히 많다. 이 질환은 전염성이 강해서, 유동하는 현대 소비자 사회에 속한 사람들 가운데 감염될 위험이 전혀 없다고 자부할 수 있는 사람은 거의 없거나 있어도 극소수에 불과하다. 셸러에 따르면, 정치적 권리를 비롯한 여러 권리가 상대적으로 평등하고 사회적 평등이 정식으로 인정되면서도, 이와 동시에 진짜 권력, 재산, 교육에 있어 엄청난 차별이 공존하는 사회에서는 우리의 취약성을 피할 수 없다(그리고 아마도 치유할 수 없다). 이런 사회에서는 자신을 나머지 사람들과 동등하게 여길 "권리가 모두에게 있지만", 실제로는 그들과 같을 수 없다.[3]

이런 사회에서 취약성은 (적어도 잠재적으로는) 보편적이기도

하다. 취약성이 보편적이며, 이와 밀접하게 관련된 우월 의식의 유혹이 보편적이라는 것은 무엇을 뜻할까? 이는 **모든** 구성원에게 행복의 기준은 단 하나이며, '모든' 구성원 ***대부분***이 그 기준을 맞출 수 없거나 맞추지 못하게 돼 있는 사회에는 해결할 수 없는 내적모순이 있음을 보여 준다.

에픽테토스는 고대 로마의 노예 출신이면서 스스로 이를 극복하고 스토아철학의 대가가 된 철학자이다. 다음과 같은 그의 제안은 소비자 사회에 속한 소비자들에게 해 줄 법한 조언으로도 들린다. — 왜냐하면 그의 조언이 소비자 사회의 소비자들이 쉽게 이해할 수 있는 언어로 표현된 데다 그들의 세계관에 반향을 일으키는 비유로 가득하기 때문이다(비록 그들의 성향과 선호에 딱 맞아떨어지지는 않더라도 말이다).

인생을 마치 연회와 같다고 생각하라. 연회장에 있으면 당신은 우아하게 행동할 것이다. 여러 요리가 당신에게 전해지면, 손을 뻗어 적당히 덜어 먹으라. 만약 어떤 요리가 당신을 그냥 지나치면, 당신 접시에 이미 있는 요리를 즐기라. 혹은 그 요리가 아직 당신에게 전해지지 않았다면, 당신 차례가 될 때까지 참을성 있게 기다리라.

이와 마찬가지로 당신의 자녀, 배우자, 직장, 재정 앞에서도 정중

하게 절제하고 감사하는 태도를 보이라. 갈망하고 부러워하고 낚아챌 듯이 먹을 필요가 전혀 없다. 당신 순서가 되면 정당한 당신 몫을 받을 것이다.[4]

하지만 문제는 따로 있다. 이처럼 마음을 놓을 수 있게 하는 에픽테토스의 **약속**이 진리라고 믿으면, 우리 소비자 사회는 이를 경험에 반하는 일인 것처럼 보이게 하려고 상상할 수 있는 모든 것을 한다. 그래서 말을 삼가고, 절제하고, 경계하라는 그의 **충고**를 받아들이기가 어려워진다. 또한 우리 소비자 사회는 에픽테토스의 조언을 *실천*하는 것 역시 엄두를 낼 수 없는 과제이자 언덕을 오르는 것 같은 힘겨운 투쟁이 되도록 상상할 수 있는 모든 것을 한다. 하지만 아무리 그래도 불가능한 일로 만들지는 못한다. 사회는 인간이 다른 선택에 비해 어떤 선택을 할 공산이 적도록 만들 수는 있다(그리고 그렇게 만든다). 그러나 그 어떤 사회도 인간에게서 선택권을 아예 박탈할 수는 없다.

도대체 행복이란 무엇인가

행복에 대해 말할 때, 어떤 반론도 없다고 보고 확신에 차서 말할 수 있는 것이 있을까? 있다. 행복은 — 갈망하고 소중히 여겨야 할 — 좋은 것이라거나, 불행한 것보다는 행복한 것이 낫다는 말이 그렇다. 하지만 근거 있는 자신감을 가지고 행복에 대해 말할 수 있는 것은 내용이 비슷비슷한 이 두 가지 말이 **전부**이다. '행복'이라는 단어가 들어가는 그 밖의 다른 모든 문장은 논란을 불러올 것이 확실하다. 외부에 있는 관찰자로서는 어떤 사람의 행복을 다른 어떤 사람의 공포와 구별하기가 당연히 어려울 수 있다.

하지만 격한 항의를 받을 위험 없이 할 수 있는 말은 이것이 '전부'라고 하는 것은 거의 아무 말도 하지 않는 것과 같다. 이런 말이 행복이라는 단어의 사전적 정의 그 이상으로 더 많은 것을 의미하지 않음은 확실하다. 사전적 정의는 단어에 이미 내포된 내용을 반복하되, 그 과정에서 조금 더 많은 단어를 사용해 단어의 의미를 '풀어놓는' 것뿐이다. 그 단어를 저런 일이나 상황보다는 이런 일이나 상황에 **적용하면** 논란의 여지가 많은 해석과 관점이 여기저기에서 등장하기 시작한다. 그 결과로 일어나는 논란을 사전적 정의가 방지하거나 피하게 해 주거나 심지어 완화해 주지는 않는다. 그 명칭을 저런 상황보다는 이런 상황에 적용해서 내리는 결정을 어리둥절한 눈으로 보거나 명시적으로 비난하거나 조롱하는 것은 비단 **다른 사람들**만이 아니다. 결정을 내리는 결정권자 *자신들*도 자기 선택의 적절성과/이나 지혜에 관해 여전히 확신이 없을 가능성이 크다. 이들은 이미 내린 결정이나 선택을 되돌아보며 혼란스러운 마음으로 이렇게 자문한다. '그렇게 요란하게 떠들더니 이게 다야? 내가 바라던 행복이 고작 이거라면, 이 행복에 이르는 데 필요한 것 같았던 그 모든 노력과 고통을 감내할 가치가 과연 있었을까?'

임마누엘 칸트는 애매모호하거나 쟁점이 있는 개념을 선명하고 분명하게 만들기 위해 한평생 고군분투했다(그리고 대단한 결과를 낳았다). 그는 어떤 반론도 나오지 않아 모두가 수용할 수 있고, 결국 수용하는 방식으로 '문제를 해결하는' 하나의 정의에 도달하기를 바랐다. 하지만 '행복'이라는 개념의 경우, 이런 희망을 포기할 수밖에 없다고 느꼈다. 그는 이렇게 선언했다. "행복의 개념은 워낙 막연해서, 누구나 행복을 소망하더라도 자신이 진정 바라고 원하는 것이 뭔지는 결코 명확하고 일관되게 말할 수 없다."[5] 여기에 덧붙이자면, 행복에 관한 한 누구도 명확한 *동시에* 일관될 수는 없다. 명확할수록 일관될 가능성은 적다. 게다가 당위적인 행복의 모습이 명확하다는 의미는 선택된 모형에만 관심과 에너지를 집중하고, 나머지는 전부 배제하거나 그림자 속에 묻어 버린다는 것이다. 그렇기에 다른 나머지를 전부 희생하면서 어떤 모형을 추구하면, 사산아나 낙태아의 무덤이 많아지듯 버려지거나 방치되는 가능성들이 점점 더 많아지면서 이 모형도 점점 더 의심스러워 보일 수밖에 없다. 충족감은 되돌아가거나 옆으로 움직이는 등 비일관성의 유혹과 한 묶음이 돼 다가올 가능성이 크다.

플라톤에 따르면, 소크라테스는 일찍이 행복에의 욕망을 가리켜 피할 수 없는 적나라한 인생의 사실(또는 현실 - 옮긴이)이라고 주장했다. 행복에의 욕망은 마치 영원한 동반자처럼 인간 존재를 따라 다닌다. 그런데 의문의 여지 없이 완전한 나는 아무 후회 없다je ne regrette rien는 식의 충족감과 만족감도 마찬가지로 영원히 얻지 못할 것처럼 보인다. 또한 이에 따라 야기되는 모든 좌절감에도 불구하고, 인간이 행복에 대한 열망을 멈출 가능성 역시 영원히 없다. 그리고 실제로 행복을 추구하고 달성하고 유지하기 위해 최선을 다할 가능성도 없다.

아리스토텔레스는 대체로 인간이 처한 복잡한 곤경에서 생겨난 문제들을 더 단순한 구성 요소들로 분해하는 방법을 문제 해결 전략으로 삼았다. 이런 전략에 따라 그는《수사학》에서 ― 일단 지니거나 갖추면 ― 행복한 삶의 모습으로 구현되는 개인의 자질과 업적을 열거했다.[6] 그는 행복을 여러 방식으로 정의할 수 있다는 데 동의했다. 즉 '미덕과 결합한 번영', '독립적인 삶', '쾌락의 최대치를 안전하게 누리는 것', '좋은 자산적, 신체적 조건과 함께 자산과 신체를 지키고 활용할 힘을 가지는 것'이라고 정의했다. 그러고는 행복한 삶을 도출하는 공식으로 뭘 선택하든 행복에 없어서는 안 되는 필수적인 '내적/외적' 자질들의 목록을 열거했다. 그의 견해에 따르면, 이 목록은 모든 아테네 시민이 공통적으로 느낄 가능성이 큰 욕망들로 이뤄졌기 때문에 경험적 기반을 갖췄다. 좋은 출신, 많은 친구, 좋은 친구, 부, 착한 자녀, 많은 자손, 건강, 아름다움, 체력, 큰 몸집, 운동 능력, 명성, 명예, 행운, 미덕 등이 목록에 포함된다. 이 목록에는 위계적 가치 체계란 없다. 행복을 이루는 모든 구성 요소가 하나같이 중요하다. 이는 그 어떤 구성 요소도 다른 요소를 위해 희생되면 행복이 손상될 수밖에 없음을 시사한다. 어떤 구성 요소가 있거나 많다고 해도, 다른 것이 없거나 부족한 상태를 제대로 보완할 수는 없다. 이런 생각은 아리스토텔레스의 나머지 인생철학과도 조화를 이룬다. 그의 인생관에 따르면, 극단적이고 편협한 선택을 경계해야 하며, 절제 있는 삶을 살고, 균형 잡힌 판단을 내려야 한다. 그는 변덕스럽고 일관성 없다고 악명 높은 현실 한가운데서 유일하게 추구해야 할 올바르고 효과적인 전략으로 '중용'을 선택하라고 충고하는 것으로도 유명하다.

요즘 독자들은 아리스토텔레스의 목록을 보고 당황하거나 어쩌면 흥미를 잃을 수조차 있다. 목록 중 일부는 요즘 사람들에게 행복에 관한 생각을 물었을 때 우선적으로 언급될 만한 자질들이 아니기 때문이다. 다른 일부도, 최대한 절제해 표현하더라도, 이를 바라보는 시각에 복잡한 감정이 녹아 있기 때문이다. 하지만 이 정도는 상대적으로 사소한 걸림돌이다. 요즘 행복 사냥꾼들을 가장 당황스럽게 만들 법한 것은 따로 있다. 행복이 어떤 *상태*이며(그럴 수 있고, 그래야 하며), 어쩌면 심지어 한번 도달하면 바뀌지 않는 ***꾸준하고 끊임없이 이어지는*** 상태라는 암묵적인 추정이 바로 그것이다. 목록에 열거된 모든 자질을 획득하고 모으면, 또 모든 자질을 영구적으로 '지닐' 수 있다는 보장이 있으면, (아리스토텔레스가 암시했듯) 이런 자질들을 지닌 사람들에게 날이면 날마다 — 영원히 in perpetuo — 행복이 찾아온다고 기대해도 된다. 하지만 우리가 보기에 가장 이상하고 일어나지 않을 법한 일이 바로 이것이다. 게다가 가능성은 적지만 만약 행복이 찾아온다면, 요즘 사람들은 이같이 영원한 안정이 인생의 행복에 미치는 영향은 보잘것없을 수 있다고 생각할 것이다.

 그런데 요즘 독자 대부분이 명백한 사실로 여길 게 확실한 것들도 있다. 돈이 많은 것이 적은 것보다 행복해지는 데 더 유리하다거나, 좋은 친구가 많은 것이 한두 명 있거나 없는 것보다 행복에 더 가깝다거나, 건강한 것이 아픈 것보다 낫다는 것 등이 그렇다. 반면 어느 날 행복을 느끼게 해 준 것이 영원히 계속해서 마음을 사로잡고 기쁨을 줄 것이라 기대할 독자는 없다. 있다 하더라도 극소수에 불과하다. 최종적으로 행복한 상태에 도달할 수 있고, 그 상태에 도달하면 더 노력하지 않아도 여생 동안 행복을 유지할 수 있다고 믿는 사람도 거의 없다. 달리 표현하자면, 더 크고 더 많은 행복을 추구하는 일을 서서히 멈추더라도 행복은 깨지지 않는다고 믿는 사람은 거의 없다. ― '지금부터 달라지는 것은 아무것도 없으며 모든 것이 현재 모습 그대로 유지'된다는 깨달음에도 불구하고 말이다.

우리 대부분이 보기에 '똑같을 공산이 더 크다.'라는 전망은 그것 자체만으로 당연한 가치가 있는 것이 아니다. 계약 해제 조항으로 보완이 돼야 비로소 가치를 지닌다. 크게 기쁘거나 아주 신나는 그 순간에는 '똑같을 공산이 더 큰 것'이 매력적으로 느껴질 수 있다. 하지만 다른 영역들에서도 그렇듯 사람들은 대부분 욕망이 영원하길 기대하지 않는다. 그리고 욕망의 대상이 무한히 '똑같은 상태로' 남길 바라지 않을 것이다. 크리스토퍼 말로의 작품 속 주인공 포스터스 박사가 비싼 수업료를 내고 배운 교훈처럼, 더없는 행복의 순간이 무한히 '그대로'이길 바라면 무한한 행복이 아닌 무한한 지옥이 기다리고 있는 법이다…….

우리 대부분은 '계속 나아가는 중'이라는 상태야말로 오히려 가치 있다고 ― 분명 가장 소중한 가치가 있다고 ― 환영받을 만하다고 생각한다(이는 목표로부터 여전히 어느 정도 떨어진 위치에서 아직은 충족되지 못한 욕망에 밀리고 치이는 상태이다. 그러면서 꿈꾸기를 강요당한다. ― 그리고 이런 꿈을 실현하기 위해 계속 노력하고 희망을 놓지 않도록 강요당한다). 십중팔구 우리는 이런 상태의 반대 상황, 즉 휴식 상태는 행복한 상태가 아니라 *지루한* 상태라는 것에 동의할 것이다(말로 많이 표현하지는 않더라도 적어도 마음속으로는 동의할 것이다). 그리고 우리 대부분은 '지루한 상태'를 극단적인 불행의 동의어이자 우리가 가장 두려워하는 상태를 일컫는 또 다른 이름으로 여긴다. 만약 행복이 하나의 '상태'라면, 행복은 충족되지 못한 데서 기인한 자극이 일으키는 흥분 상태일 수밖에 없다…….

현대인의 행복 찾기 게임

현대로 넘어가는 문턱에서, 행복 사냥꾼들의 꿈과 실행의 대상이었던 '행복한 *상태*'는 행복 *추구*로 대체됐다. 이 시기부터 최대 행복은 장기간에 걸친 도전과 오랜 투쟁 끝에 오는 보상보다는 불가능에 도전하고 장애를 극복하는 데서 파생되는 만족감과 관련되기 시작했다. 그리고 지금도 여전히 그렇다. 대런 맥

마흔은 '서양' 철학과 문화 속 행복의 역사에 대해 괄목할 정도로 포괄적이고 예리한 연구를 진행했고, 그 과정에서 알렉시 드 토크빌의 통찰력을 상세히 설명했다.[7] 드 토크빌이 방문했던 미국에서는 *이미 획득한* 평등이 커질수록 평등에 대한 *갈망*이 더 채워지지 못할 정도로 커졌다. 그래서 행복이 물질적 흔적을 많이 남김에 따라, 행복 사냥꾼들은 행복에 대한 갈증에 더 목말라하고 행복 추구에 더 빠져들었을 것이다(이것은 지금도 마찬가지이다). 드 토크빌의 표현을 그대로 빌자면, "행복은 멀어지더라도 눈 밖을 벗어나지 않는다는 특징이 있다. 행복은 멀어지면서 쫓아오라고 손짓한다. 매 순간 잡을 수 있을 것 같지만, 그럴 때마다 행복은 손가락 사이로 스르르 빠져나간다."[8]

행복 추구가 인간의 사고와 행동을 이끄는 주된 동력으로 등장한 것은 누군가에게는 긍정적인 의미에서, 또 누군가에게는 부정적인 의미에서 진정한 문화적·사회적·경제적 혁명으로 점쳐진다. **문화적**으로 이것은 영구적 루틴에서 항구적 혁신으로의 이행을 알리는 전조이거나 신호탄, 또는 이에 동반되는 사건이다. '항상 존재해 온 것'이나 '항상 소유해 온 것'을 재생산하고 보유하던 것이 '한 번도 존재한 적 없는 것'이나 '한 번도 가진 적 없는 것'을 창조하고/하거나 승인하게 된다는 말이다. '밀기'에서 '당기기'로, 욕구^{need}에서 욕망^{desire}으로, 원인에서 목적으로 바뀌는 것이다. **사회적**으로는 이와 때맞춰 저울추가 전통의 지배에서 '고정성의 융해와 신성모독'으로 옮겨 간다. **경제적**으로는 욕구만족에서 욕망 생성으로의 변환을 촉발한다. 사고와 행동의 동력으로서 '행복한 상태'가 본질적으로 보수적인 안정 요인이었다면, '행복 추구'는 강력한 불안정 요인이다. 이는 사람들 사이의 유대 관계 망과 사회적 환경뿐만 아니라 자기 동일시를 위한 노력에 가장 효과적으로 작용하는 부동액인 셈이다. 또한 현대가 '고정적' 국면에서 '유동적' 국면으로 이행한 원인이 된 강박관념의 주된 **심리적** 요인이라고도 충분히 말할 수 있다.

권리인 동시에 의무이자 삶의 최고 목적으로까지 서열이 상승한 '행복 추구'가 심리적으로 미치는 영향에 대해 드 토크빌은 다음과 같이 이야기한다.

> 저들[미국인들]은 그것(행복 - 옮긴이)의 매력을 충분히 알 만큼 가까이에서 들여다보긴 하지만, 즐길 만큼 가까이 다가가지는 않는다. 그러고는 그 기쁨을 충분히 즐기기도 전에 세상을 떠난다. …… [바로] 이 때문에 민주주의의 땅에서 풍요로움에 둘러싸여 사는 저들의 뇌리에서 이상하게도 우울감이 떠나지 않는 경우가 많다. 또한 평온하고 편안한 환경에서 사는 저들이 때때로 삶

에 대한 혐오에 사로잡히기도 한다.[9]

고대 현인들은 '보편적 행복 추구'의 시대가 열리기도 훨씬 전에 일찍이 이를 짐작하거나 예상했다. 그들은 역설처럼 보이는 이 사실을 이해하고자 부단히 애썼다. — 그리하여 행복 사냥꾼들이 이 역설이 놓은 덫을 피하거나 거기서 빠져나갈 길을 마련하고자 했다. 루키우스 안나이우스 세네카는 '행복한 삶에 관한' 사색을 담은 그의 『행복론』에서 이렇게 지적했다.

> 최고선은 죽지 않으며, 사라져 없어지는 경향도 없고, 과도함과 뉘우침을 거부한다. 고결한 사람은 최고선이 결단력을 발휘해 흔들리는 법이 없고, 결코 자기 혐오의 대상이 되지 않으며, 최고선이 이끄는 최상의 방식으로 살고 절대로 아무것도 바꾸지 않는다. 이와 정반대되는 것이 감각적 쾌락이다. 쾌락은 최고점까지 끓어오른 순간 식어 버리기 때문이다. 감각적 쾌락의 크기는 크지 않아서 금세 채워진다. 그러면 쾌락은 과도함으로 바뀌고, 원래의 생기는 무덤덤함과 게으름으로 변한다.[10]

세네카가 위에서 인용한 첫 문장 속 추론을 뒤집었다면 의미가 더 명료했을 것 같다. 선한 것은 죽지 않는다고 하는 대신

— 정확히 말하면 죽지 않는 덕에 좀먹어 들어가는 시간의 타격에도 끄떡없다. — 불멸하는 것을 최고선으로 여겨야 한다고 했다면 말이다. 세네카의 조언 혹은 경고가 지닌 설득력이 뭐든, 결국 그 힘은 어디든 있는 인간의 흔들림 없는 꿈에서 파생됐다. 시간의 흐름을 옭아매고, 무력화하고, 늦추고, 궁극적으로는 저지해 서서히 무너뜨리는 힘을 빼앗겠다는 꿈 말이다. 또한 그 설득력은 죽을 수밖에 없는 운명인 인간의 지속성과 무한한 장수에 대한 갈망, 아니 존재의 영원함을 바라는 채워지지 않고 채워질 수 없는 갈망에서 나왔다. 죽을 운명인 인간은 이미 '선악과'를 맛봤기에, 아무리 간절히 성심을 다해 노력하더라도 언젠가는 죽는다는 자신의 운명을 잊을 수도 없고 잊지도 않을 것이다. 그러므로 인간은 다른 열매, 즉 잔인하게도 영원히 자신에게 금지된 마법의 열매인 '생명의 나무' 열매에 대한 갈망을 절대로 멈추지 않을 것이다.

지금까지는 인간이 행복을 고찰할 때 '지속될 수 있기에 가치 있는 것'과 '일시적이라 헛된 것'의 차이점이나 이 둘 사이를 가르는 건널 수 없는 심연이 머릿속에서 사라진 적이 단 한순간도 없다. 2000년이 넘는 세월 동안, 철학자들의 뇌리에서 떠나지 않은 것은 보잘것없음이라는 다섯 글자였다(비철학자들도 잠시 잠깐 철학에 빠져 있는 동안은 그랬다). 개인의 육체적 존재감은 흔들림 없이 영원한 세상과 비교했을 때 수치스럽고 모욕적일 정도로 무의미하다는 생각이 지배적이었다. 중세에는 이 주제가 인간의 최고 목적이자 최대 관심사의 경지에까지 올랐고, 육체적 쾌락보다 영적 가치를 우월하게 만드는 데 활용됐다. ― 또한 지상에서의 짧은 생애 동안 겪는 고통과 불행은 사후에 끝없이 누리는 더없는 행복에 필요한 서곡이므로 반가운 것이라 설명하는 데도 활용됐다(그리고 이로써 고통과 불행에 대한 논쟁을 얼버무릴 수 있기를 바랐다). 근대가 도래하면서 이런 생각은 새로운 옷을 입고 돌아왔다. *개인*의 덧없는 관심과 걱정이라는 옷이었다. 이는 '*사회* 전체'의 관심사 ― 민족, 국가, 대의명분 등 ― 와 나란히 놓고 보면 가공하리만치 수명이 짧고, 순식간에 지나가 버리고, 변덕스러워 보였다.

현대 사회학의 창시자 중 한 명인 에밀 뒤르켐은 죽음을 면할 수 없는 개인의 운명에 대한, 이처럼 새로운 형태의 세속화된 설명을 뒷받침할 강력한 사례를 제시하고 광범위하게 논했다. 그는 신의 창조물 또는 체현된 신으로 여겨지던 자연과 신이 떠난 자리에 '사회'를 넣고 거기에 자리 잡게 하느라 고군분투했다. ― 그렇게 함으로써 초기 민족국가가 도덕적 규범을 분명히 표현, 천명, 집행하고 국민에게 최대의 충성을 명할 권리를 가진다고 주장했다. 이런 권리는 예전에는 우주 만물의 주님과, 주님의 선택을 받은 지상의 파견자들만이 갖고 있던 것이었다. 뒤르켐은 자신이 하는 일의 목적을 완벽히 알고 있었다. "우리는 이 같은 종교적 동기를 대신할 합리적 대체물을 발견해야 한다. 종교적 동기는 너무나 오랫동안 가장 핵심적인 도덕적 이념의 수단 역할을 해 왔다."[11] 뒤르켐의 권고에 따라, 인간이 추구해야 하는 진정한 행복은 신에 대한 사랑과 신의 교회에 대한 복종에서 민족에 대한 사랑과 민족국가의 규율로 초점이 바뀌었다. 그런데 두 경우 모두 찰나에 대한 영겁의 우월성을 보여 주기 위해 똑같은 논거를 든다.

> 우리가 노력해도 결과적으로 지속적인 것이 아무것도 없다면, 이런 노력은 공허하다. 대체 왜 우리는 이런 덧없는 것을 위해 애써 노력해야 하는가? …… 그토록 공허하고 일시적인 우리 개인의 쾌락은 어떤 가치가 있는가? ……
> 개인은 사회에 복종하는데, 이런 복종은 개인의 해방에 필요한 조건이다. 인간에게 자유란 맹목적이고 생각 없는 물리적 힘으로부터 구조되는 것이다. 이를 성취하는 방법은 자신을 보호해 주는 사회의 위대한 지적 힘을 동원해 물리적 힘에 맞서는 것이다. 인간은 사회의 날개 아래로 들어가 어느 정도는 스스로 사회에 종속된다. 하지만 이는 어디까지나 해방을 얻기 위한 종속

이다.**¹²**

이처럼 오웰식의 전체주의적 이중 사고와 상당히 유사한 방식으로 추론한 결과, 사회의 엄중한 요구와 사회가 임명한 대변인 또는 자칭 사회의 대변인에게 무조건 복종하는 것 — 그토록 대체하고자 애썼던 신의 계명과 교회의 수호자들에게 순종했던 것처럼 — 이 **해방** 행위로 다시 제시됐다. 일시적인 것의 굴레에서 벗어나는 영원한 것으로의 해방이자, 육신의 감옥에서 벗어나는 영적인 것으로의 해방 말이다. 간단히 말해 진짜 가치가 그 가짜 대체물에서 해방되는 것을 의미한다.

반면 세네카의 처방은 주로 *자족*과 *자기*통제에 무게중심이 있었다. 철저히 그리고 단호히 *개인주의적*이기도 했다. 또한 신의 전지함이나 지고의 이성, 사회의 전능함에 기대지 않았다. 그 대신 '고결한 사람', 즉 개별 인간 존재의 양식과 의지, 결단력, 이들 개인이 개별적으로 지휘하는 권력과 자원을 대상으로 삼았다. 세네카는 이 대상들에게 인간 조건의 비참함을 각자 혼자 힘으로 직면하라고, 가까운 거리에서 단도직입적으로 직면하라고 촉구했다. — 이와 함께 침울한 진실을 보지 못하도록 그들의 시선을 돌리는 잘못되고 기만적인 가짜 치료법을 피하고 이에 맞서라고 했다. 또한 찰나의 쾌락을 좇는 것도 그만두라고 요구했다. 쾌락을 좇는 동안은 침울한 진실을 잊을 수 있을지 몰라도, 그런 상태가 한순간도 더 오래 지속되지는 않는다. 아마 이것이 바로 에피쿠로스가 내린 판결이 의미하는 바일 것이다. 세네카는 전적으로 동의를 표하며 이렇게 인용한다. "자연에 순응하며 당신의 삶을 빚어 나가면 결코 가난해지지 않는다. 반면 사람들의 의견에 따르면 절대 부자가 될 수 없다."[13] 또는 이렇게 논평한다. "우리의 가장 큰 문제는 널리 승인된 것이 최고라고 생각하며 소문을 따르는 것이다. 또한 선을 비롯해 따라야 할 것이 워낙 많기에, 이성이 아니라 모방의 원칙에 따라 산다는 것도 문제이다." 그리고 그는 경고한다. "타고난 욕망은 한계가 있다. 하지만 잘못된 견해에서 생겨난 욕망은 멈출 줄 모른다. 허위에는 종착점이 없기 때문이다." 마지막으로 "특히 반드시 피해야 하는" 것은 "대규모 군중"이라고 주장한다. "함께 어울리는 군중의 규모가 커질수록 위험이 커지기 때문이다." "느긋하게 쇼를 보고 앉아 있는 것만큼 인성을 파괴하는 것은 없다. — 그러면 오락을 매개로 해서 보통 때보다 쉽게 악덕이 스며들기 때문이다."[14] 간단히 말하자면 이렇다. 군중을 피하라. 대규모 청중을 피하라. 자신만의 조언, 즉 철학 — 얻은 뒤 자기 것으로 만들 수 있는 지혜 — 의 조언을 마음에 품으라. 세네카에 따르면 인간은 짧은 시간 동안 지상에 머물지만 영원히 존재하는 신과 똑같다. 심지어 인간이 신보다 우월한 측면도 있다. 신에게는 그분을 두려움으로부터 지켜 줄 자연이 있다. ― 하지만 인간을 두려움에서 지켜 줄 방어벽이 뭐든, 인간은 자신만의 지혜로 그 방어벽을 구축해야 한다.

문제는 인간에게는 영원함이 금지됐다는 점이다. 인간은 모두가 이 사실을 너무나 고통스러울 만큼 잘 알아서, 이런 운명의 판결에 항소할 희망을 거의 품지 않는다. 그래서 인간은 덧없는 찰나의 쾌락이 소란을 피우는 동안 자신의 비극적 지혜를 억누르고, 지혜가 하는 말에 귀를 닫으려고 애쓴다. 인간은 이것이 잘못된 계산이었음을 인정한다. ― 이번에도 이유는 같다(즉 비극적 지혜는 결코 영원히 좇거나 쫓아낼 수 없기 때문이다). 그러면서 물질적 부와 상관없이 자신에게 영원한 영적 빈곤과 지속적 불행을 선고한다("인간은 스스로 불행하다고 확신하는 만큼 불행하다."[15]). 인간은 제한적이더라도 어려운 처지 안에서 행복으로 가는 길을 찾는 대신, 멀리 돌아서 가는 길을 택한다. 길을 가다 보면 어딘가에서는 자신의 끔찍하고 혐오스러운 운명에서 벗어나거나 그런 운명을 속일 수 있으리라 기대하면서 말이다. ― 하지만 그렇게 해서 맞이하는 결과는 원점으로 돌아가는 것뿐이다. 애초에 발견(몹시도 소망했으나 여전히 미완인 발견)을 위한 대항해에 나서게 만들었던 바로 그 절망에 다시 처한다. ― 이 여행길에서 인간이 유일하게 발견할 수 있는 것이 있다면, 그것은 자신이 택한 이 길이 조만간 자신을 다시 출발선으로 인도할 우회로라는 사실뿐이다.

> 우리가 막을 수 없는 운명의 법칙에 꼼짝없이 붙잡혀 있든, 우주 만물의 주인으로서 모든 것을 명하는 주체가 신이든, 인류에게 일어나는 일들이 우연의 작용으로 우연히 이리 튀고 저리 튀든, 우리를 보호할 의무는 철학에 있다. 철학은 우리를 부추겨 유쾌한 마음으로 신에게 순종하게 만들고, 도전적으로 운을 따르게 만든다. 철학은 당신에게 신을 따르는 법과 우연이 전하는 말을 경청하는 법을 보여 줄 것이다.[16]

헛되고, 헛되고, 모든 것이 다 헛되도다. 세네카는 전도서 속 선조의 메시지를 자신이 되풀이하고 있다는 것도 모른 채 이렇게 강조하는 듯하다. 자격 없는 교만한 자들에게 관심, 존경, 경배심을 보이는 비굴한 짓을 하지 말라고 말이다. 역사가 유구한 스토아철학 왕조에서 세네카의 후계자로 꼽히는 마르쿠스 아우렐리우스는 독자들을 꾸짖는다. "당신의 의무는 올곧게 서 있는 것이다. — 올곧게 지탱되는 것이 아니다." 그러면서 이렇게 설명한다.

세상 만물은 어떻게 이리 빨리 사라지는가. 우리 육신도 물리적 세계에서 사라져 버리고, 그에 대한 기억도 시간 속으로 사라져 버린다. 모든 감각 대상 — 특히 쾌락으로 우리를 꾀거나, 고통으로 우리를 겁주거나, 허영의 환호를 즐기는 것들 — 의 본질을 들여다보면 이들이 얼마나 하찮고, 가증스럽고, 더럽고, 부패하고, 죽은 것인지. ……
육신을 이루는 모든 것은 마치 강물처럼 흘러가고, 영혼을 이루는 모든 것은 꿈이자 착각이다. …… 그렇다면 무엇이 길을 가는 우리를 호위해 줄 수 있을까? 단 하나, 오로지 하나뿐이다. 바로 철학이다.[17]

마르쿠스 아우렐리우스는 소란스러운 것을 멀리하고, 가증스러운 모든 것과 거리를 두라고 조언한다. 이런 것들은 부패하고, 하찮은 것이기 때문이며, 더러운 것이기 때문이다. "지상의 것들을 마치 하늘 위에서 내려다보듯 보라."[18] 이렇게 하면 행복을 약속하나 그 약속을 지키지 않을, 그리고 지킬 수도 없는 기만적인 매력에 넘어가지 않고 피해 나갈 수 있다. 또한 반드시 좌절로 끝날 굴복에의 유혹에도 빠지지 않는다.

너는 경험으로 알게 되지 않았는가? 아무리 방황해도 어디에서도 좋은 삶을 발견할 수 없었음을. ─ 논리, 부, 영광, 방종 등 그 어디에서도 말이다. 그렇다면 좋은 삶은 어디에 있을까? 인간의 충동과 행동을 지배하는 원칙을 세워서 …… 인간의 본성이 요구하는 대로 하면 된다.[19]

그렇다면 이런 원칙은 뭘까? 마르쿠스 아우렐리우스는 그 누구도 "재능이나 능력 부족을 핑계 삼아" 자신에게는 없다고 할 수 없을 만한 것들을 선별해 그중 몇 가지를 알려 준다. 바로 정직, 위엄, 근면, 금욕, 만족, 검소, 친절, 독립, 단순함, 신중함, 관대함이다. "명심하라. 너를 지배하는 마음이 자족의 경지로 물러설 때 그 마음은 천하무적이 된다. …… 격정 없는 마음은 요새와 같다. 몸을 피하기에 이보다 튼튼한 곳은 없다."[20] 요즘 말로 바꿔 표현하면, 마르쿠스 아우렐리우스는 인격과 양심을 행복 사냥꾼들의 최후 피난처로 지정했다고 할 수 있다. 다른 곳에서는 자식 없이 유언도 남기지 못하고 죽을 운명이지만, 유일하게 그곳에서는 행복에의 꿈이 반드시 좌절되기만 하는 것은 아니다. 마르쿠스 아우렐리우스가 알려 주는 행복의 비법은 자제력 있고, 자기 지시적이며, 무엇보다도 자기 제한적인 사람이 되는 데 있다. 잘못된 경로를 파악해 피해 가라, 본성이 물러서지 않겠다고 정한 한계를 받아들이라 같은 식이다. *감정* passions

은 — 변덕스럽고 한도 끝도 없어서 — 길을 잃게 만들지만, 다행히 우리에게는 감정을 무력화하는 강력한 무기인 *이성적 마음 mind*도 있다. 감정은 꽉 붙잡아 두고 이성적 마음은 완전히 자유롭게 풀어 주는 데 행복한 삶의 비결이 있다.

그로부터 수 세기가 지나, 블레즈 파스칼이 등장한다. 그는 세네카와 마르쿠스 아우렐리우스의 메시지를 섞은 다음, 거기서 공통된 진수를 뽑아낸다.

내가 인간으로서 나의 존엄성을 찾아야 하는 곳은 공간 속이 아니다. 내 생각의 순서에서 찾아야 한다. 땅을 소유한다고 내게 좋을 것은 하나도 없다. 우주는 공간을 통해 나를 붙잡아 티끌을 삼키듯 나를 삼킨다. 반면 나는 생각을 통해 우주를 파악한다.[21]

하지만 파스칼이 이 말에 서둘러 덧붙였듯 문제는 사람들 대다수가 이런 믿을 만한 조언과는 반대로 행동한다는 것이다. 사람들은 엉뚱한 곳에서, 도무지 행복을 발견할 수 없는 곳에서 행복을 찾는다. 파스칼은 길이 남을 어록 가운데 한 구절을 다음과 같이 결론지으며 마무리한다. "인간이 불행한 유일한 원인은 인간이 자기 방에서 조용히 있을 줄 모르기 때문이다." 이리저리 뛰어다니는 것은 "자기 자신에게 신경을 쓰지 않는" 방법에 불과하다.[22] 달릴 때는 생각할 기회가 별로 없으니 그냥 계속 달리라. — 그러면 자기 자신을 더 가까이 들여다보는 고통스러울 만큼 힘든 과제와 어느 정도 거리를 둘 수 있다. 영원히 혹은 무한히 그러거나, 최소한 다리에 힘이 남아 있어 트랙을 벗어나지 않는 한 거리 두기는 가능하다. — 주지하다시피 트랙은 대부분 폐쇄 회로이다. 트랙은 원형이나 타원형이라서 아무리 돌아도 어디로 갈 수가 없다. 오로지 뱅글뱅글 돌게 돼 있다. 사람들이 생각하는 행복 찾기 게임은 **도착하기**가 아니라 **달리기** 게임이다.(이렇게 잘못 생각하는 탓에 사람들은 결국 자신에게 해를 끼칠 정도로 쓰라린 깨달음을 얻는다).

매일 소액으로 도박을 하면서 지겨움을 모른 채 사는 사람이 있다. 매일 아침, 그에게 그날 하루 도박으로 벌 돈을 준다. 단 도박하지 않는다는 조건을 건다. 그런데 이렇게 하면 그는 불행해진다. 결국 그가 원하는 것은 여흥이지 도박에서 이기는 것이 아니라고 주장할 수 있겠다. ……

그에게는 흥분이 필요하다. 그래서 그는 착각에 빠져 상상해야 한다. 도박을 포기해야 한다면 받고 싶지 않겠지만, 이것을 얻으면 행복할 것이라고.[23]

파스칼이 시사하는 바는 이렇다. 사람들은 내면을 들여다보려 하지 않은 채 역경에 직면하지 않고 피할 수 있다는 헛된 희망만 품고 계속 달린다. 여기서 역경이란 사람들이 우주의 무한함을 기억해 낼 때마다 자신의 무의미함을 직시하는 것을 말한다. 파스칼은 사람들이 그러는 것을 질책하고 책망한다. 그는 말한다. 모든 불행의 원인이라 비난받아 마땅한 것은 가만히 있는 것이 아니다. 그보다는 들볶아 대는 병적인 성향을 비난해야 한다.

하지만 이런 반론이 있을 수 있다. 명시적이지는 않지만, 파스칼은 우리에게 행복한 삶과 불행한 삶 중 하나가 아니라, 두 종류의 불행 중 하나를 고를 선택권을 준 셈이다. 왜냐하면 우리가 달리기를 택하든 가만히 있는 것을 택하든, 우리는 불행해질 운명이기 때문이다. (우리가 계속 움직이는 한) 분주히 움직이는 것의 유일한 장점(이 장점은 추정일 뿐이며 오해의 소지가 다분하다!)은 이 진실의 순간을 한동안 뒤로 미룬다는 것이다. 많이들 동의하겠지만, 이것이야말로 방 **안**에 머물러 있기보다 방 **밖**으로 달아나면서 누리는 진짜 장점이다. ― 그리고 십중팔구 이것은 뿌리치기 힘든 유혹이다. 그러면 사람들은 이 유혹에 무릎 꿇고 기꺼이 현혹돼 넋을 빼앗기기로 한다. ― 왜냐하면 사람들은 넋이 나가 있는 한 '*선택의 자유*' 혹은 '*자기주장*'이라는 탈을 쓴 채 그들을 달리게 만드는 **충동**과 **중독**을 발견할 위험을 피할 수 있기 때문이다. 하지만 불가피하게도 그들은 결국에는 미덕을 갈망하게 된다. 그들이 한때 지녔으나 지금은 포기해 버린 미덕 말이다. 자신들이 미덕을 포기했던 이유는 미덕을 실천하고 그에 대한 책임을 지면 생기는 극심한 고통을 없애기 위해서였지만······.

그러므로 이런 유혹에 저항하고 넘어가지 않으려면 '고결한 마음', 견고한 지식, 강한 인성 (때로는 담력) 등과 같은 희소한 엘리트적 자질이 필요하다는 철학자들의 주장은 지당하다.

사랑과 희생의 종말

파스칼 이후 몇 세기가 지난 뒤, 막스 셸러는 그의 저서 『사랑의 질서 Ordo amoris』에서 이렇게 주장했다. "감정 heart이야말로 정신적 존재인 인간의 중추로 불릴 만하다. 앎과 의지보다 훨씬 더 그렇다."[24] 여기서 '감정'은 끌림의 정서와 밀어냄의 정서, 즉 사랑과 증오 사이의 선택을 의미한다.

인간 삶의 여정에 따른 재화들, 실질적인 것들, 인간의 의지에 반하는 행위와 의지에 대한 저항은 애초부터 항상 점검과 '관측'의 대상이다. 말하자면 *사랑의 질서*가 지닌 특정한 선별 메커니즘이 점검하고 관찰하는 것이다. …… 인간이 실제로 무엇에 주목하는지, 무엇을 관찰하는지, 또는 무엇을 눈에 띄지 않도록 방치하는지는 이런 끌림과 밀어냄이 결정한다.

셸러에 따르면 인간[Man]은(셸러가 말하는 인간은 남성과 여성을 모두 가리키는 것이 자명하지만, 오늘날 정치적으로 올바른 용법에 맞게 표현하려면 명시적으로 확실히 하고 넘어가야 한다. (이런 이유로 저자는 woman을 덧붙였다. - 옮긴이) 앎의 존재[ens cogitans]나 의지의 존재[ens volens]이기 전에 사랑의 존재[ens amans]이다. '감정'은 사는 동안 자신이 정하는 규칙만 따른다. 그 밖의 모든 규칙에는 귀를 막거나 용감히 복종을 거부한다. 이런 자기중심주의적 측면에서 보면 감정은 이성과 닮았다. 이성 역시 다른 논리를 빌려 오는 것을 고집스레 거부하는 것으로 알려져 있기 때문이다. 셸러는 파스칼에게 경의를 표하며 다음과 같이 말한다. 감정은 "*그만의* 근거가 있지만" 이성의 "이해력으로는 이를 전혀 알지 못하고 결코 알 수도 없다."[25] — 왜냐하면 이성이 자신의 홈그라운드이자 철저히 보호된 독점 영역이라고 선언한 '객관적 결단'이나 '진정한 필요성'은 감정의 근거가 아니기 때문이다. 감정이 '스스로' 정한 근거는 **동기**와 **소망**이다. 감정의 근거는 — 제아무리 '더 엄격하고, 절대적이고, 어길 수 없는 것'이라 해도 — 이성의 조사 대상이 되는 근거와는 전혀 다르다. 이성에서 나온 논거는 감정이 움직이는 논리를 파악하는 데 아무 힘도 발휘하지 못한다. 심지어 감정이 움직이는 방향을 변경하려 들면 더더욱 무기력해진다.

'감정'이 *자신만의* 근거에 따라 구축하는 세계는 *가치*의 세계이다. 본질적으로 가치는 언제나 **두드러지는** 법이고, 현재 존재하는 것보다 항상 어느 정도 **앞선다**. 그래서 이미 지금 여기에 존재하는 것은 그 어느 것도 가치를 온전히 품을 수 없다. 따라서 이미 존재하는 현재 상황이 가치를 향해 뻗어 가는 감정에 일단 직면하면, 인간은 자족이라는 안락의자에 몸을 파묻거나, 조용히 앉아 있거나, 가만히 서 있을 수가 없다(셸러는 말한다. "사랑은 자기 수중에 소유한 것을 사랑하면서 언제나 그 너머를 바라본다."[26] 사랑을 불러일으키는 세찬 충동(또는 유도 자극 - 옮긴이)은 제풀에 지칠 수도 있다. 하지만 사랑 자체는 지치지 않는다). 가치가 작동시키는 사랑, 욕망, 욕정은 아직 존재하지 않는 뭔가에 초점을 맞춘다. 그 대상은 모두 미래에 존재한다. 그런데 미래는 감각이 접근할 수도, 철저히 조사할 수도 없는 **절대타자**이다. 그래서 그 어떤 경험적 시험도 피해 가며, 그 어떤 계산도 거부한다. 이 같은 특징을 지닌 대상에 대해 이성은 할 말이 아무것도 없다. 가치가 링 안에 들어가면 이성은 기다렸다는 듯이 수건을 던지며 항복을 표한다. 그러면서 선호에 관한 논쟁은 자신의 영역을 벗어났으며, 따라서 이를 논하는 것은 위신을 깎아 먹는 일이라고 후퇴의 변을 늘어놓는다. 이는 취향 문제는 논쟁의 대상이 아니라는 말이다_{de gustibus non est disputandum}. 이성은 가치가 '사실'에서 유래할 수도, '사실'에 의해 확인되거나 반박당할 수도 없다고 인정함으로써 자신의 도구 상자가 비었음을 인정한다. 링에는 가치만이 홀로 남겨진다. 상대편도 보이지 않고, 응원단도 없다. 이제 전적으로 가치에 모든 것이 달렸다. 그래서 사랑은 지쳐 버릴 위험이 정말로 없다. 반면 쉴 희망 역시 없다. 사랑은 막판에 어떻게 될지 결코 확신하지 못한다. 시작이 우연적이었는지, 운명적이었는지 영원히 알 수 없다. 그래서 전략을 바꿀 때마다 휘청거린다.

셸러의 논평에 따르면 "한 사람의 인생 전체 또는 수년간 길게 이어진 세월들과 사건들을 조사해 보면 실제로 각각의 사건 하나하나가 완전히 우발적이라고 느껴질 수 있다. 하지만 전체를 이루는 각 부분이 실제로 일어나기 전에는 도무지 예측할 수 없었더라도, 그것들이 연결된 모습을 보면 그와 관련된 사람의 핵심이 되는 부분이 뭔지 정확히 알 수 있다."[27] 이만하면 메시지는 제법 뚜렷하다. 결국 문제는 한 사람의 인격으로 귀결된다. 우리가 지녔다는 것은 모두 알지만, 아무리 오래 살아도 그것이 뭔지 절대 확신할 수 없는 것이 바로 인격이다(우리가 이러이러하다고 추정한다면, 우리는 착각에 빠진 것이 확실하다). 개인의 **운명**destiny은 그 사람의 **숙명**fate이 *아니다*. 본디오 빌라도(예수가 활동하던 당시 유대 지역을 통치한 로마제국의 총독으로, 유대인 군중의 뜻에 따라 예수에게 십자가형을 언도했다. 이 과정에서 자신의 책임을 회피하는 의미로 손을 씻는 행동을 했다. - 옮긴이)의 악명 높은 행동을 흉내 내듯 우리는 '우리가 하는 일이 아니다.'라며 딱 잡아떼기 위해 '숙명'이라는 이름을 붙였다. 하지만 사실 운명은 우리가 사는 동안 형태가 잡히고 모양이 빚어진다. 개인이 운명의 상당 부분을 만든다면, 인류라는 종은 운명 전체를 만든다. 알게 모르게 여러분과 나, 우리는 모두 혼자서 따로따로 혹은 다 함께 우리의 운명을 빚어낸다. 운명은 이렇듯 만들고 다시 만드는 작업을 이어 가는 데 필요한 자원과/이나 의지가 바닥을 드러낸 경우에만 '숙명'이 된다.

짧게 말하자면 우리가 대체로 개인의 운명을 개인과 상관없는 숙명의 탓으로 돌리는 이유는 우리의 선택이 삶의 여정에 아무 영향도 주지 않아서가 아니다. 그런 영향을 주는 바로 그 순간, 우리가 어떤 종류의 영향을 줬는지 혹은 앞으로 줄 것인지를 모르기 때문이다(그리고 *온전히 다* 알 수도 없다). 달리 표현하면 우리는 **뭔가**를 변화시키긴 하지만, 그것이 **뭔지**는 확신할 수 없다. 우리가 뭘 하든 혹은 뭘 그만두든, **반드시** 변화가 생길 것이다. — 이는 우리가 어떻게 할 수 있는 일이 아니다. 우리가 할 수 있는 일은 오로지 하나이다. 우리가 어떤 종류의 변화를 불러올지 미리 알 수 있기를 바라면서 **알아내려고** 노력하는 것뿐이다. 그래서 우리는 노력한다. — 다만 반드시 최선을 다해 열심히 노력하지는 않는다. 왜 우리는 더 열심히 노력하지 않는 걸까?

더 열심히 노력하게 만드는 요인 가운데 하나가 바로 사랑의 질서의 본질이다. 사랑의 질서는 그것이 가져오는 행복에 값을 매긴다. 가격은 흔히 절충을 거쳐 책정되지만, 때로는 상호 교류 없는 일방적인 자기희생의 산물인 경우도 있다. 에리히 프롬의 간단명료한 표현을 빌리자면 "사랑은 본래 주는 것이지 받는 것이 아니다."[28] 어느 쪽이든, 사랑의 질서가 책정한 행복의 가격은 행복의 범위와 강도를 보란 듯 제한할 수 있다. — 이런 시각은 언제든 누구나 반갑게 받아들일 만한 것은 아니다. 사랑은 본디 성취를 위해 투쟁에 나선 사랑의 대상(한 사람, 한 집단, 하나의 대의명분)과 함께하고, 그 대상을 돕고, 격려하며, 축복하는 경향이 있다. 그렇다면 '사랑한다는 것'은 사랑의 대상을 위해 기꺼이 자기중심적이기를 포기한다는 뜻이다. 자신의 행복은 사랑하는 대상의 행복에 뒤따르는 부수적 결과이자 그 대상의 행복이 투영된 것으로 여긴다는 의미이다. — 마찬가지 이유로 (2000년 전의 『루가복음』 속 표현을 빌리자면) "숙명의 볼모"가 되면서 말이다. 우리는 사랑함으로써 숙명을 운명으로 바꾸려고 한다. 하지만 우리는 사랑의 요구, 즉 *사랑의 질서*라는 논리를 따름으로써 우리의 운명을 바로 그 숙명의 볼모로 만든다. 삐거덕거리는 것처럼 보이는 이 두 가지 경향은 사실 샴쌍둥이처럼 붙어 있어 서로 떼려야 뗄 수 없다.

오늘날 사랑이 욕망의 대상인 동시에 두려움의 대상이 되는 경향이 있는 이유가 바로 이 때문이다. (한 사람, 한 집단, 하나의 대의명분에 대한) 헌신이라는 개념, 특히 무조건적이고 무한한 헌신이라는 개념이 대중의 눈 밖에 나게 된 이유이기도 하다. 그 결과, 이 개념을 내려놓은 사람들에게는 해가 됐다. — 왜냐하면 운명과 숙명의 복잡한 변증법을 진지하게 직면할 수 있는 유일한 공간을 창조하는 것은 사랑과 사랑을 구성하는 자기 포기와 타자에 대한 헌신이기 때문이다.

그런데 '우월 의식'을 표준 원칙으로 삼는 것이 행복의 비법이라면, 만약 개인들이 "흥분에 대한 갈증에 압도돼 기꺼이 다른 사람들과 잘 지내거나 굽신거리거나 자제할 마음이 없어지고 있다면" "평등하고 자유로워지기를 바라는 두 개인은 그들의 사랑이 자랄 수 있는 공통 기반을 과연 어떻게 발견할 수 있을까?" 이는 울리히 벡과 엘리자베트 벡-게른스하임이 던진 질문이다. 두 사람의 질문은 다음과 같이 이어진다. "과연 상대는 교란 요인은 아니더라도 추가적인 걸림돌이 되는 것을 어떻게 피할 수 있을까?"[29] 이런 질문들은 수사적으로 들리고, 숨은 저의가 있는 것처럼 들린다. 질문에 대한 답이 간단하고 결론이 뻔하기 때문이다. '우월 의식' ─ 두 저자의 표현을 빌리면 "중요한 것은 나이다. 너는 나를 보조하는 존재이다. 너라는 역할은 딱히 네가 아니어도 다른 누군가가 하면 된다는 식의 사고방식"[30] ─ 은 동반자 관계나 사랑과는 쉽사리 어울릴 수 없다. 특히 간절히 기다리던 사랑에는 부합하지 않는다. 이런 사랑은 외로움의 망령을 막아 주는 방어벽이자 망망대해의 폭풍으로부터 평온한 은신처를 지켜 주는 방파제가 돼야 한다. 에런라이크와 잉글리시가 지적하듯 "로맨스의 종말이 도래한 세상에서는".

더는 오랜 유대 관계가 유지되지 않는다. 이런 세상에서 중요한 것은 오로지 *당신*이다. 당신은 얼마든지 당신이 *원하는* 사람이 될 수 있다. 당신의 인생과 환경을 *선택*하고, 심지어 당신의 외모와 감정조차 선택한다. …… 이제는 보호와 의존의 낡은 위계가 존재하지 않는다. 오로지 자유로이 종료되는 자유 계약만 있을

뿐이다. 시장은 오래전에 생산관계를 포함할 정도로 팽창했으며, 지금은 모든 관계를 아우를 정도로 팽창했다.[31]

"희생의 문화는 죽었다." 이는 질 리포베츠키가 1983년에 발표한 현대 개인주의에 관한 연구서에 1993년에 덧붙인 후기에서 직설적으로 던진 선언이다. "우리는 자기 자신 말고 다른 뭔가를 위해 살아야 한다는 의무감이 있다는 것을 더는 인식하지 않는다."[32]

이는 다른 사람들의 불행이나 유감스러운 상태에 놓인 지구에 대한 우려에 귀를 막게 됐다는 말이 아니다. 이제는 그런 우려를 거리낌 없이 표현하지 않는다는 말도 아니다. 우리는 억압받는 사람들을 옹호하고, 그들과 공유하는 지구를 보호하기 위해 기꺼이 나서서 행동하겠다는 의지를 선포하는 것을 중단하지도 않았다. 그런 선언에 따라 (최소한 가끔이라도) 행동에 나서던 것을 멈춘 것도 아니다. 사실은 오히려 그 반대이다. 자신이 세상의 중심인 양 이기적으로 사고하는 사례가 극적으로 증가하면서도, 이와 나란히 인간의 불행에 대한 감수성이 높아지고, 전혀 모르는 사람들이 겪는 폭력, 고통, 괴로움에 대한 혐오도 공존하며, 목적이 명환한 (치유성) 자선 행위가 정기적으로 폭증하는 역설이 일어나고 있다. 하지만 리포베츠키가 제대로 지적했듯 이런 도덕적 충동과 관대한 마음의 분출은 '고통 없는 도덕성'을 보여 주는 사례들이다. '자기 우선주의에 걸맞게' 의무와 제재 실행이 빠진 도덕성 말이다. '자기 자신이 아닌 뭔가를 위해' 행동할 때 감정, 즉 자기 자신의 안녕감과 육체적 건강이 사전에 먼저 그리고 궁극적으로 고려되는 경향이 있다. 대체로 감정은 우리가 어느 정도까지 기꺼이 도울지에 대한 한계도 정한다.

일반적으로 '자기 자신 말고 다른 뭔가(혹은 누군가)'에게 제아무리 진심으로 열심히 극진한 헌신을 표하더라도 자기를 희생하는 경지에까지 이르지는 않는다. 가령 환경보호라는 대의명분에 아무리 헌신적이라 해도 이를 위해 금욕적인 생활 방식을 택하거나 부분적이나마 자제하는 경우는 좀처럼 없다. 실제로 우리는 소비 지상주의적 도락을 즐기는 생활 방식을 기꺼이 포기하기는커녕 개인적으로 사소한 불편조차 감수하기를 꺼리는 경우가 많다. 더 우월하고 안전하며 안정적인 소비를 하고 싶은 욕구가 우리가 느끼는 분노의 원동력이 되는 경향이 있다. 리포베츠키가 간략히 설명하듯 "규율적이면서 전투적이고, 영웅적이면서 훈계하려는 듯한 개인주의"는 가고, "개별적으로 선택하는 개인주의"가 왔다. "쾌락주의적이고 심리적인" 이 개인주의는 "사적 성취를 주요 존재 목적으로 삼는다."[33] 우리는 더는 이 지구상에서 우리가 해야 할 과제나 임무가 있다고 느끼지 않는 것 같다. 우리가 관리인으로 지정되기는 했으나, 보존해야 한다는 의무감이 드는 유산이 남아 있지 않은 듯 보인다.

이제 *세상*을 관리하는 방식 대신 *자기* 관리에 관한 관심이 높아졌다. 우리가 대체로 걱정하고 염려하는 대상은 세상과 그곳에 사는 거주민들의 상태가 아니다. 우리가 걱정하는 것은 따로 있다. 세상의 격노, 어리석음, 불의를 재생해서 나온 최종 산물, 즉 개인의 심리적 균형과 마음의 평화를 무너뜨리는 불편한 심기와 어지러운 감정이야말로 우리의 우려 대상이다. 가장 먼저 이 문제를 주목하고 목소리를 낸 사람 중 한 명이 크리스토퍼 래시이다. 그가 지적했듯 이런 현상은 "집단의 불만을 치료로 개입할 수 있는 개인의 문제로"[34] 치환한 결과일 수 있다. 래시는 오로지 개인의 문제라는 프리즘을 통해서만 세상의 상태를 인식, 조사, 평가할 수 있는 "심리적 인간"을 가리켜 "새로운 나르시시스트"라고 명명했다. 기억에 각인될 만큼 인상적인 이름으로 불린 이들의 뇌리에서 떠나지 않는 것은 "죄책감이 아니라 불안감"이다. 새로운 나르시시스트들은 "내면의" 경험을 기록하면서 "현실을 보여 주는 하나의 전형을 객관적으로 설명하려 하지 않는다". 그 대신 "다른 사람들을 꾀어 자신들에게 주목하거나 칭송하거나 연민을 느끼게 만들어" 자신들의 비틀거리는 자기감 sense of self 을 강화하는 버팀목으로 삼으려 한다. 이제 개인의 삶은 마치 전쟁터 같고, 시장에서처럼 스트레스로 가득하다. 그러면서 칵테일파티는 "사교의 장에서 사회적 전투의 장으로 몰락한다."[35]

이처럼 우리는 사회적 지위가 자신감과 자존감이라는 모습으로 안도감을 주길 간절히 바란다. 하지만 사적으로 소유하거나 획득한 개인 자산을 제외하면 이런 안도감의 근거가 될 만한 것은 거의 없다. 장클로드 코프만의 표현처럼, 인정에 대한 수요가 "사회에 넘쳐 나는" 것도 놀라운 일이 아니다. "누구나 칭찬, 감탄, 사랑을 기다리며 다른 사람들의 눈을 골똘히 쳐다본다."[36] 그런데 여기서 주목해야 할 사실이 있다. 다른 사람들의 '칭찬과 감탄'으로 생긴 자존감은 근거가 참으로 취약하다는 것이다. 시선은 이리저리 옮겨 다니는 것으로 유명해서, 시선이 머물거나 스쳐 지나가는 대상들이 예측을 불허할 정도로 변화무쌍하기로 악명 높다. 따라서 '주의 깊게 쳐다보고' 싶은 충동과 그렇게 하는 추진력은 실제로는 절대로 멈추지 않는다. 아마도 어제의 칭찬과 칭송이 오늘은 경계하듯 미온적인 태도로 바뀌고, 내일이 되면 비난과 조롱으로 뒤바뀔 것이다. 인정은 마치 개 경주 도박에 미끼로 쓰이는 가짜 토끼와 같아서, 아무리 쫓아가도 절대로 잡히지 않는다.

악명 높게도 미래는 서술의 대상이 아니며, 그 어떤 예측도 거부한다. 하지만 흔히 — 잘못 — 여겨지는 것과는 달리, 과거 역시 방향을 제시하지 않는 것은 마찬가지이다. 과거의 '유산'은 미래의 재생 공장에 쓰일 원료에 불과하다. 한나 아렌트가 지적했듯 무엇이 누구의 것인지 구체적으로 명시해 놓은 증거는 없다. '유산' 또는 '유물'이라 불리는 것은 과거를 숙명의 자비에 맡기는 행위에 지나지 않는다.[37] 과거는 미래의 볼모이다. — 그리고 영원히 볼모로 남는다. 석방이나 해방을 위한 열성적인 협상을 아무리 자주 진행하더라도, 이미 지불한 몸값이 아무리 비싸더라도 말이다. "과거를 지배하는 자가 미래를 지배하며, 현재를 지배하는 자가 과거를 지배한다."라는 오웰의 명언은 원래 그 영감의 대상이었던 것 — 전체주의적인 '진실부Ministries of Truth'의 야망과 관행 — 이 이미 오래전에 과거로 (그리고 오늘날 많은 사람들의 망각 속으로) 사라지고 없는데도 여전히 시사성 있고 너무도 신뢰할 수 있는 문장이다. 하지만 문제가 있다. 이제는 현재를 지배한다고 확실히 자랑할 수 있는 개인은 거의 없고, 있더라도 극소수에 불과하다. 자신이 할 수 있다고 떠벌리는 일을 실제로 해내리라고 여겨지는 사람은 더욱 없다.

과거와 미래 양쪽과 단절된 현재만 놓고 보면, 세상은 영구적으로 '생성 상태in statu nascendi'로 남아 있는 것처럼 보인다. —

이제 과거는 공인된 지침에 의해 부정됐고, 현재가 과거에 대해 그랬듯 미래는 벌써 현재의 지배력과 자기희생을 보지 못한 체하며 등한시한다. 뭔가가 돼 가는 상태가 되기 위해 궁극적으로 택하는 코스는 만성적으로 정해지지 않는다. 이 코스의 방향은 불과 얼마 전에 '역사의 법칙'이라는 이름으로 상정된 것과 같은 특정한 명령 — 수수께끼 같지만 그래도 짐작이 가는 명령 — 을 따르기보다는 닥치는 대로 무작위로 바뀌는 (혹은 표류하는) 경향이 있다.

철학자 마르틴 하이데거의 주장에 따르면, 우리는 오로지 '뭔가 잘못됐을 때'만 상황을 알아채고 이를 의식한다. 그런 다음, 여기에 주의를 집중해 의도적 행동의 목표로 삼는다. — '뭔가 잘못됐을 때'란 상황이 파탄에 이르러 우리에게 익숙하지 않은 이상한 방식으로 움직이기 시작하거나, '규범 밖으로 떨어져 나와' 세상의 모습과 세상에서 일어날 일에 대한 우리의 암묵적 추정에 도전장을 던지는 경우를 말한다.

하이데거의 주장대로라면, 지식의 어머니인 동시에 행동의 원동력은 *실망*이라고 할 수 있다. 역사학자 배링턴 무어 주니어는 과거에는 사람들이 반란을 일으켜 무기를 들었던 이유가 대체로 '정의'를 얻기보다는 '불의'를 타도하기 위해서였다고 지적했다. 삶이 워낙 규칙적이고 일상적이어서 눈에 띌 만한 일이 거의 없었고, 해를 입는다는 느낌이 들거나 고통이('부당한' 고통은 커녕 어떤 고통도) 느껴지지 않았는데, '불의'는 이런 삶을 깨뜨린 사건이었다. 사람들은 이런 '불의'를 부정하거나, 거부하거나, 무효로 만들거나, 상쇄하거나, 바로잡는 행위로만 '정의'를 상상할 수 있었다. 대개 정의에 대한 요구는 잃어버린 혹은 잃어버렸다고 여겨지는 뭔가를 떠올리게 한다는 측면에서 보수적인 요청이었다. 강제로('부당하게', '억울하게') 빼앗긴 것을 되찾고 다시 (무시무시하지만 친숙하고 익숙한 '정상적인') 옛 시절로 돌아가 즐기겠다는 의지의 표현이었다.

간단명료하게 표현하자면 환경이 친숙하다고 사람들이 반드시 행복하지는 않았지만, 친숙함이 *정상* 혹은 '자연스러움'의 표준이 됐고, 이에 따라 '도전의 대상이 될 수 없음'과 '불가피함'의 표준도 됐다. 표준과 규범을 벗어나는 친숙하지 *않은* 행동은 새로운 일이라 당연히 '부자연스러웠기에' 곧잘 조작되곤 했으며, 대체로 격분을 유발하는 행위처럼 느껴졌다. 그 결과 이는 사람들에게 충격을 줬고, 강력한 항의를 불러일으켰으며, 무기를 들고 일어나게 만드는 촉매제가 됐다. 일단 친숙하지 않은 것이 끼어들자, (그제야 되돌아보니) 친숙한 것이 행복의 전형으로 바뀌었다. 일단 공격을 받자, 친숙한 것이 행복 그 자체인 것처럼 느껴진 것이다. 가령 봉건시대의 농노는 일주일에 엿새씩

영주의 밭을 일구며 스스로 행복하다고 여긴 적이 거의 없었을 것이다. 그런데 영주가 관례보다 한 시간을 더 요구하면, 농노는 매주 엿새만 일하던 시절이 얼마나 행복했는지 '깨달았을' 것이다. 그러면 행복이 *부정*된 것에 격노하며 반란을 일으켰을 수도 있다. 근대에 들어서는 피고용인의 유형이 다양한 '탓'에 가장 급격한 임금 불평등이 발생하더라도 임금 수준이 낮은 사람들은 대체로 조용히 수용하는 분위기였다. 그런데 지금껏 자신과 **똑같은** 대우를 받아 온 사람들보다 *뒤처지자*, 이들은 '박탈감'을 느꼈고 ― 행복할 권리를 포함해 자신들의 권리가 부정당했다고 느꼈고 ― 들고 일어나 파업에 나섰다. 사람들은 '박탈'을 불의가 행해진 것이라고 느끼고, 행복을 위해 바로잡아 달라고 외쳤다. 하지만 대체로 박탈감은 *상대적*으로 다양하게 느꼈다.

그때만큼 지금도 박탈은 불행을 의미한다. 박탈이 가져올 수 있는 물질적 어려움에 더해, 박탈을 받아들여야 하는 처지임을 깨닫는 수모와 모욕을 당하고, 자존감에 치명타를 입으며, 사회적 인정을 위협받기 때문이다. 그때와 마찬가지로 지금도 박탈은 늘 '상대적'이다. 박탈감을 느끼려면 자신의 상황을 측정할 평가 기준이 필요하기 때문이다. 사람들이 박탈감을 느끼고, 그래서 불행하다고 느끼는 이유는 그들이 과거에 누리던 수준 아래로 몰락했기 때문일 것이다. 혹은 어제 동급이었던 자들이 오늘 갑자기 앞으로 치고 나가면서 자신들이 뒤처졌기 때문일 수도 있다. 지금껏 태양 아래 새로운 것은 없다. '박탈당함'이라는 경험을 생성해 긴급히, 열렬히 행복을 추구하게 만드는 기준점의 위치가 새로울 뿐이다.

하이데거나 배링턴 무어 주니어가 발견한 규칙들은 '정상'과 '비정상'을 깔끔하게 가를 수 있는 세상을 바탕으로 삼았다. 이런 세상에서 '정상'이라 함은 가장 흔하고, 단조롭고, 반복되고, 일상적이고, 변화에 저항하는 것을 의미했다. 이런 규칙들은 상황이 유지되리라 명시적으로 예상되는 세상에서는 편안하게 잘 들어맞았다. 마찬가지로 대체로 외부의 예사롭지 않은(즉 '제대로 작동하지 않아서' 당연히 예측할 수 없는) 힘이 작용해 타성 밖으로 내던져지지 않는 한, 같은 장소와 조건에서는 같은 상황이 유지된다는 암묵적 추정이 지배하는 세상에서도 이런 규칙들은 문제가 없었다. 이런 세상을 이끄는 지침은 지속성과 동일성이었다. 모든 변화가 감지할 수 없을 정도로 점진적으로 느리게 일어났다. 그래서 지속 가능한 상황 속에 던져진 사람들에게는 새로운 습관, 일상, 기대를 '조정하고' '수용해' 채택할 충분한 시간이 충분했다. 그들은 '규칙적인 것'과 '우발적인 것', '정당한 것'과 '부당한 것'을 주저없이 어렵지 않게 구별할 수 있었다. 자신들이 처한 상황이 '객관적으로는' 제아무리 형편없고 비참하더라도, 자신의 위치와 선택을 알게 되고 상점 안에 뭐가 있으며 앞으로 닥칠 일에 어떻게 반응해야 할지 알게 되지 않는 한, 그들은 불편함을 느끼지 않았을 것이다. 그들이 생각하는 '행복'의 유일한 의미는 불행이 없는 것이었다. 여기서 '불행'은 일상이 파괴되고 기대가 좌절되는 것을 의미했을 가능성이 가장 크다.

빽빽하게 계층화된 사회는 물질적 가치와 상징적 가치(위신, 존경, 굴욕에 대비한 예방책) 모두에 대한 접근이 급격히 양극화된 것이 특징이다. 이런 사회에서 불행의 위협에 가장 민감한 경향을 보이는 것은 꼭대기와 바닥 사이에 펼쳐진 공간, 즉 '중간'에 위치한 사람들이다. 상류층은 그들의 우월한 조건을 *유지하는 데 필요한 일*이 거의 혹은 전혀 없었다. 하류층은 그들의 열악한 운명을 *향상하기 위해 할 수 있는 일*이 거의 혹은 전혀 없었다. 그런데 중산층은 달랐다. 그들의 눈에는 지금은 없어도 탐나는 것이라면 모두 가질 수 있는 것처럼 보였다. 반면 그들이 가진 소중한 것은 모두 — 단 한 번의 부주의로 — 쉽사리 잃을 수 있다고 여겼다. 그들은 다른 어떤 계층 사람들보다 끊임없이 불안한 상태로 살 수밖에 없었다. 불행해질까 봐 두려움에 떠는 시간과 안전해 보여서 이를 누리는 잠깐의 시간 사이를 내내 오가야 했기 때문이다. 중산층 가정의 자손들은 가산을 온전히 유지하고 자신들의 부모가 누렸던 안락한 사회적 지위를 자신들의 열의와 안목으로 되살리려면 부단히 노력하며 고군분투해야 했을 것이다. '몰락', '사회적 강등', 또는 낙오자가 되는 고통과 치욕 등과 같은 용어가 생긴 주된 이유는 전형적으로 이런 과제와 관련된 위험과 공포를 이야기하기 위해서였다. 실제로 중산층은 계층 분화된 사회에서 두 사회문화적 접경 사이에 영구적으로 끼인 상태로 있던 유일한 계층이다. 이 두 접경은 안전하고 평화로운 국경선이라기보다 최전방의 느낌이 강했다. 상류층과의 접경에서는 정찰 부대가 끊임없이 출격해 얼마 없는 교두보를 방어하느라 열심히 노력했다. 하류층과의 접경은 면밀한 주의 대상이었다. — 이곳을 물샐틈없이 막고 강력히 지키지 않으면 침입자들이 쉽게 들어와 내부인들을 거의 보호할 수 없었기 때문이다.

근대의 도래를 주로 중산층의 이익 때문에 촉진된 변화로 (혹은 카를 마르크스에 따르면 '부르주아혁명'의 승리로) 해석하는 데는 여러 가지 이유가 있다. 그중 취약하고 신뢰할 수 없는 사회적 지위에 대한 중산층 특유의 집착, 방어와 안정을 위한 그들의 강박적 노력이 매우 큰 비중을 차지한 것으로 보인다. 그들이 불행 없는 사회의 윤곽을 그려 내자, 근대의 새벽이 밝아 오면서 확산하던 유토피아적 청사진에 **중산층**의 꿈과 갈망이 지배적으로 반영되고, 재활용되고, 기록됐다. 그들이 그려 낸 사회는 대체로 **불확실성**이 제거된 사회였다. ― 무엇보다도 ***사회적 위치***와 이에 따른 권리와 의무의 모호성과 불안정성이 제거됐다. 청사진들이 아무리 서로 달랐어도 지속성, 견고성, 변화의 부재를 인간 행복의 필수 전제로 선정하는 것은 만장일치로 결정됐다. 유토피아적 도시에는(사실상 모든 유토피아가 도시였다) 다양하고 많은 사회적 위치가 존재했다. ― 하지만 모든 주민이 각자 배정된 위치에서 안전하고 안정적으로 살았다. 다른 무엇보다도, 유토피아적 청사진에는 불확실성과 불안정성의 종말이 그려졌다. 말하자면 놀랄 일도 없고, 더 이상의 개혁이나 개편에 대한 요구도 없는, 완전히 예상할 수 있는 사회적 환경이 그려졌다. 유토피아에 있다고 점쳐지는 '좋은' 사회 혹은 '완벽하게 좋은' 사회란 가장 전형적인 중산층 특유의 불안을 모두 최종적으로 청산하는 사회였다.

그런데 중산층을 가리켜 전위적 집단이었다고 말하는 사람도 있다. 나머지 사회 구성원들보다 앞서서, 근대적 삶의 거의 보편적 특징이 될 실존적 조건의 주요 모순을 먼저 경험하고 탐구했으니 말이다. 여기서 모순이란 안정과 자유라는 두 가치 사이의 끊임없는 긴장을 뜻한다. 안정과 자유 둘 다 똑같이 행복한 삶에 없어서는 안 되는, 모두가 갈망하는 가치이다. ― 하지만 애통하게도 이 두 가치를 융화시키고 함께 즐기기란 끔찍하게 어렵다. 이처럼 특히 중산층이 이런 긴장 상태에 맞서는 성향을 지니게 된 데는 이유가 있었다. 첫째, 중산층의 위태로운 위치 때문이었다. 둘째, 다른 사회 계층은 숙명이 주는 (반가운 또는 청하지 않은) '무상의 선물'로 여겼을 법한 것을 중산층은 영원한 미완성 과제처럼 다뤄야 했기 때문이다. 사실 다른 계층은 이런 선물을 계속 간직하기 위해 거의 아무것도 안 해도 됐거나, 이를 바꾸기 위해 할 수 있는 일이 거의 없었다. 이런 정황을 보면, 원래 중산층 특유의 것이었던 도전과 우려가 근대 사회 대부분으로 퍼져 나간 방식을 두고 '중산계급화'라고 널리 기록한 이유가 부분적으로 설명된다. 이렇게 명명된 것은 올바르긴 하지만, 그렇다고 그 이유가 반드시 올바른 것은 아니다. 그런데 나머지 사회 계층 모두가 중산층의 뒤를 따른 데는 엄밀히 말해 계층과 관련된 이유와는 다른 여러 이유가 있었다.

강요당한 행복 추구의 결과

최근에 장클로드 미셰아는 좋은 사회와 좋은 삶이라는 근대적 개념의 탄생, 발전, 내적모순, 예상 밖의 결과에 관해 예리하게 연구하면서 '근대화 프로젝트'의 기원을 추적했다. 그 뿌리에는 "비명횡사, 신뢰할 수 없는 이웃, 사상적 광신주의에 대한 두려움"과 "마침내 고요하고 평화로운 삶"에 대한 욕망이 있었다.[38] — 이러한 두려움과 욕망은 모두 초기 근대가 만들어 낸 끔찍한 발명품, 즉 16세기에서 17세기까지 '종교전쟁'이라는 형태로 나타난 사상적 내전에 따른 격변과 극심한 고통에 대한 반응이었다. 역사가 레오폴트 폰 랑케는 유럽사에서 이 피비린내 나는 시절을 다음과 같이 기록했다.

"종교에 대한 광신적 신념이 등장하기 전, 모든 문명과 모든 인간 사회의 토대를 이루는 도덕성이 사라졌다. …… 사람들의 마음은 터무니없는 환상으로 가득 찼다. 그래서 그들은 자기 자신이 두려워졌고, 환상을 이루는 요소들을 보고 공포에 질렸다."[39] "야산에서는 살해당하는 자들의 비명이 울려 퍼졌고, 불붙은 외딴집들 때문에 산이 가공하리만치 훤히 밝았다."[40]

리처드 드레이크의 최근 논평에 따르면 "오늘날 이라크에서 수니파와 시아파 사이에 벌어지고 있는 것과 같은 종류의 상호 대학살과 암살"[41](이라크 외에도 불과 얼마 전 세르비아와 크로아티아, 보스니아와 코소보 이슬람 사이에 벌어졌던 대학살 사례도 있다), 즉 끝나지 않을 것 같은 보복 살인의 악순환이 프랑스와 서유럽 대부분을 피로 물들였다. 끊이지 않는 전쟁으로 형제들이 서로 등졌고, 이웃끼리 싸웠으며, 그들 모두 마지막 남은 상호 간의 충성심, 동정심, 연민까지 잃고 말았다. 이 같은 전쟁의 공포에서 영감을 받아, 블레즈 파스칼은 전쟁을 가리켜 '최대 거악'이라 불렀으며, 홉스는 인류의 자연 상태를 가장 잘 보여 주는 특징으로 '만인의 만인에 대한 투쟁'을 꼽았다.

파울 클레가 그린 〈역사의 천사〉는 발터 벤야민의 작품 설명으로도 유명하다. 작품 속 천사처럼 당시 사람들은 겁에 질린 눈으로 과거와 현재의 잔혹하고 혐오스러운 모습에 시선을 고정했다.

자신들이 본 것 — 피의 바다와 비참함의 바다 — 에 역겨움을 느낀 그들은 미래로 **뒷걸음질했다**. 그들은 **끌려가기**보다는 **떠밀렸다**. 더없는 행복이 보여 **미래로** 이끌렸던 것이 아니다. 오히려 극심한 고통과 참혹함을 목격한 탓에 **과거로부터** 달아났다. 그들은 과거에 시선이 고정됐기에, 자신들이 등 떠밀려 간 미래를 볼 수도, 상상할 시간도 없었다. — 물론 미래를 세세히 묘사할 시간은 더욱 없었다. 미셰아에 따르면, 그들이 바란 것은 **완벽한** 세상이 아니라 **덜 악한** 세상이었다.

인류는 사상적 감정 ideological passions에서 생겨난 수 세기에 걸친 적대감 때문에 상호 혐오, 의심, 배신의 진창에 빠졌다. 인류가 여기서 구조되기만 했어도 (누가 알았겠는가?) 그들은 덜 악한 세상이 짊어진 온갖 결점과 사소한 실수는 기꺼이 용서했을 것이다.

전 인류를 충분히 수용할 만큼 거대하고 말끔한 구조선을 발견하지 못한 그들은 개별적으로 구명조끼를 입는 것에 만족했다. 즉 사리사욕을 좇기로 한 것이다.

모든 인간이 지닌 사리사욕이라는 이 예리한 능력은 그것의 가장 큰 적인 맹목적 열정이 옥죄는 탓에 일시적으로 숨이 막히지만, 일단 집단적 광기에서 해방되면 다시 소생하고 회복돼 진가를 발휘할 것이 확실했다.

그래서 장클로드 미셰아는 파스칼이나 홉스와 같은 시대를 산 사람들의 머리에서 떠나지 않았던 수수께끼를 재건한다. "미덕이 자부심의 가면에 불과하다면, 누구도 신뢰할 수 없고 오로지 자신만 믿을 수 있다면, 이런 만인의 만인에 대한 투쟁에서 어떻게 벗어날 수 있을까?"[42]

과거의 사람들이 찾았다고 믿은 이 수수께끼의 해답은 개인의 *사리사욕*이었다. 마치먼트 네덤 Marchamont Nedham (1620~1678, 1642~1651년까지 지속된 왕당파와 의회파 간의 영국 내전 동안 전쟁 뉴스를 보도한 영국 저널리즘의 대부 - 옮긴이)이 앙리 드 로앙 공작 (1579~1638, 프랑스 브르타뉴 출신의 군인이자 작가로, 당대의 시대상과 전쟁에 관한 저서들을 남겼다. - 옮긴이)에게 영감을 받아 1659년에 출판한 저서에서 선언했듯 "이익은 거짓말하지 않는다."[43] 전쟁, 잔혹 행위, 폭력에 대한 공포에서 벗어나려면 이기심의 부활과 해방이라는 과정을 거쳐야 한다.

이기심은 기회만 되면 모든 개인이 각자 의지할 수 있고, 의지할 것이 확실한 타고나는 자질이다. 인간들이 이 타고난 성향에 따라 행복한 상태와 함께 자기만의 안녕, 안위, 쾌락을 걱정할 수 있게 하라. 그러면 그들은 살인, 잔혹 행위, 약탈, 절도가 자신들의 사리사욕에 거의 도움이 되지 않는다는 사실을 이내 알게 될 것이다.

확실하다. 임마누엘 칸트의 '정언명령' 방식으로 핵심을 요약하자면 다음과 같다. 이성이 명하리라. 제대로 자신의 이익을 위한다면 다른 사람들이 해 줬으면 하는 일을 다른 사람들에게 해야 하고, 다른 사람들이 하지 말았으면 하는 일은 자신도 삼가야 한다. 즉 다른 사람들의 이익을 존중하고, 다른 사람들과 그들의 재산을 위협하고 잔인하게 대하고 싶은 유혹에 넘어가지 말아야 한다.

현실에서는 가만히 가라앉아 있는 희망을 알아보기 어려운 경우가 종종 있다. 시장의 '보이지 않는 손'을 움직이는 것은 자신의 부와 쾌락을 찾는 이기적인 개인들이다.

그런데 이 보이지 않는 손은 보복성 잔혹 행위에 대한 공포에서 인간을 구하기를 주저하거나 그럴 능력이 없는 것처럼 보였다. 확실한 사실은 보이지 않는 손이 인간 대부분을 감정의 구속에서 해방시키지 못했다는 것이다. 게다가 감정의 구속에서 벗어나는 데 성공한 극소수를 완전히 행복하게 만들지도 못했다.

결국 순전히 개인적인 이익을 추구하는 것이 그렇듯 감정도 행복에 없어서는 안 되는 것으로 밝혀졌다. ― 충동은 사리사욕에 해를 끼쳐 분노를 살 수밖에 없기에, 개인의 이득을 냉철하고 합리적으로 따져 보면 아마도 억제될 것이다. 알고 보니 인간은 사생활을 지키기 위해 손에 넣어야 하는 것만큼 많이 주고 사랑하고 나눠야 신의 삶에서 만족감을 끌어낼 수 있다. 흔히 인간의 조건이라는 이름으로 알려진 난해하고 모순투성이인 딜레마에는 단일 출구만 있는 간단하고 직접적인 해법은 없는 것 같다.

장 자크 루소가 주장했듯 인간은 **자유**를 ***강요당해야*** 한다. 적어도 철학자들이 확고한 이성의 요구라고 간주하는 자유는 강요당해야 한다. 우리는 이렇게 말할 수도 있다.

'근대화 프로젝트'가 낳은 세상은 이론적으로는 그렇지 않더라도 실제로는 마치 인간이 억지로 **행복**(적어도 자칭 조언자들, 고용된 상담가들, 카피라이터들이 개략적으로 알려 주는 행복) 추구를 강요당한 것처럼 움직인다고……. 하루 24시간, 일주일 내내 인간은 훈련받고, 독려받고, 회유되고, 유혹받는 경향이 있다. 자신이 올바르고 적합하다고 여겨 온 길을 포기하도록, 소중하게 여기는 것과 자신을 행복하게 해 준다고 생각하는 것으로부터 등을 돌리도록, 지금의 나와는 다른 내가 되도록 말이다.

인간은 쫓기듯 경쟁력 있는 기업 또는 기업의 경쟁력을 위해 기꺼이 여생을 희생하는 노동자가 된다. 무한히 팽창할 수 있는 욕망과 욕심에 따라 움직이는 소비자가 된다. 오늘의 '정치적 올바름'을 대신할 '대안은 없다'는 신념을 온전히 전적으로 받아들이는 시민이 된다. 이런 신념을 지닌 인간은 무엇보다도 사심 없는 관대함에 눈을 감고 빗장을 지르고, 자신의 자아를 강화하는 데 쓸 수 없다면 공공의 복리에 무관심해진다…….

역사적 증거로 충분히 밝혀졌듯 *자유를 강요한다고 해서* 이것이 자유로 이어지는 경우는 거의 없다. 설령 있다고 해도 극히 드물다. 그렇다면 행복은 어떨까?

우리의 유동하는 현대 소비자 사회에서 행해지고 있는 대로 **행복 추구를 강요하면** 그렇게 강요당하는 사람들은 과연 행복해질까? 이에 관한 판단은 독자 여러분의 몫으로 남기겠다. 사실 이제는 우리 개개인이 실행해 보며 이 질문에 대한 답을 찾을 차례이다. 우리 삶은 일련의 실험과 같다.

이 실험의 목표는 명제가 유효하거나 유효하지 않음을 최종적으로 입증하는 것이지만, 끝내 결론에는 이르지 못한다. 예술가들은 모험심이 강하고 실험 정신이 투철한 존재들이다. 인생은 예술가 개개인에게 주어진/남겨진, 그래서 그들이 빚어서 만들어 내야 하는 하나의 예술 작품이다. 이런 예술에는 불가피하게 위험이 따르지만, 예술가라는 말을 듣고 자극받은 우리는 남녀노소 할 것 없이 모두 그 위험을 감수하고 싶은 유혹에 빠진다.

The Art of Life

2장

우리, 삶의 예술가

인생이라는 예술 작품

한나 시비다 지엠바Hanna Świda-Ziemba는 세대 간 변화, 특히 새로 떠오르는 생활 방식을 누구보다 예리하고도 통찰력 있는 눈으로 관찰하고 분석한 사회학자이다. 그녀는 "지난 세대 사람들은 자기 자신을 과거와 미래에 놓고 생각했지만", 새로운 현시대의 청년들에게는 오로지 현재만이 존재한다는 사실에 주목했다. "1991년에서 1993년까지의 연구 기간에 나와 대화를 나눈 젊은이들은 이렇게 물었다. 세상에는 왜 이렇게 공격성이 만연하나요? 과연 행복으로 충만해질 수 있을까요? 더는 그들에게 이런 질문들이 중요하지 않다."[1]

시비다 지엠바가 언급한 것은 폴란드 젊은이들이었다. 하지만 우리가 사는 세상은 빠르게 세계화되기에, 그녀가 어느 나라에 방점을 두고 연구했더라도 매우 유사한 경향이 포착됐을 것이다. 폴란드는 오랜 세월 권위주의의 지배 아래 놓였다가 이제 막 벗어나고 있는 나라이다. 폴란드의 권위주의 체제는 세계 어느 곳보다 뒤처진 생활양식을 인위적으로 보존했고, 행복 추구 방식을 획일화하로 엄격히 통제했다. 그런 폴란드에서 수집된 데이터에는 세계적 경향이 응축되고 압축됐다. 그래서 상대적으로 더 예리했고, 결과적으로 눈에 더 띄어 쉬이 주목받았다.

'공격성은 어디서 기인할까?' 여러분이 이런 질문을 한다면, 그 이유는 아마 이 문제를 풀기 위해 뭐라도 하고 싶은 강한 욕구가 있기 때문일 것이다. 공격성에 대해 열심히 고민하고, 이를 저지하거나 이에 맞서 싸우고 싶은 마음이 크기 때문일 것이다. 추정컨대 여러분은 공격 충동이나 공격적 계략이 들끓는 곳에 가서 이를 무력화하고 물리치고자 노력하고 싶을 것이다. 짐작한 대로 이것이 여러분의 동기라면, 여러분은 공격성에 젖어 있는 세상을 불편하게 느끼는 것이 틀림없다. 혹은 이런 세상은 인간이 살기에 완전히 부적합한, 크게 잘못된 세상이라고 생각하며 분개하고 있을 것이다. 하지만 그러면서도 이런 세상을 다시금 또 다른 새로운 세상으로, 인간에게 우호적이고 쾌적하며 더 평화로운 세상으로 **만들 수 있다**는 믿음도 있다. ― 또한 마치 그래야만 하는 것처럼 노력한다면, **여러분**이 새로운 세상을 만들 가능성이 큰 세력의 일부가 될 수 있다고도 믿는다. 한편 행복으로 충만할 수 있냐고 질문할 때는, 아마도 여러분 마음속에는 더 알맞고 가치 있고 만족스러운 방식으로 딱 한 번이든 여러 번이든, 삶을 살아갈 수 있다는 믿음이 있을 것이다. — 그리고 가치 있는 명분과 그 명분에 따른 쉽지 않은 과제를 수행하기 위해 기꺼이 노력하고, 어쩌면 희생까지 감수하려 할 것이다. 달리 표현하면, 이런 질문을 한다는 것은 기존 상황을 차분하게 순순히 받아들이기보다는, 스스로 설정한 삶의 기준, 과제, 목표를 척도로 삼아 자신의 힘과 능력을 키워가는 쪽으로 마음이 기울어 있다는 의미이다. — 반대로 여러분이 부여받았거나 당장 발휘할 수 있다고 생각하는 힘에 맞춰 자신의 야망과 목표를 조정하지는 않을 것이다.

확실하다. 여러분은 위와 같은전제하에 행동했을 것이 틀림없다. 그렇지 않다면 굳이 저런 질문들을 하지는 않았을 것이다. 저런 질문들이 떠오르려면, 먼저 여러분을 둘러싼 세상이 영원히 '고정된' 것이 아니라고 믿어야 한다. 세상은 얼마든지 바뀔 수 있고, 세상을 바꾸는 일에 전념하는 과정에서 여러분 자신을 변화시킬 수 있다고 믿어야 한다. 여러분은 세상 상황이 지금과 달라질 수 있다고 가정한 것이 틀림없다. 세상 상황 —

과거, 현재, 미래 — 에 따라 여러분이 하는 일과 하지 않는 일이 좌우되기보다는, 세상이 어떻게 달라지느냐가 여러분 손에 (훨씬 많이는 아니더라도) 달렸다고 가정한 것이 틀림없다. 여러분은 자신에게 **변화를 만들** 능력이 있다고 믿은 것이 틀림없다. 사는 동안 여러분의 삶뿐만 아니라 그 삶의 무대가 되는 세상도 달라지게 만들 수 있는 능력이 있다고 말이다. 간단히 말하자면 이렇다. 여러분은 자신이 상황을 창조하고 그 모양을 만들 능력이 있는 **예술가**이자, 여러분 자신이 그런 창조와 모양 만들기의 **산물**도 된다고 여긴 것이 틀림없다…….

'삶은 예술 작품'이라는 명제는 공리나 훈계가 아니라('화가가 그림을 그리거나 음악가가 곡을 만드는 것처럼, 당신도 아름답고 조화로우며 분별력 있고 의미로 가득한 삶을 만들도록 노력하라.' 같은 공리나 훈계가 아니라), 일종의 사실 진술이다. 여기서 삶은 **인간** — 의지와 선택의 자유를 타고난 존재 — 의 삶을 가리키기에, 예술 작품이 **아닐** 수 없다. 의지와 선택은 삶의 모양에 흔적을 남긴다. 제아무리 외부 세력의 압도적 압력 탓을 하며 의지와 선택의 존재를 부인하고/부인하거나 그 영향력을 숨기려 해도 소용없다. 제아무리 외부 세력이 '내가 하겠다.'라는 '의지'가 있어야 할 자리에 '내가 해야 한다.'라는 '당위'를 강요함으로써 타당한 선택의 범위를 좁히더라도 말이다.

개인으로 존재하는 것(즉 내가 선택한 삶에 책임지고, 수많은 것 중 내가 선택한 것과 내 선택의 결과에 책임지는 것), 그 자체는 **선택의 문제**가 아니라 **숙명의 섭리**이다. 하지만 우리는 실질적으로나 지적으로나 전혀 이해할 수 없는 조건에서 이런 책임감을 발휘해야 하는 경우가 너무 많다. 인간의 삶은 '외부 조건'('현실'이라고 인식되는 것. 당연히 행위자의 의지에 늘 저항하거나 너무도 자주 도전한다)과 '작자'(저자/행위자)의 설계 간의 끊임없는 대립으로 이루어진다. 작자의 설계란 적극적이든 수동적이든 저항, 도전, 그리고/또는 무력한 상황을 극복하고, 자신이 선택한 '좋은 삶'에 대한 비전에 맞게 현실을 새로운 틀에 넣어 새롭게 만들어 내겠다는 목표를 말한다. 폴 리쾨르는 다음과 같이 말한다. 이런 비전은 "성취에 대한 이상과 꿈으로 만들어진 짙은 안개와 같다." 우리는 희미한 조명 아래 삶의 성공 또는 실패 정도를 추적해서 확인한다.[2] 이런 빛 아래에서는 어떤 단계와 그 결과만이 분별력 있다고 판단된다. 또한 어떤 목적은 그저 도움만 되는 것이 아니라 '그 자체가 목적인 것'으로 따로 분류된다. 다시 말해 더 고결한 다른 목표를 시행하는 수단으로서 정당화되고 소명될 필요 없이 '그 자체만으로 좋은' 목표가 된다.

리쾨르는 좋은 삶에 대한 비전을 성운에 비유한다. 성운은 수많은 별로 가득하다. 별이 몇 개인지 다 헤아릴 수는 없지만, 반짝이고 빛나는 무수히 많은 별이 마음을 사로잡으며 유혹한다. 성운들 사이에서 빛나는 별들이 어둠을 밝혀 주면 광야를 헤매는 방랑자들은 길 — 일종의 길 — 을 찾을 수도 있다. 그런데 어떤 별을 보고 나아갈 방향을 잡아야 할까? 수많은 별 중 이 별을 길잡이로 삼은 것이 절묘한 선택이었는지 아니면 비운의 선택이었는지는 어느 시점에 판단해야 할까? 선택한 길이 잘못됐으니 그 길을 버리고 돌아서서, 더 나으리란 희망을 안고 새로운 선택을 할 때라고 언제 결론 내려야 할까? 이는 먼저 선택한 길을 걸으면서 이미 불편을 겪었더라도, 현명하지 못한 결심일 수 있다. 알고 보니 지금껏 따라왔던 별을 버린 결과가 더 심각해서 결국에는 더 후회스러운 실수가 될 수도 있다. 대안으로 선택한 길이 더 큰 역경으로 인도한다는 것을 알게 될 수도 있다. 여러분은 이 모든 것을 확실하게 알지 못하며, 확실하게 알 가능성도 적다. 모 아니면 도와 같다. 승률은 반반으로 보인다.

이런 진퇴양난을 한 방에 벗어날 간단명료한 비법은 없다. 여기서 벗어나기 위해 제아무리 노력해도 불확실성은 삶을 사는 동안 늘 우리와 함께한다. 어떤 결정도 자의적 결정으로 남을 수밖에 없다. 그 누구도 위험으로부터 자유롭지 않으며, 실패와 뒤늦은 후회로부터 안전하지 않다. 어떤 선택을 찬성하는 주장이 있으면, 이보다 무게감이 적지 않은 반론도 늘 존재한다. 성운이 내뿜는 빛이 아무리 밝더라도, 우리가 출발점으로 돌아갈 수밖에 없거나 돌아가고 싶어지는 만일의 사태를 막지는 못한다. 번듯하고, 품위 있으며, 만족스럽고, 가치 있는 (그렇다, 그래서 행복한!) 삶을 찾아 길을 떠난 우리는 실수를 막고 불확실성을 피하고자, 마음이 놓일 정도로 밝기에 길잡이로 선택한 별을 믿으며 따라간다. 하지만 얼마 지나지 않아 길잡이 별에 대한 우리 선택이 결국에는 위험을 잉태한 **우리**의 선택이었다는 사실을 알게 된다. 우리의 모든 선택이 그래 왔고 또 그럴 수밖에 없듯 말이다. — 그리고 **우리**의 책임 아래 이루어진 **우리**의 선택에는 끝까지 위험이 따른다…….

미셸 푸코가 주장했듯 '정체성은 주어지지 않는다.'라는 명제에서 도출되는 결론은 단 하나뿐이다. 즉 우리의 정체성(다시 말해 '나는 누구인가?', '세상에서 내 위치는 무엇인가?', '내가 지금 여기 존재하는 이유는 무엇인가?'와 같은 질문들에 대한 대답)은 **예술 작품**이 창작되는 것처럼 **창작**돼야 한다. 모든 점에서 봤을 때 사실상 '모든 개인의 삶이 하나의 예술 작품이 될 수 있을까?'(또는 좀 더 정곡을 찌른다면 '모든 개인이 각자 자기 삶의 예술가가 될 수 있을까?')라는 질문은 순전히 수사적이다. '그렇다.'라는 대답이 거의 기정사실이기 때문이다. 이런 가정 아래, 푸코는 다음과 같은 물음을 던진다. 램프나 집이 예술 작품이 될 수 있다면, 인간의 삶이 예술 작품이 되지 못할 이유가 있을까?[3] 내가 짐작하기에, 시비다 지엠바가 대조군으로 삼았던 '새로운 청년층'과 '지난 세대'는 양측 모두 푸코의 주장에 전적으로 동의했을 것이다. 다만 한 가지 더 짐작해 보자면, 시비다 지엠바가 비교 대상으로 삼은 두 집단의 구성원들은 각기 다른 '예술 작품'을 마음속에 떠올렸을 것이다.

지난 세대는 아마도 가치가 지속되는 것, 소멸하지 않고 시간의 흐름과 숙명의 변덕에 저항하는 뭔가를 떠올렸으리라. 그들이라면 나이 지긋한 장인의 오랜 습관에 따라 붓질을 시작하기 전에 캔버스에 꼼꼼하게 밑칠을 할 것이다. 또한 물감이 마르는 동안 여러 겹의 물감이 부스러지지 않고, 영원하지는 않더라도 오랜 세월 동안 생생한 색감이 유지되도록 세심하게 물감의 용매를 선택할 것이다……. 반면 젊은 세대는 지금 당장 유명 예술가들의 작업 습관을 모방하는 기법과 패턴 — '해프닝'과 '설치' — 을 찾으려 애쓸 것이다. **해프닝**에 대해 알 수 있는 것은 오로지 하나이다. 해프닝이 결국 어떤 경로를 택할지 누구도 알지 못한다는 것(설계자, 제작자, 주연배우조차 모른다), 그 경로가 ('눈이 멀어' 통제할 수 없는) 숙명의 볼모라는 것, 해프닝이 전개됨에 따라 어떤 일이든 일어날 수 있으나 확실히 일어난다고 말할 수 있는 일은 하나도 없다는 것이다. **설치**의 경우, 전시회가 끝나면 설치 예술 작품도 생명이 끝난다는 것은 누구나 알기에, 부서지고 상하기 쉬우며 가급적 '손쉽게 분해되는' 요소들을 이어 붙여 만든다. 갤러리 측이 다음 전시품을 전시할 공간을 마련하려면 (이제는 쓸모없어진) 잡동사니 ― 낡은 유물 ― 를 치워야 하기 때문이다. 젊은이들은 예술 작품이라고 하면 자신들이 침실 벽지에 붙이는 포스터를 비롯한 다른 인쇄물들을 떠올리기도 한다. 그들은 벽지와 마찬가지로 포스터도 방을 영원히 장식할 목적으로 붙이는 것이 아님을 잘 안다. 포스터들은 ― 새로운 아이돌 사진을 붙일 자리를 마련하느라 벽에서 뜯겨 나가고 ― 조만간 '업데이트' 될 예정이다.

두 세대('지난 세대'와 '새로운 세대') 모두 예술 작품이라고 하면 특정한 세상과 닮은 작품을 상상한다. 사람들은 예술이 그 세상의 진정한 본질과 의미를 발가벗겨 면밀히 들여다볼 수 있게 해 준다고 추정하고, 또 그렇게 기대한다. 예술가들의 노고 덕분에 우리는 그 세상을 더 쉽게 알고, 어쩌면 온전히 이해할 수조차 있을 것으로 보인다. 하지만 그런 일이 일어나기 전에, 그 세상을 '관통해서 살아가는' 세대는 말하자면 '부검' ― 개인적 경험과 그런 경험을 전달하고 거기에 의미를 부여하는 이야기들 — 을 통해 그 세상의 관습을 알거나 최소한 직감한다. 그러면 예상대로 (이전 세대와는 극명하게 대조적인) 젊은이들의 생각이 와 닿는다. 그들은 인생 여행이 시작되기도 전에 설계된 행로에 진정으로 충성을 맹세할 수는 없다고 믿는다. 무작위적이고 예측할 수 없는 숙명과 우연이 인생의 여정을 얼마든지 재설정할 수 있기 때문이다. 시비다 지엠바는 일부 폴란드 젊은이들을 다음과 같은 예를 들어 설명한다. "그들은 학교 친구가 회사에서 승진을 거듭해 제일 높은 자리까지 올랐지만, 회사가 도산하면서 가진 것을 모두 잃고 말았다는 이야기를 들려준다. 바로 이런 이유로 그들은 잘 하고 있던 공부를 그만두고 영국으로 건너가 공사장에서 일하나 보다." 이런 청년들이 있는가 하면, 나머지 청년들은 아예 미래를 생각하지 않는다(그건 시간 낭비 아닌가요?). 그들은 뜻밖의 행운이 찾아오거나(가능성 있다) 길에서 바나나 껍질을 밟는 것처럼 불운이 찾아오는 것(마찬가지로 개연성 있다) 말고는 인생에 어떤 논리도 기대하지 않는다. 그래서 이런 이유로 "모든 순간이 즐겁길 바란다." 실로 **모든** 순간이 말이다. 그들에게는 즐길 수 없는 순간은 시간 낭비와 같다. 설령 미래에 이익이 생긴다고 해도, 현재를 희생하는 대가로 미래에 어떤 종류의 이익을 얻을지 계산할 수 없다면 '지금 여기'에서 쥐어 짤 수 있는 즉각적인 쾌락을 대체 왜 포기해야 하는가?

'인생이라는 예술'은 구세대와 신세대에게 각기 다른 의미일 수는 있지만, 그들은 모두 이 예술을 행하고 있다. 그리고 그러지 않을 수도 없는 노릇이다. 오늘날에는 인생 경로, 인생에서 연이어 일어나는 각 사건의 의미, 인생의 '전체적인 목적'이나 '최종 목적지'를 DIY 작업 대상으로 여긴다. 그래 봐야 이케아의 조립식 가구처럼 골라서 조립하는 것뿐이지만 말이다. 예술가들처럼 인생 실행자라면 누구든 작업의 결과에 온전히 책임지고, 그 결과에 대한 칭찬이나 비난을 감수해야 한다. 다시 한번 말하지만, 요즘은 한 사람 한 사람이 예술가이다. 다만 이는 **선택**에 의한 것이라기보다 이를테면 **보편적 숙명의 명령에 따른** 것이다.

'명령에 따라 예술가가 된다'는 것은 무행동 역시 행동으로 (또는 부작위 역시 작위로 - 옮긴이) 친다는 뜻이다. 수영과 항해 못지않게 파도에 몸을 맡긴 채 떠다니며 이동하는 것도 선험적으로는 창조적 행위로 여겨지며, 나중에 되돌아봤을 때 그렇게 기록되는 경향이 있다. 어떤 사람들은 자신의 선택, 결정, 약속에 논리적 연속성, 지속성, 필연성이 있다는 것을 믿지 않으려 한다. 숙명을 다스리고, 섭리나 운명을 뒤집으려는 계획이 타당하며 실현 가능하다는 것을 믿지 않으려 한다. 미리 설계한 대로 인생이 변함없는 선호 경로를 벗어나지 않게 만들 수 있다는 것도 믿으려 하지 않는다. 그런데 이런 사람들조차 그냥 손 놓고 구경만 하지는 않는다. 조립 가구에 딸린 설명서를 따라가듯, 그들도 상황의 명령에 따라 끝없이 주어지는 소소한 과제들을 처리하며 '숙명을 보조해야' 한다. 만족감을 지연할 이유가 없다고 보고 '순간을 위해' 살기로 결심한 사람들과 마찬가지로, 미래를 걱정하고 다가올 기회를 갉아먹지 않으려 조심하는 사람들도 인생이 하는 약속에 변동성이 있다고 확신한다. 그들은 모두 실패할 리 없는 결정이란 없음을 받아들이는 듯하다. 수없이 이어진 단계 가운데 어느 것이 (되돌아봤더니!) 올바른 선택인지 정확히 예측하기란 불가능하다고 여기는 듯하다. 혹은 아무렇게나 흩어진 씨앗 가운데 어떤 씨앗이 맛있는 열매를 풍성하게 맺을지, 혹은 어떤 씨앗에서 난 꽃봉오리가 한 줄기 바람이나 꿀 채집에 나선 말벌이 꽃가루를 옮기기도 전에 시들어 버릴지 예상할 수는 없다고 생각하는 듯하다. 이 밖에도 그들의 생각이 어떠하든, 그들은 모두 서둘러야 한다는 데는 한목소리를 낸다. 아무것도 하지 않거나 천천히 안일하게 하는 것은 해롭다는 것에는 모두 의견이 일치한다.

특히 젊은이들이 그렇다. 시비다 지엠바가 지적했듯 그들은 '만약의 상황에 대비해' 경험을 쌓고 자격증을 모은다. 폴란드 청년은 '모제^{może}'라고 한다. 또래의 영국 청년은 '펄헵스^{perhaps}',

프랑스 청년은 '쁘테트르peut-être', 독일 청년은 '필라이히트 vielleicht', 이탈리아 청년은 '포르세forse', 스페인 청년은 '탈 베스 tal vez'라고 할 것이다. 제각각 말은 다르지만 뜻은 모두 같다. 인생이라는 로또의 다음번 추첨에서 이게 될지 저게 될지 누가 장담할 수 있겠는가? 다만 로또를 사지 않는다면 당첨될 확률이 없다는 것만은 확실하다…….

스스로 생각할 줄 아는 용기

'대전쟁Great War'이라 불린 1차 세계대전의 여파로 대중 담론에서뿐만 아니라 사회학계에서도 (다른 집단에는 없으나 그 집단의 모든 구성원에게는 공통되는 특징들을 지닌 전체라는 의미에서) '세대'라는 카테고리가 생겨나 정착한 것은 그저 우연이 아니다(그리고 앞으로 살펴보겠지만, 놀랍지 않은 일은 또 있다. 20세기에 일어난 '세계대전들' 중 유독 1차 세계대전에만 '대전쟁'이라는 명칭이 붙은 것 말이다. 심지어 2차 세계대전이 전쟁에 휘말린 영토 범위, 피해 규모, 잔혹성, 그 여파의 심각성 측면에서 1차 세계대전을 훨씬 능가하는데도 말이다). 호세 오르테가 이 가세트가 나중에 중대한 영향을 미치는 세대 간 소통과 갈등에 관한 연구에 착수한 것이 바로 이때이다. 얼마 후, 그의 뒤를 이어 카를 만하임이 새로 발견된 카테고리인 세대를 또 다른 신생 개념인 '이데올로기'와 함께 출범시킨다. 오르테가 이 가세트가 제안하고 뒤이어 만하임이 공표한(즉 세계관이 뚜렷하고, 스스로 자기 이익을 위해 행동할 수 있으며, 그렇게 행동하는 성향을 지닌 '집단적 주체'라는 의미에서) '세대'라는 카테고리를 발견한 사건은 그 자체가 대전쟁 세대라고 하는 한 세대가 이룬 성과라고 가히 말할 수 있다.

너무 당연한 말이지만…… 1755년 지진, 화재, 홍수가 발생해 리스본이 황폐화된 이래 지구상에서 '문명'이라 자칭해왔던 지역인 유럽에서는 '대전쟁'에 비할 만한 정신적, 도덕적 충격을 경험한 적이 없었다. 리스본 재앙을 계기로, 막 싹트기 시작한 '근대 문명'은 대자연과의 전쟁에 돌입했다. 이와 동시에 신의 창조물인 우주 만물의 지혜, 내재적 선량함, 정의에 대한 아주 오래된 신뢰도 약해졌고 종국에는 대체됐다. 또한 리스본 천재지변은 인간이 대자연을 정복하고 관리할 필요가 있다는 철학자들의 집요한 주장을 뒷받침하는 압도적으로 설득력 있고 결정적인 근거가 됐다. 철학자들은 대자연의 맹목적인 무작위성을 이성이 이끄는 질서가 대신해야 한다고 주장했다. 세심한 설계와 감시 아래 우연의 개입을 차단하고, 예측 가능하며 무엇보다도 관리 가능한 질서가 새로운 (인간의) 관리 아래 인간의 이익을 위해 제대로 역할을 하게 만들어야 한다고 주장했다.

이렇듯 인간이 과학과 기술을 바탕으로 만든 질서의 지혜와 유효성에 대한 신뢰는 거의 두 세기 동안 유지됐다. 그런데 '대전쟁'이라는 재앙으로 이런 신뢰에 금이 가기 시작했다. 인간이 만든 이런 질서가 선량함과 정의 증진 측면에서 자연보다 높은 점수를 기록할 수밖에 없다는 신념도 흔들리기 시작했다. 수전 니먼이 주장하듯 "계몽주의란 스스로 생각할 줄 아는 용기이자, 자신이 던져진 세상에 대한 책임을 지는 용기이다." — 하지만 "인간에게 악에 대한 책임이 많이 지워질수록, 인간은 그 책임을 가치 있게 여기지 않는 것 같다."[4] 합리적 의심 외에도 '대전쟁'을 통해 드러난 사실이 있다(확인이 더 필요하기라도 한듯 이것은 얼마 지나지 않아 지구를 쓸고 지나간 집단 학살의 물결을 통해 재확인되기도 했다). 두 세기 전에 대자연이 비난받았던 것처럼, 인간의 관리가 낳은 결과들도 하나같이 변덕스럽고, 예측할 수 없으며, 맹목적이고, 경솔하며, 인간의 미덕과 악덕에 무관심하다는 것이다. 게다가 훨씬 더 극악무도하고 파괴적이기까지 하다.

'문명'의 선구자들과 대변인들이 가졌던 자신감, 자만심, 오만에 가해진 충격은 압도적이었을 것이다. 어쨌든 유럽은 기억하는 한 그 어느 때보다도 구름 한 점 없는 낙관적 분위기 속에서 20세기에 발을 들여놨다. 모든 면 또는 거의 모든 면에서 조짐이 좋았으며, 해가 갈수록 더 좋아졌다. 광활한 땅과 바다가 유럽의 의지 앞에 순순히 굴복했다. — 그곳에 사는 사람들은 편견의 족쇄에서 벗어나기만을 꿈꾸는 것 같았으며, 문명이 보낸 특사들과 선교사들이 총을 겨누고 성경을 흔들며 의기양양하게 설파하는 무한한 진보의 교리를 기꺼이 받아들이고 싶어 하는 듯 보였다. 과학자들은 인간의 지혜와 능력의 한계라고 여기던 것들을 깨뜨렸다는 소식을 연일 발표했다. 설령 아직 모든 사람은 아니더라도(*아직은 그렇다는 말이다!*), 많은 이들의 삶이 해가 갈수록 더욱 편안해지고 부유해졌다. 공간적 거리가 짧아지고 편해졌으며, 시간은 더욱더 빨리 지나갔다. 그 결과, 각자의 삶에서 훨씬 더 즐거운 선물을 가지고 즐길 수 있게 됐다. 이성의 왕국, 법과 질서의 완전한 지배 — 이 모든 것이 코앞에서 기다리고 있었다. 몇몇 악인이나 기인을 제외하면 완벽을 향한 멈추지 않는 행진을 가로막으려는 사람은 전혀 없었다. 이런 부당한 의도를 남몰래 품거나 키워 온 사람이 혐오스러운 생각에 따라 악행을 저지르려 하면 실패할 수밖에 없는 구조였다. 사회의 꼭대기 계층부터 밑바닥 계층에 이르기까지, 사람들은 점점 더 계몽돼 가는 것처럼 보였다. 물론 미래에는 확실히 그렇게 되겠지만, 아직은 원하는 만큼 그리고 미래만큼 기꺼이 신속하게 계몽이 진행되지는 않았지만 말이다. 그래도 인간 존재가 지닌 악한 감정은 훨씬 더 안전하게 다스려지는 것 같았다. 풍습은 점점 더 점잖아졌고, 공동생활도 점점 더 평화로워졌다. 전쟁을 벌여 의견 차이를 해결하겠다는 의지가 점차적이지만 눈에 띄게 사라지고 있었다. 그 대신, 이성의 권위와 최대 다수의 최대 행복이라는 명분이 받아들여졌다. 역사는 진입한 길을 흔들림 없이 고수했다. ― 혹은 그런 듯 보였다. 방향 전환은 고려 대상이 아니었으며, 후퇴는 전혀 생각도 할 수 없었다.

간단히 말하면 문명의 미래는 탄탄대로였다. 인간의 관리 아래 세상은 안전했으며, 더욱더 안전해질 수밖에 없었다. 헌시 허베 Hans Habe는 그의 소설 『일로너 Ilona』에서 당시 분위기를 생생하게 묘사했다.

> 1899년의 마지막 날, 사람들은 자신이 지금 무슨 일을 하는지 까맣게 모른 채 환희에 차 새로운 세기의 탄생을 축하했다. 이는 비가 그치지 않으리라는 사실을 모른 채 그저 내리는 비를 반갑게 맞이했던 모습과도 같았다(『창세기』에 나오는 대홍수를 가리킨다. - 옮긴이). 강물이 불어나 초원이 호수로 변하고 '지구상의 높은 산들을 덮고도 15큐빗(고대이집트 등에서 썼던 길이의 단위. 15큐빗은 약 686센티미터이다. - 옮긴이)이나 더 올라간다.'라는 사실을 꿈에도 생각하지 못했던 것처럼 말이다. 사람들은 비가 하루만 내리

는 것이 아니라 수년에 걸쳐 점점 수위가 올라가리라곤 생각도 하지 않았다. 그들은 주 하느님이 20세기에 진절머리가 났을 수 있다는 생각은 해 보지도 않았다. 그렇게 그들은 홍수를 위하여 잔을 들어 건배했다.

홍수를 위하여 건배……. 실제로 갑자기 강물이 불어나 홍수가 시작됐고, 사람들은 경악했다. 인류가 기억하는 한 가장 엄청난 대학살이 시작됐다. 중세 암흑기가 끝나 갈 무렵, 마지막 이단자를 산 채로 화형시킨 이래로 들어 본 적 없는 극심한 고통 속에서 수백만 명이 목숨을 잃었다. 총검에 찔려 벌집이 되고 파편에 맞아 잘려 나간 시신들과 탱크의 무한궤도 바퀴 아래 부스러지고 독가스에 중독돼 부풀어 오른 시신들이 사방에 나뒹굴었다. 증오, 편견, 미신의 희생자들이 참호의 늪과 수렁에서 수개월 동안 산 채로 썩다가 종말을 맞았다. 그들은 즉사라는 자비로운 행운을 누린 자들을 부러워했다. 동프로이센의 습지에서 솜강에 이르기까지 유럽 전역에 걸친 참호 속에서, 징집된 병사들과 함께 문명도 고통스럽게 천천히 무자비하게 죽어 갔다. 세상의 안전을 보장한다고 여겨지던 문명과 함께 아늑한 집과 같던 세상도 죽어 갔다. 안전한 세상은 아무 생각도 목표도 없이 흘린 피의 강물 속으로 가라앉아 부활의 희망 하나 없이 죽음을 맞았다.

    이 모든 참상은 일련의 우연(가령 사라예보에서 어느 좌절한 학생의 손에서 두 번째 총탄이 발사된 이유는 왕실 차량 운전사가 병원으로 가는 길을 실수로 잘못 들었기 때문이다. 첫 번째 총탄의 원래 목표물이었던 황태자가 우연히 그 총탄에 희생된 피해자에게 연민을 표하기 위해 병원에 가던 길이었다)과 일련의 전쟁 계획이 복합적으로 작용해 일어난 것으로 보인다. 모든 전쟁 계획은 지구상에서 가장 진보한 지역에 있는 가장 현대적인 첨단 장비로 무장한 군대에 속한 일류 전문가들이 과학적으로 정확하고 치밀하게 만들어 낸 것들이었다. — 모든 계획이 단기간에 거의 피를 보지 않게 해서 신속한 만큼 결정적인 결과가 생기도록 세심하게 계산해 낸 최고로 합리적인 것들이었다. 하지만 이처럼 인간의 계획과 사람이 만들어 낸 우연이 뒤섞이며 벌어진 일은 그 누구의 계획에도 없었다. 이런 종류의 도살을, 장장 4년에 걸친 상호 대학살을 계획한 사람은 아무도 없었다. — 아마도 이것이 대전쟁으로 인해 드러난 충격적이고 무시무시한 사실 가운데 가장 충격적이고 무시무시한 사실일 것이다. 이 섬뜩한 사건은 계획되거나, 설계되거나, 예상된 것이 *아니었다*. 심지어 가능하다고 상상조차 할 수 없는 것이었다. 게다가 *계획되지 않은* 과업을 이루기 위해 선택한 수단들은 과녁을 크게 벗어나고 지극히 비효과적인 것으로 드러났으며, 정말로 쓸모없다는 것이 입증됐다.

계산이 잘못됐음이 드러난 것이 문제가 아니었다. 잘못된 계산은 고칠 수 있는 데다 이렇게 바로잡는 것이 합리성에 도움이 되는 유용한 작업이 될 수도 있다. 사람들은 실수에서 교훈을 얻어 미래에는 우발적인 사고나 화를 입을 확률을 줄이는 경향이 있기 때문이다. 문제는 다른 데 있었다. 충분한 지식과 기술만 있으면 미래를 계산할 수 있다는 발상이 문제였다. 솜강, 베르됭, 동프로이센의 살육 현장에서 이슬로 사라진 병력을 갈고 닦으면 목표 달성을 보장할 수 있다는 생각이 문제였다. 수백만 병사들과 함께 유럽의 자신감도 살해돼 거대한 무덤에 묻혔다. 이성이 감정에 최종 승리한다는 문명인들의 믿음, 역사 속 지혜와 박애에 대한 그들의 신뢰, 안정된 현재와 보장된 미래라는 기분 좋게 위로해 주는 그들의 신념도 함께 사라졌다.

이 가세트와 만하임은 역사 속 세대의 역할에 초점을 맞추고 독자들의 관심을 집중시켰다. 하지만 그들을 그 길로 인도한 사고의 흐름을 온전히 복원하는 것은 쉬운 일이 아니다. 그렇더라도 이런 가설을 세워 볼 수 있겠다. 대전쟁으로 드러난 사실과 그에 따른 '정체성 충격'이 없었더라면, 그들이 그런 관점에 도달하기가 훨씬 더 어려웠을 것이라고 말이다. 폴 리쾨르는 '정체성'이라는 현상을 둘로 쪼갰다(다른 인간들과 차별화하는 지속적인 특수성을 가리키는 자기성$^{l'ipséité}$과 자기 자신과의 지속적인 동일성을 가리키는 동일성$^{la\ mêmeté}$). 대전쟁으로 인해 거대한 의문부호가 찍힌 곳이 바로 정체성의 두 번째 측면, 동일성이었다. 대전쟁 이전의 '나 자신'과 이후의 '나 자신', '전'과 '후'에 모두 걸쳐 있는 '나 자신'은 쓰는 언어가 다 달랐다. 이들 셋은 각각 나머지 둘과 쉽게 소통하기가 거의 불가능했다. 학살에서 살아남은 사람들은 한때 자신들이 도살장으로 행진하면서 가졌던 열성을 설명하기는커녕 온전히 이해할 수나 있었을까? 만약 그럴 수 있었다면, 그들은 새로 알게 된 것을 예전의 우리 자신에게 전달할 수 있었을까? 징집일에 광장에서 환호하며 춤추던 예전의 우리 자신에게 말이다. 지금은 아는 것을 그때는 상상할 수도 없었는데, 설명한다 해도 이런 일이 어떻게 일어났는지 그들이 이해할 수 있었을까? 믿기 어려운 사건이 일어난 상황에서 지금 아는 것을 그때 들었더라면 그들은 악의적인 속삭임이라며 당장에 뿌리치고 어쩌면 그 메신저를 처형했을지도 모르는데, 이런 일이 어떻게 일어났는지 그들이 이해할 수 있었을까? 큰 대가를 치르고 알게 된 것을 베르됭과 솜강 전투 **이후**에 태어난 사람들에게 전달할 수 있었을까? '남자다움을 시험할 좋은 기회'이자 '가장 흥미롭고' '인성 형성에 좋은' 모험을 놓쳐 절망하는 것처럼 보이는 사람들에게 말이다. 그래도 만약 그들이 노력했다면 과연 이해받을 수 있었을까?

'세대'가 사회적·정치적 분열의 분석 도구로 쓰이는 주요 개념 가운데 하나가 된 데는 유럽의 정체성에서 **동일성**이 입은 타격이 결정적 요인으로 작용한 것으로 보인다. 세대라는 이 ***객관적*** 분석 카테고리는 하나의 삶이 현저히 다른 두 모습으로 이등분돼 서로 소통이 단절되는 것을 **주관적**으로 경험하는 데서 원료를 공급받았다. 세대라는 개념이 처음 만들어진 실험실은 아마도 '***지금**의 우리*'와 '***그때**의 우리*'가 대립하는 한가운데 있었을 것으로 보인다. 주관적 경험이 담긴 플라스크에서 증류된 뒤, '바깥' 세상을 정밀하게 조사할 때 사용하는 렌즈를 거쳐 재처리된 것이 바로 이 세대라는 개념이다. 이 개념은 '우리'와 '그들'을 나누는 경계선을 긋는 데 쓰일 수 있었고, 실제로 그렇게 활용됐다. 세대 간 소통 단절에 대한 통찰이 등장한 배경에는 개인의 파편화된 삶의 경험을 '이해하려는' 노력과 시간의 균열을 이해할 수 있게 만들려는 노력이 있었다. 친숙했던 생활세계 Lebenswelt는 시간이 균열되면서 분해돼 사라져 버렸고, 친숙하지 않다는 이유로 지금껏 개척되지 않아 겁이 나는 세계가 그 자리를 대신하게 됐다. 이 세계가 특히 겁이 나는 데는 다 이유가 있다. 아직 지도가 없기 때문이다. 게다가 지도를 만들려면 그 전에 무작위적인 접근, 위험한 시도, 치명타가 될 수 있는 오류를 한동안은 거쳐야 할 것으로 전망되기 때문이다.

시간의 흐름이 빨라지면서, 인간의 조건이 연속적으로 급변하는 간격이 좁아졌다. 이에 따라 유사하게 (물론 훨씬 정도가 약하고 극적이지 않다는 것은 인정한다) 단절을 주관적으로 경험하는 빈도가 점점 잦아지고 되풀이됐다. 당연히 일단 콕 집어 이름이 붙여지면, 세대 간 분열 이슈와 소통 문제는 계속해서 예리한 관심을 불러일으키며 화제성이 조금도 떨어지지 않는다. 이 문제는 앞으로도 한동안은 학계와 일반 대중 사이에서 널리 회자할 담론으로 자리 잡은 것 같다.

그렇더라도 현재와 같은 진정한 항시적 혁명 상태에서는, 논의 중인 개념들이 일부 유용성을 박탈당하지 않고 현재의 인간 조건을 서술하고 이해하는 역할을 계속해서 제대로 수행해 왔는지가 불분명하다. 그래서 이 문제는 대체로 열린 질문으로 남아 있다. 지금과 같은 항시적 혁명 상태는 인간 존재의 모든 측면에서 통제할 수 없는 강박적 현대화가 이루어지면서 촉발됐다. 현대의 '유동적' 단계 특유의 가치 위계 안에서 찰나성과 지속성(또는 즉시성과 장기성)에 부여된 서열이 역전되면서 일어났다. 이런 개념들이 우리 세계관에 계속 존재하면, 울리히 벡이 말하는 '좀비 용어'(용어는 살아 있지만 더는 실체가 없는 개념)나 자크 데리다가 말하는 삭제 예정 sous rature 으로만 쓰이는 용어(즉

서사 소통의 편의성을 위해 불가피하게 쓰지만, 단어의 지시 대상이 이미 존재하지 않음을 경고해야 하는 용어)와 유사한 경우라고 주장할 수도 있다. 필자라면 이런 개념들을 '메아리 단어 echo words'라고 부르겠다. 그 개념들을 낳은 충돌이 잦아들고 한참이 지난 다음에야 메아리처럼 울려 퍼지니 말이다…….

실제로 변화 속도는 (최소한 문화 분야에서는) 현재 아연실색할 정도로 빠르다. 어디서나 끊임없이 변화가 일어난다. 세대 경계선을 새로 그어도 충분할 만큼 빽빽하게 변화가 응축되는 것을 보면 거의 매일 일어나는 일상적인 일 같기도 하고, 아니면 반대로 그 어느 때보다도 드문 일 같기도 하다(변화의 영향을 '대전쟁'의 충격 여파와 비교하면 그렇다). 가시적 **변화**가 무수히 많은 탓에 변화가 점차 인간 조건의 영구불변적인 특징처럼 느껴진다. 특별하기보다는 평범한 사건, 비정상이기보다는 정상, 예외보다는 규칙으로 여겨진다. 그런가 하면 **경험 단절**은 거의 보편적이라서 모든 연령대에 똑같이 영향을 준다. 이런 상황에서는 세대 간 경계선을 자의적으로 그릴 수밖에 없다. 모든 시도가 논란이 되고 이론異論을 불러올 것이 틀림없다. 이런 경계선을 지도에 반영하면, 잘못된 길로 인도하지는 않더라도 특별히 알게 되는 것도 없다. 제안한 대로 경계를 나누면, 사회 형태에 대한 신뢰할 만한 정보가 되기보다는 통계 데이터 처리 방법 선택에 따른

후유증이 나타날 위험이 더 크다.

아마도 변화 속도는 너무 빠른 경향이 있는 것 같다. 새로운 현상이 대중에게 각인됐다가 시야에서 사라지는 속도 역시 대개는 현기증이 날 정도로 너무 빠르다. 그 결과, 경험이 사고방식과 행동 패턴, 가치관과 세계관에 녹아들어 단단히 정착하지를 못한다. 그러면 '시대 정신'의 지속 가능한 흔적으로 남거나 한 세대만의 독특한 영속적 특징으로 불리기에 적합하지 않다. 무수히 많은 단절이 뿔뿔이 흩어지고 연결되지 않은 것처럼 보이는 가운데, '대변동'을 형성할 힘을 가질 수 있고 '대변동'으로 보일 수 있는 변화들은 아주 드물다. *세대* 단절을 주장하고 세대의 자기 결정과 효과적인 *자기주장*의 원료가 될 만큼 두드러지는 변화는 거의 없다. 있다고 해도 극히 드물다.

변화가 '대변동'으로 인정받으려면, 압축된 시간 안에 대규모의 '가치 재평가'를 유발하고 가치 위계를 대대적으로 재구성해야 한다. 최근까지만 해도 적절하고 효과적이며 훌륭하다고 인식하던 규칙, 규범, 패턴이지만 이제는 잘못되고, 쓸모없으며, 비난할 만한 것이라고 고쳐 써야 한다. 그러면 이 같은 가치 전도의 결과, 과거 전체가, 특히 과거 가운데 대중이 아직 생생히 기억하는 부분이 폄하되고 면밀한 (그리고 적대적인) 심문 대상이 된다. 과거를 구성하는 모든 요소가 용의선상에 오르고, 무고

함이 입증될 때까지 유죄로 간주된다(물론 합리적 의심의 여지가 없는 무죄로 입증될 일은 거의 없으며, 완전한 결백은 절대 입증되지 않는다. — 절대로 최종 혐의 없음으로 판결 나지 않는다). 기껏해야 형 집행이 유예되는 것이 최선이다. — 집행유예는 과거에 내려진 판결에도 적용되고 항소 대상도 되지 않는다. 반면 과거에 지탄의 대상이었거나 비난받아 마땅하다고 여겨졌던 것이 — 마찬가지로 대규모로 선험적으로 — 복권된다. 과거에는 인정하기를 거부했지만, 이제는 거의 묻지도 않고 추가로 공적 증명을 요구하지도 않은 채 인정해 준다.

대체로 진정한 '대변동'이 일어날 때 과거의 평가가 뒤바뀌는 이유는 하나이다. 지금은 못마땅하고 유효하지 않게 된 '과거'에 그 평가가 이루어졌기 때문이다. 미덕은 악덕으로 고쳐 적고, 업적은 악행으로, 충성은 배신으로 다시 쓴다. — 반대도 마찬가지이다. 과거의 평가와 관행을 훨씬 더 결단력 있고 단호하게 평가절하해야 하는 이유는 이제 막 출발한 미래가 안개에 휩싸여 있기 때문이다. 미래가 어떤 모양일지 자신 있게 말할 수 있는 부분은 하나도 없다. 다만 이것만은 확실하다. 미래는 과거와 다르며, 어둠 속을 더듬을 것이란 불편한 예감을 덜어 줄 익숙한 랜드마크는 거의 손에 잡히지 않을 것이다. 앞길을 알려 주는 표지판이 없다면, 어쩌면 과거로부터 물려받은 표지판을 뒤집으면 효과가 있을지도 모른다. 이렇게 하면 완전히 반대일지라도 어느 정도 방향을 제시해 줘서, 제아무리 엉성하고 믿음이 가지 않더라도 앞으로 닥칠 일들이 전개될 궁극적인 방향을 통제하고 있다는 느낌이 어느 정도 든다. 따라서 과거의 단점을 장점으로, 반대로 장점을 단점으로 이름만 바꾸는 간단한 방법으로, 대체물이기는 해도 어느 정도 신뢰할 수 있는 가치 위계와 틈을 메울 일종의 능력주의를 구성할 수 있다. 이는 결코 사소한 이점이 아니다. — 하지만 대변동의 순간에는 미래의 장점과 성과를 평가할 검증받은 신뢰할 만한 척도(즉 미래가 현재가 됐을 때도 구속력 있고 믿을 만한 척도)는 구할 수 없다.

이런 종류의 '대변동'은 우리 시대에는 이례적이다. 아니, 오히려 그 반대이다. 대변동이 일상적인 일이 돼 버려 흥이 나거나 겁이 나는 시간이 며칠을 넘기지 못한다. — 곧이어 텔레비전 앵커들이 숨죽인 채 그다음 순서의 '역사적' 또는 '혁명적' 사건이 도래한다고 알리고, 이 소식이 모든 타블로이드의 1면을 장식한다. 하지만 이것 역시 금세 또 다른 '선정적인' '전대미문의' 사건들이 등장하면 표류하는 대중의 관심 밖으로 밀려날 뿐이다. — 요즘은 '대변동'이라는 개념이 *하찮게* 취급당한다. 모든 화려한 잡지에는 어제는 듣도 보도 못했으나 이제는 '혁명'이 될 수밖에 없는 것이 실린다. 그것도 딱 하나가 아니라 상당수가 다뤄진다. — 이것들은 세상의 이목을 끄는 몇몇 개인의 '삶을 변화'시키고, 그들을 지켜보는 모든 이의 삶도 간접적으로 변화시킨다.

좀 더 진지한 어조로 말하자면, 유동하는 현대 세계는 **항시적** 혁명 상태이다. 이 상태에서는 '고정된' 근대 시절의 기억으로 남아 있는 단 한 번의 '일회성' 혁명은 허용되지 않는다. 오늘날 '혁명' 이야기가 여전히 허용되는 경우는 회고할 때뿐이다. — 우리는 과거를 돌아보면서 무의미해 보이는 제법 작은 변화들이 쌓여 인간의 조건에 점진적일 뿐만 아니라 질적인 변화가 생겼다는 것을 깨닫는다. 이제 원래의 지시 대상을 박탈당한 '혁명'이라는 개념은 하찮은 존재가 됐다. 카피라이터들이 '새로 향상된' 신제품이면 다 '혁명적'이라고 소개하면서 이 개념은 일상적으로 쓰이고 남용되고 있다…….

언제 어디서나 끊임없이 일어나는 변화들 가운데 '대변동'의 본질을 정확히 포착해 내기란 어렵다. 어쩌면 불가능할지도 모른다. 제아무리 심오한 변화라 해도 계속해서 진행 중인 불완전한 상태이기 때문이다. 이런 변화를 미리 설계하고, 그 변화가 사회 상태에 미치는 파급 효과를 예상하는 것은 더욱더 불가능하다. 하지만 진정한 대변동이 일어나면, 변화 후 쌓일 인생 경험들은 과거의 기억 속 경험들과는 확연히 다를 것이다. 변화를 기점으로, 한쪽 편에 있는 사람들에게는 기껏해야 예외이자 일상으로부터의 일탈에 해당했던 것이 반대편 사람들에게는 정상적인 상황으로 보이게 된다. 이렇게 되면 세대 간 분열이 수면 위로 떠오르는 첫 번째 징후인 '소통의 난기류'가 나타난다. 이는 '이해 충돌'(이해 충돌은 소통 장애에서 가장 마지막에 추가되는 일종의 사상적 광택제인 셈이다)이라기보다, 적절성과 긴급성을 따지는 이슈와 무지의 영역이 세대 간에 서로 일치하지 않은 데서 오는 의견의 불일치이다. 한쪽 집단에게는 필수적인 경험이지만, 다른 집단에게는 이에 해당하는 경험이 거의 없거나 아예 없는 것이다. 한쪽 집단에게는 가장 중요한 이슈이지만, 다른 집단에게는 '해당하지 않는' 것일 뿐이다.

흔히 두 진영으로 압축되는 세대들 — '구세대'(또는 어른들)와 '신세대'(아직 어른이 아니거나, 어른이 되길 망설이는 사람들) — 는 아주 오래 전부터 의심과 불신의 눈으로 서로를 쳐다봐 왔다. 고대에서도 그런 전조 증상을 여기저기서 쉽게 발견할 수 있다. 하지만 세대 간 불신이 본격화하기 시작한 것은 우리 근대 시대부터이다. 세상(혹은 최소한 인간 세상)이 과거와 달라질 수 있으며, 변화를 만드는 것은 인간의 힘에 달려 있다고 상정하면서부터이다. 한 사람의 일생 안에서 '예전과는 다르다'는 것을 알아챌 수 있을 만큼 세상이 빠르게 변화하기 시작하면서부터이다.

— 그 결과, '현실'과 '당위' 사이의 간극이 드러났다. 철학적 명상을 할 때뿐만 아니라 인생에 대한 대중의 인식 속에서도 '좋았던 옛 시절' 대 '더 나은 미래'와 같은 개념들이 만들어지고 정착됐다. — 그러자 세상이 끊임없이 변하는 가운데 서로 다른 변화 국면에서 세상에 발을 들인 사람들이 자신들이 **공유했던** 시간을 뚜렷이 *다르게* 평가하기 시작했다. 어떤 사람들은 잘 배워서 완전히 통달해 버린 기술과 통상적인 방법을 활용할 수 있어서 편하고 안락하게 느꼈지만, 다른 사람들은 이상하고 도무지 정이 가지 않았을 수 있다. 어떤 사람들은 물 만난 고기처럼 느꼈을 상황이지만, 다른 사람들에게는 불편하고 당황스럽고 혼란스러운 상황이었을 수 있다. 누군가에게는 '세상의 이치'로 비칠 수 있지만, 다른 누군가에게는 이치에 맞지 않고, 터무니없고, 부당하고, 전적으로 혐오스러워 보였을 수 있다.

결과적으로 구세대와 신세대는 오해와 우려가 섞인 눈으로 서로를 보게 될 수 있다. 구세대는 새로 세상에 등장한 신참자들이 자신들과 자신들의 선배들이 애지중지하며 보존해 온 것을 망치거나 파괴하지나 않을까 두려워한다. 신세대는 베테랑들이 망쳐 놓은 것을 바로잡고 싶은 격한 충동을 느낀다. 양측 모두 현재 상황에 만족하지 못하고, 유감스러운 상태가 된 것을 상대의 탓으로 돌린다. 영국의 한 저명한 주간지는 두 주에 걸쳐 세대 간에 서로 충돌하는 비난 글을 공개했다. 먼저 한 칼럼니스트가 "젊은이들"은 "소처럼 둔하고, 게을러서 꼼짝도 안 하고, 성병만 달고 살고, 아무짝에도 쓸모없다."라고 비난했다. 그러자 한 독자가 분개하며 이렇게 반박했다. 젊은이들을 두고 게으르고 무신경하다고 하지만 사실 그들은 "학업 성적이 뛰어나고, 어른들이 엉망진창으로 만든 세상을 걱정한다."[5] 이와 유사한 무수히 많은 다른 의견 충돌 사례와 마찬가지로, 이 경우도 (주관적 - 옮긴이 첨가) 경험에서 생긴 관점에 따라 양측의 평가가 다르다. 그래서 그 결과로 생긴 논란은 '객관적으로' 해결될 수 없다.

운명의 여신과의 만남

나로 말하자면 저런 '과거 세대' 가운데 하나이다.

나와 동시대를 산 사람들처럼 나 역시 젊었을 때 인생 계획 ^{le} $_{projet\ de\ la\ vie}$ 선택에 대한 장폴 사르트르의 가르침을 주의 깊게 읽었다. '인생 계획' 선택이란 '선택 중의 선택', 즉 처음부터 끝까지 나머지 모든 (종속적, 파생적, 이행적) 선택을 결정지을 궁극적인 메타 선택을 뜻한다. 사르트르에게서 배운 바에 따르면, 모든 계획에는 지도와 여정에 대한 상세한 설명이 딸려 있다. 일단 목적지를 고르고 나면, 이제 지도와 나침반, 표지판 등의 도움을 받아 가장 짧고 안전한 길을 짜기만 하면 된다.

우리는 어려움 없이 이런 사르트르의 메시지를 이해했고, 이것이 주변 세상이 알려 주거나 암시할 것 같은 내용과 일치한다고 생각했다. 사르트르가 살았던 세상 — 내 세대와 공유한 세상 — 에서는 지도가 잘 변하지 않았고, 변하더라도 아주 천천히 구식이 됐다(어떤 지도는 심지어 '최종판'이라고 자랑했다). 한번 놓인 도로는 지나는 차량의 수, 무게, 속도를 다 수용할 수 있도록 때때로 다시 포장됐다. 하지만 그러면서도 여전히 그 도로에 진입하면 매번 같은 목적지로 인도해 줬다. 교차로의 안내판이나 표지판은 몇 번이고 새로 칠해졌지만, 그래도 거기 담긴 메시지는 절대 변하지 않았다.

마찬가지로 나는 다른 동년배 젊은이들과 함께 실험실 실험을 바탕으로 한 사회심리학 강의도 반항은커녕 군말 없이 끈기 있게 들었다. 굶주린 쥐가 미로 속에서 길을 찾는 실험이었다. 쥐는 사는 동안 단 하나뿐인 '정답'을 찾아 헤매고, 그 길을 기억하기 위해 애썼다.(미로에서 보상으로 통하는 유일한 경로를 따라가면 그 길 끝에 작은 돼지기름 덩어리가 있었다). 우리는 아무 항의도 하지 않았다. 사르트르의 조언이 그랬듯 요란하게 고군분투하는 실험실 쥐의 모습에서 우리 자신의 인생 경험이 메아리가 돼 돌아오는 것이 느껴졌기 때문이다…….

하지만 분명 오늘날의 젊은이들이라면 대부분 실험실 쥐가 집착하는 모습에서 자신의 경험을 생각해 내지는 못할 것이다. 또한 출발선에 서서 전체 인생 궤도를 당장 구상하라는 충고를 들으면 어깨를 으쓱하고 말 가능성이 크다. 사실 그들은 이렇게 반박할 것이다. 다음 달 또는 내년에 무슨 일이 일어날지 어떻게 알죠? 그들은 우리가 장담할 수 있는 것은 단 하나뿐이라고 응수할 것이다. 다음 달 또는 내년은 지금 우리가 살아가는 이 시간과는 다를 것이며, 그렇기에 그때가 되면 지금 우리가 가진 지식과 현재 우리가 사용하는 노하우 대부분이 무효가 될 것이라고 말이다(다만 어떤 부분이 무효가 될지 짐작할 수는 없다). 또한 틀림없이 우리가 배운 것 대부분을 잊어야만 할 것이고, 오늘날 우리가 자랑스러워하고 칭찬받는 많은 것들을 없애야 할 것이라고(이번에도 어떤 것이 그 대상이 될지는 짐작할 수 없다) 말이다. 그리고 오늘 가장 많이 추천받은 선택이 내일이면 수치스러운 실수로 매도될 수도 있다고 말이다. 그렇다면(그렇지 않냐고 그들이 물을 것이다) 우리가 정말로 최우선으로 습득해야 할 기량은 **유연성**(*굿대 없음*을 중립적으로, 따라서 현재로서는 정치적으로 올바르게 지칭하는 말) ─ 부채로 탈바꿈해 버린 과거의 자산을 빨리 잊고 신속하게 처분하는 능력이자, 방향과 행로를 즉각 후회 없이 바꾸는 능력 — 이다. 우리가 영원히 기억해야 할 것은 그 무엇에든, 그 누구에게든 일생을 건 충성을 맹세하는 일은 피해야 한다는 것이다. 어쨌든 좋은 일은 갑자기 느닷없이 나타나고, 또 갑작스럽게 사라지는 경향이 있다. 그러니 의도적이든 의도적이지 않든, 마치 좋은 일을 영원히 붙잡을 수 있을 것처럼 행동하는 어리석은 자들은 화를 입으리라…….

요즘에도 우리는 인생 전체의 시나리오를 미리 쓰는 꿈을 꿀 수 있고, 심지어 그 꿈을 실현하기 위해 열심히 노력할 수도 있다. 하지만 아무리 자신이 꿈꾸던 시나리오라 해도 이제는 하나의 시나리오를 고수하는 것이 위험할 뿐만 아니라, 더 나아가 자살 행위가 될지도 모른다. 예전의 시나리오는 심지어 리허설을 시작하기도 전에 구식이 돼 쓸모없어져 버릴 수 있다. 용케 개막일까지 살아남더라도, 공연은 가증스러우리만치 짧게 끝날 수 있다. (인생 전체는 고사하고) 인생의 한 무대 전체를 미리 구상해 놓은 하나의 시나리오에 바치는 것은 확실히 많은 작품을 올릴 기회를 몰수당하는 셈이다(얼마나 많은 작품이 있는지는 모르지만……). 이런 작품들은 더 최신식이고 현재 유행에 맞기 때문에 더 유망하다. 결국 새로운 기회들이 계속해서 노크한다. — 하지만 언제 어떤 문을 두드릴지는 알 수 없다.

예를 들어 톰 앤더슨의 사례를 살펴보자. 예술을 공부한 그는 아마도 공학 관련 노하우가 많지 않고, 기술적 작동 방식에 대한 개념도 거의 없었을 것이다(사실은 청소년기에 해커 활동을 했다. - 옮긴이). 우리 대부분처럼 그도 현대적 전자 제품을 사용했지만, 우리 대부분처럼 그 역시 컴퓨터에 뭐가 들어 있는지, 어떻게 해서 저 자판이 아니라 이 자판을 누르면 모니터에 다른 것이 아니라 이것이 뜨는지 추측하고 생각해 보는 데 많은 시간을 쏟지 않았던 것이 틀림없다. 아마 그 자신도 놀랐겠지만, 그러다가 어느 날 갑자기 컴퓨터 세계에서 '소셜 네트워킹'의 창조자이자 선구자로 칭송받았고, 일약 '제2의 인터넷 혁명'이라는 별칭이 붙은 현상의 창시자로 불리기 시작했다. 그의 블로그는 아마 원래는 주로 사적인 소일거리로 만들어진 것 같지만, 불과 몇 년 사이에 젊고 어린 네티즌들이 몰려드는 마이스페이스라는 회사로 진화했다(나이 많은 네티즌들은 이 신생 회사와 그 엄청난 인기를 전해 듣긴 했지만, 어쩌면 이 회사를 깔봤던 모양이다. 혹은 기대수명이 기껏 하루살이쯤 되는 또 하나의 지나가는 유행이나 우스꽝스러운 발상으로만 생각하고 조롱했을 것이다). 이 '회사'는 여전히 이렇다 할 이익을 내지 못하고 있었고, 앤더슨은 아마도 경제적 이윤을 낼 방도를 몰랐던 것 같다(아마 그러고 싶은 강한 의지도 없었던 것 같다). 그러던 중 2005년 7월, 루퍼트 머독이 그때까지 얼마 안 되는 푼돈만으로 살아남은 이 회사를 인수하겠다며 앤더슨은 팔 겠다고 한 적도 없는데 먼저 5억 8,000만 달러를 제안했다……. 머독의 마이스페이스 인수 결정은 세상에서 가장 기발하고 정교한 마법의 주문보다 훨씬 더 정확하게 이 세계의 포문을 열었다. 한몫 잡으려는 자들이 그 뒤를 따라 다이아몬드 원석을 찾으러 웹으로 재빨리 몰려들었다. 야후가 '소셜 네트워킹' 범주에 속하는 또 다른 웹사이트를 10억 달러에 인수했고, 2006년 10월에는 구글이 16억 달러를 마련해서 또 다른 사이트인 유튜브를 확보했다. — 또 다른 아마추어 팬인 채드 헐리와 스티브 첸이 순전히 가내수공업 방식으로 시작한 유튜브는 생긴 지 겨우 1년 반밖에 되지 않은 사이트였다. 2007년 2월 8일, 그들의 절묘한 아이디어에 대한 대가로 헐리는 3억 4,500만 달러 상당의 구글 지분을, 첸은 시장가격으로 3억 2,600만 달러의 지분을 받았다는 소식이 《뉴욕 타임스》를 통해 전해졌다.

후기 중세 시대와 초기 르네상스 시대 이후로 화가, 조각가, 음악가가 전기 형식의 전통 설화를 표현할 때 단골 모티브로 삼았던 것이 바로 운명의 여신에게 '발탁'되는 이야기였다. 이때 운명의 여신은 아직 세상의 인정을 받지 못했거나 단지 진가를 제대로 드러내지 못했을 뿐인 재능 있는 숨은 인재들을 찾는 지략이 뛰어난 후원자 또는 거만한 보호자의 모습으로 표현됐다

(물론 고대 세계에서는 그렇지 않았다. 고대인들은 예술을 마법과 같은 신의 창조를 순종적으로 충실히 묘사하는 방법이라고 여겼다. 고대 그리스인들은 "신의 영감을 받아 창작한다는 생각과 창작품에 대한 금전적 보상을 양립해서 생각할 수 없었다."[6] 고대에는 '예술가가 된다는 것'은 곧 금욕과 가난을 의미했다. 금전적인 성공은커녕 모든 종류의 세속적인 성공보다는 '세상을 등지고 사는 것'이 연상됐다).

지나가는 오만한 행인에게 '발탁되는' 신화가 근대의 문턱에서 나오게 된 데는 이유가 있다. 출생 신분을 마치 항소가 금지된 종신형처럼 여겨 온 사회에서 ― 이런 사회에서는 자수성가한 남자를 생각도 할 수 없었다(당연히 자수성가한 여자를 상상할 여유는 더욱 없었다). ― 개개의 예술가들이 갑작스레 부와 명성을 얻는 전대미문의 사례들을 설명하기 위해서였다. 또한 '규범' ― 권력, 힘, 권위, 영향력이라는 세속의 질서와 부와 영광에 대한 권리 ― 을 서서히 약화하는 것이 아니라, 오히려 이를 완고하게 강화하고 재확인하는 방향으로 이런 예외적인 사례들을 설명하기 위해서였다. 당시에는 장차 대가의 반열에 오를 예술가들이 사회 밖으로 완전히 내몰린 처지는 아니더라도 대개는 미천한 신분 출신이었다. 그런 그들이 '발탁' 신화를 통해 알게 된 것이다(최소한 신화는 그렇게 암시했다). 신이 내려 준 재능을 지닌 최고의 인재들이 흔치 않은 불굴의 의지와 지칠 줄 모르는 헌신적인 열성을 제아무리 쏟아부어도 이것만으로는 자신들의 운명을 실현하기에는 부족하다는 사실을 말이다. 다른 방법으로는 결코 도달할 수 없는 명성과 부와 존경의 땅으로 자신들을 끌어올려 줄 강력한 도움의 손길이 없으면 불가능하다는 사실을 말이다.

현대가 도래하기 전까지는 '운명의 여신과의 만남'이란 전설은 거의 독점적으로 예술가들에게만 국한된 이야기였다. 당연하다. 화가, 조각가, 건축가, 작곡가처럼 훗날 '순수예술'로 명명된 분야의 종사자들만이 미천한 지위를 벗어나, 국왕이나 교황은 아니더라도 왕자나 추기경과는 겸상할 정도로 신분 상승에 성공한 거의 유일한 사람들이었기 때문이다. 하지만 현대가 진행됨에 따라 계급 장벽을 허무는 사람들의 범위가 넓어졌다.

'벼락부자'가 된 사람들이 늘어나면서 '운명의 여신과의 만남'에서 영감을 받은 이야기들이 민주화돼 모두에게 적용됐다. 이제 이런 이야기들 안에는 모든 *인생* 예술가, 즉 일상적인 삶이라는 일상적인 예술을 하는 일상적인 사람들의 인생에 대한 기대가 담겨 있다. 결국 요즘에는 누구나 '운명의 여신을 만날' 가망이 있는 운명이 됐다. 성공과 행복한 삶으로 인도해 줄 뜻밖의 행운을 한 번 또는 연이어 만날 가능성을 누리게 된 것이다. 만약 의미 있고 성공적이며 전체적으로 행복한 인생을 만드는 일이 '운명의 여신과의 만남'에 달렸다면, 행운이 찾아오길 희망하고 나아가 기대하는 것이 옳다. 그리고 그렇게 되도록 도와야만 한다. — 이를 위해 전력을 다해 개인의 상상력을 발휘하고, 가까스로 모은 모든 자원을 능숙하게 활용해야 한다. 달리 말하자면 모든 *가능성*을 총동원해야 한다…….

사실이다. 거지에서 부자로 기적처럼 신분 상승한 이야기의 주인공으로 각광받으며 대중의 감탄과 환호를 받는 사람들은 주로 순수예술 종사자들(좀 더 정확히 말하면 갑작스러운 유명세 덕에 더 이상의 논쟁 없이 '순수예술'을 하는 사람으로 분류된 그리 많지 않은 행운아들)이다. 가령 50페니짜리 유리 재떨이 바닥에 신문지에서 아무렇게나 잘라 낸 팝 아이돌 사진을 붙여 장식해 2파운드에 팔곤 하던 한 소녀의 이야기가 그렇다. 소녀는 런던 동부의 칙칙하고 작은 골목에 있는 칙칙한 작은 상점에서 자신의 때가 오기만을 기다린다. — 어느 날, 상점 앞에 리무진 한 대가 도착하고, 신데렐라 이야기 속 요정 대모가 호박으로 황금 마차를 만든 것처럼 차에서 내린 위대한 예술 후원자가 그녀의 정돈되지 않은 침대를 값을 매길 수 없는 순수예술 작품으로 변모시킬 때까지…….

순수예술 대가들의 이야기(더 정확히 말하면 마법처럼 대가로 변한 소년, 소녀의 이야기)는 수 세기에 걸친 전통 있는 스토리텔링으로 단단히 무장한 것이 장점이다. 이런 이야기들은 우리의 **유동하는 현대**의 분위기에 특히 잘 어울린다. **초기 근대**의 이야기들(가령 백만장자가 된 구두닦이 소년의 전설 같은 이야기)과 달리 인내, 근면, 자기희생 등 어색하고 가시밭길 같고 정이 가지 않는 이슈들에 대해서는 침묵을 지키기 때문이다. 이런 이슈들은 예전에는 인생에서 성공하려면 반드시 필요하다고 여겨졌다. 반면에 현재 인기 있는 유명한 시각예술가들이나 행위예술가들의 이야기에서는 전념을 다한다는 **식**의 활동과 그런 활동 **방식**이 폄하된다. 유동하는 현대 세계에서는 그 어떤 가치 있는 활동도 궁극적으로는 그 가치가 오랫동안 유지되지 않기 때문이다. 유동하는 현대의 전형적인 이야기들이 초점을 맞춘 일반 원칙은 따로 있다. 위험하게 추가된 재료는 제아무리 흔하고 평범하며 특별하지 않더라도 자애로운 운명과 결합하면 '인생'이라는 탁한 액체에서 반짝이는 성공의 결정체를 만들 수 있다는 것이다. 재료는 **어떤 것이든 좋다**. 반드시 고전적인 근대 이야기들에 나오는 단조롭고 고된 일이나 금욕, 자기희생이 아니어도 된다.

이런 상황에서 컴퓨터 네트워크의 발명은 대단한 도움이 됐다. 인터넷의 많은 미덕 가운데 하나는 케케묵은 양자 간의 대립에서 한쪽 편을 들어야 하는 어색한 상태에 종지부를 찍었다는 것이다. 오래돼 이제는 구닥다리가 돼 버린 대립, 즉 일과 여

일론 머스크가 인정한 유일한 공식 전기!

트럼프 2기 정부의 실세가 된 일론 머스크!
그가 그리는 큰 그림은 어디까지 이어질까?

월터 아이작슨 지음 | 안진환 옮김 | 760쪽 | 정가 38,000원

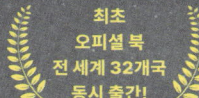
최초
오피셜 북
전 세계 32개국
동시 출간!

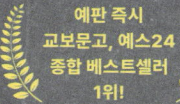
예판 즉시
교보문고, 예스24
종합 베스트셀러
1위!

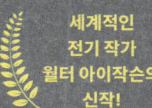
세계적인
전기 작가
월터 아이작슨의
신작!

**수많은 논란 속에서도 1%의 가능성에 모든 걸 걸며
인류의 미래를 바꾸는 이 시대 최고의 혁신가,**

일론 머스크의 모든 것!

**월터 아이작슨의 2년간의 밀착 취재와
130여 명의 인터뷰를 통해
처음 공개되는 놀랍도록 솔직한 이야기!**

공상과학 소설과 비디오 게임에 탐닉하던 괴짜 소년은
어떻게 시대의 혁신가가 되었는가?

독서는 일론에게 심리적 안식처가 되었다. 때때로 그는 오후부터 밤늦은 시간까지 9시간 내내 독서에 몰두하기도 했다. 가족 전체가 누군가의 집에 저녁 초대를 받기라도 하면 일론은 그 집의 서재에 틀어박혀 있곤 했다. 시내에 나간 날에는 거리를 배회하다 결국에는 서점에 들어가서 바닥에 앉아 자기만의 세계로 빠져들곤 했다. 그는 만화책도 깊이 탐닉했다. 하나의 목적에 매진하는 슈퍼히어로들의 열정이 특히 그를 매료시켰다. "다들 항상 세계를 구하려고 하잖아요. 생각해보면 속바지를 겉에 입거나 몸에 딱 붙는 철제 수트를 입은 게 이상하지만, 어쨌든 세상을 구하려고 애쓰잖아요." 일론의 말이다.

– [3장. 아버지의 집으로] 중에서

공감 능력 제로, 지킬 박사와 하이드 같은 양면성의 비밀을 밝혀낸다!
일론 머스크를 다양한 관점과 균형 잡힌 시각으로 바라볼 수 있게 하는 책

**이 책을 읽지 않고는 감히
일론 머스크를 안다고 논하지 말라!**

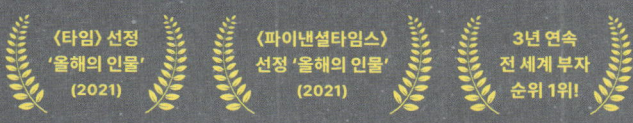

《타임》 선정
'올해의 인물'
(2021)

《파이낸셜타임스》
선정 '올해의 인물'
(2021)

3년 연속
전 세계 부자
순위 1위!

"머스크보다 지구상의 생활에 더 지대한 영향을 미친 인물은 거의 없다.
그는 지구 밖 생활에도 누구보다 큰 영향을 미칠 것으로 보인다."
- 《타임》

테슬라, 스페이스X, 솔라시티, 보링컴퍼니,
뉴럴링크, 오픈AI, 휴머노이드 로봇까지…
'지하에서 우주까지' 모든 걸 바꾸는 남자, 일론 머스크!
그가 만드는 지구의 미래는 어떤 모습일까?

인공지능에 대한 머스크의 관심은 다양한 관련 프로젝트의 출범으로 이어졌다. 인간의 뇌에 마이크로칩을 심는 것을 목표로 하는 뉴럴링크, 인간을 닮은 로봇인 옵티머스, 수백만 개의 영상으로 인공신경망을 훈련시켜 인간의 뇌를 시뮬레이션할 수 있는 슈퍼컴퓨터 도조 등이 여기에 포함된다. 그는 또한 테슬라 자동차의 자율주행 기능을 개발하는 데 집착하게 되었다. 처음에는 이러한 노력들이 다소 독립적으로 진행되었지만, 결국 머스크는 인공일반지능이라는 목표를 추구하기 위해 엑스닷에이아이(X.AI)라는 새로운 챗봇 회사를 설립해 그 모든 것을 하나로 통합하기에 이른다.

- [40장. 인공지능] 중에서

• 세계 최고의 전기 작가, 월터 아이작슨이 조명한 천재들 •

이노베이터
창의적인 삶으로 나아간 천재들의 비밀

월터 아이작슨 지음 | 정영목·신지영 옮김 | 값 42,000원

* 아마존 베스트셀러 1위
* 〈뉴욕타임스〉〈워싱턴포스트〉〈파이낸셜타임스〉
  〈월스트리트저널〉〈포브스〉 등이 꼽은 최고의 책

**'최초의 컴퓨터에서 트위터와 페이스북까지,
디지털 혁명을 선도한 창의적인 천재들의 이야기'**

세상을 바꾸는 혁명을 일궈낸 창의적인 천재들의 이야기를 담고 있는 이 책은 '시대를 앞서간 기술들은 어떻게 만들어지는가? 이런 혁신적인 생각을 하는 사람들은 무엇이 다른가?'라는 질문에서 시작되었다. 불확실성이 지배하는 미래에 대한 두려움을 극복하고 이노베이터로 거듭나는 비밀이 궁금한 사람들에게 새롭고 분명한 해답을 제시한다.

레오나르도 다빈치
인간 역사의 가장 위대한 상상력과 창의력

월터 아이작슨 지음 | 신봉아 옮김 | 720쪽 | 값 68,000원

* 뉴욕타임스 베스트셀러 1위
* 7200페이지 다빈치 노트에 담긴 창의력의 비밀!

**스티브 잡스, 빌 게이츠⋯ 21세기를 빛낸 혁신가들의 롤모델!
"인간적인 너무나 인간적인 천재, 레오나르도 다빈치
그 창의력의 비밀은 과연 무엇인가?"**

세상을 떠난 후 500년이라는 세월이 지났지만, 21세기를 사는 사람들에게 여전히 강력한 영향력을 행사하고 있는 레오나르도 다빈치. 그가 남긴 7200페이지 분량의 노트를 연구해 집필한 이 책에는 그의 작품에 관한 다양한 뒷이야기와 함께 그가 가진 호기심과 상상력, 창의력에 집중해 그에게서 우리가 배워야 할 삶의 자세를 담아냈다.

가, 노력과 휴식, 목적의식이 분명한 행동과 나태, 전력을 다하는 것과 태만 사이의 대립에서 벗어날 수 있게 된 것이다(이는 인터넷의 미덕이자, 인터넷이 어지러울 정도로 빠르게 성장한 주요 원인 가운데 하나이기도 하다. 1997년만 해도 무시해도 좋을 만큼 얼마 되지 않았던 인터넷 사용자 수가 2010년에는 25억 명을 넘을 것으로 예측된다. 한 해(2006년) 동안의 이메일 통신량만으로 "태초 이래 모든 인류 언어로 전달한" 정보량보다 20퍼센트나 더 많은 정보를 생성했다[7]). 복잡한 웹사이트의 숲을 획획 헤쳐 나가며 컴퓨터 앞에서 보내는 시간, 이런 시간은 무슨 시간에 해당할까? 일하는 시간일까, 아니면 오락 시간일까? 노동의 시간일까, 쾌락의 시간일까? 어느 쪽인지 여러분은 딱 잘라 말하지 못할 것이다. 어느 쪽이 맞는지 모르기도 하지만, 솔직히 말하면 어느 쪽이든 개의치 않기 때문이다. ─ 이런 무지와 무관심의 죄는 사면받아야 한다. 운명이 손을 내밀기 전까지는 이 같은 딜레마에 확실한 답을 하고 싶어도 할 수 없기 때문이다.

그러므로 2006년 7월 31일에 집계된 인터넷상 블로그 수가 5,000만 개라는 사실은 그리 놀랍지 않다. 게다가 뒤이은 집계에 따르면, 그 뒤로 블로그가 하루 평균 17만 5,000개씩 늘어났다고 한다. 그렇다면 이들 블로그는 '인터넷 대중'에게 어떤 정보를 제공할까? 바로 블로그 소유자/저자/운영자에게 일어나는 모든 일을 알려 준다(하지만 뭐가 이 세계의 루퍼트 머독이나 찰스 사치 같은 사람들의 관심을 단숨에 사로잡을지는 알 수 없는 노릇이다……). '개인 사이트', 즉 블로그를 만드는 일은 로또의 또 다른 변종에 불과하다. 우리는 당첨 표를 예측할 수 있는 규칙이 있다고 착각하든 아니든, '만일의 경우'를 대비해 로또를 사러 간다. 이때 규칙을 충실히 지켜 좋은 결과를 얻으려면, 그 규칙이 최소한 배워서 기억할 수 있는 것이어야 한다. 수많은 블로그를 조사한 존 란체스터에 따르면, 어떤 블로거는 아침 식사로 뭘 먹었는지 아주 자세히 보고하는 글을 올렸는가 하면, 어떤 블로거는 전날 밤의 즐거웠던 게임에 대해 묘사했다고 한다. 한 여성 블로거는 자기 파트너의 은밀하고 비밀스러운 결점에 대해 불평했고, 어떤 블로거는 못생기게 나온 반려견 사진을 올렸다고 한다. 경찰 생활의 불편함에 대한 사색의 글을 게시한 블로거가 있는가 하면, 중국에 사는 한 미국인의 성 착취 관련 내용을 수집한 블로그도 있었다.[8] 이처럼 블로그 내용은 천차만별이지만, 모든 블로그 혹은 거의 모든 블로그를 아우르는 한 가지 공통점이 있다. 가장 사적인 경험과 가장 은밀한 모험임에도 부끄러움 없이 진실성 있게 단도직입적으로 공개한다는 점이다. 거칠게 표현하면, 자기 자신을 (혹은 최소한 자기 자아의 일부분이나 일부 측면을) 시장에 내놓는 것에 전혀 거리낌 없다. 어쩌면 지나가던 영향력 있는 네티즌이 어떤 아이템을 보고 잠시 멈춰 서서 자세히 들여다보는 일이 벌어질 수도 있지 않겠는가? 어쩌면 잠재적 구매자, 나아가 돈 있고 힘 있는 구매자의 상상력에 불을 붙일 수도 있지 않을까? 아니면 처음에는 평범한 네티즌들의 관심만 받지만, 화제가 되면서 영향력 있는 사람들의 이목을 끌게 될 수도 있지 않을까? 그러면 그들로부터 거절할 수 없는 제안을 받은 블로거의 시장가격이 천정부지로 치솟는 일이 벌어질 수도 있지 않을까? 가장 개인적이면서도 소위 비밀스러운 일을 공개적으로 고백하는 것(이야기가 흥미진진할수록 좋다)은 일종의 '대체화폐'와 같다. 이는 더 '진지한'(이렇게 적고 '재력 있는'이라고 읽는다) 투자자들이 일상적으로 쓰는 화폐를 사용할 여유가 없는 사람들이 의지할 수 있는 화폐이다. 희미한 희망이더라도, 인생이라는 예술이 만들어 내는 예술품(objets d'art)이 감탄과 존경을 받을 희망이 없다면, 인생이라는 예술은 거의 무의미하다. ─ 그 장소가 길거리나 광장 한복판이든, 아니면 누군가의 은밀한 안방이나 컴퓨터실이든 말이다…….

많은 해박한 예술비평가들의 주장에 따르면, 요즘은 예술이 생활세계 전반을 장악했다고 한다. 이른바 지난 세기의 전위예술가들이 품었던 헛된 꿈이 실현된 것이다. ─ 물론 그들이 원하고 희망한 승리의 모습과 반드시 일치하는 것은 아니다. 예술은 일단 승자가 되면 자신의 존재를 뚜렷이 보여 줄 예술 작품이 더는 필요치 않은 것 같다.

분명 전위예술이 전성기를 구가하던 얼마 전만 해도, 예술은 살아남을 권리가 있음을 입증하려 고군분투했다. 이를 위해 세상과 세상에 사는 사람들에게 예술이 쓸모 있음을 문서로 증명하려 노력했다. 그러려면 견고하고 지속 가능한 흔적으로 남을 수 있는 예술적 업적을 남겨야 했다. 예술이 제공하는 가치 높은 서비스를 입증해 줄 탄탄한 증거가 필요했다. — 손으로 만질 수 있으며, 아마도 흔적들은 지워지지 않고, 증거들은 파괴되지 않아 영원히 지속될 것이라고 약속해야만 했다. 하지만 지금은 사정이 완전히 달라졌다. 예술은 견고한 존재 흔적 없이도 그럭저럭 잘해 나갈 뿐만 아니라, 자칫 너무 오래 눌러앉지 않도록 조심하며, 이를 위해 쉽게 빨리 지우기 힘든 깊은 흔적은 남기지 않으려는 것 같다. 현재의 예술은 주로 예술 창작품을 빨리 조립하고 신속하게 해체하는 데 전문화된 것처럼 보인다. 적어도 조립과 분해를 동등하게 유효하고, 가치 있고, 필수적인 예술 창작 형태로 취급한다. 가령 유명한 미국 출신 예술가 로버트 라우션버그 Robert Rauschenberg 가 또 다른 미국의 유명 예술가 빌럼 더코닝 Willem de Kooning 의 드로잉 작품을 지워서 만든 작품이 대표적이다. 그는 더코닝이 종이 위에 남긴 연필 흔적을 완전히는 아니어도 거의 모두 열심히 지웠다. 이 작품에서 컬렉터들의 지갑을 열게 공헌한 부분, 즉 라우션버그가 창조해 낸 부분은 바로 지우고 남은 흔적들이었다. 이런식으로 라우션버그는 *파괴*를 예술 *창작*의 반열에 올려놨다. 그는 자신의 행위를 통해, 세상에 흔적을 *각인하는* 것이 아니라 남겨진 흔적을 완전히 *지우는* 행위가 예술이 동시대인들에게 제공하는 소중한 서비스라고 주장했다. 가장 유명하고 영향력 있는 현대 예술가들 가운데 이런 메시지를 보낸 사람은 단연코 라우션버그만이 아니었다. 예를 들어 '자기 파괴적 예술'의 선구자이자 1966년 파괴 예술 심포지엄을 주최한 구스타프 메츠거Gustav Metzger를 꼽을 수 있다. 지금껏 자국들을 양각이나 음각으로 돋보이게 하거나 다른 방식으로 — 가능하면 영구적으로 — 두드러지게 하는 행위가 독점하던 위치를 이제는 흔적 지우기 또는 발자국 덮기가 차지했고, 그 위치를 계속 유지하고 있다. 이런 일은 다른 차원 — 인생 예술 — 에서도 일어나고 있다. 가장 긴급히 필요한 삶의 도구를 실험하고, 인간의 존재 조건에 대한 가장 중대한 도전을 직면하고 처리해야 하는 무대가 되는 곳에서도 말이다.

실제로 앞서 언급한 순수예술의 최근 변화 및 이와 관련된 모든 내용이 가장 흔하고 보편적으로 행해지는 예술 장르인 *삶*

의 예술에 온전히 다 적용된다. 사실 순수예술에서 일어났고 여전히 일어나고 있는 운명적 출발은 삶의 예술에서, 또는 적어도 가장 과시적인 삶의 예술 변종들에서 일어나는 변화를 따라잡으려는 예술가들의 노력에서 비롯된 것으로 보인다. 다른 많은 측면과 마찬가지로, 이 경우에도 순수예술은 인생을 **복제한다**. 대부분의 경우, 순수예술계의 새로운 조류는 생활양식 속 변화를 조금 뒤늦게 따른다. — 물론 순수예술 창작자들이 최선을 다해 이런 변화를 예상한 결과, 때로는 이런 변화가 일상생활 속 관행으로 매끄럽게 녹아들도록 영감을 주거나 촉진하는 데 성공하기도 한다. 하지만 '창조적 파괴'는 예술가들이 미처 발견하기도 전에 이미 일상생활에서 가장 흔하고, 진짜 일상적으로 응용되는 방편으로 널리 행해지고 자리 잡은 상태였다. 따라서 라우션버그의 행위는 '구상회화'의 의미를 업데이트하려는 시도로 해석될 수 있겠다……. 인간의 경험(경험 Erfahrungen과 체험 Erlebnisse이라는 두 가지 형태 모두)을 낱낱이 보여 주고 전시해 쉽게 이해할 수 있게 만들고 싶은 전문 예술가나 미래의 예술가라면, 자신이 만든 작품이 이런 경험을 충실히 표현하기를 바라는 예술가라면, 누구나 메츠거의 선언을 따라야 한다. 가면 뒤에 가려져 있는 창조와 파괴 사이의 밀접한 상관관계를 뚜렷이 드러내 면밀히 살펴볼 수 있게 한 라우션버그를 본보기로 삼아야 한다…….

낡은 페르소나를 재창조하다

우리의 유동하는 현대 세계에서 삶의 예술을 행한다는 것, 즉 인생을 하나의 '예술 작품'으로 만든다는 것은 항시적 변화 상태에 있다는 것이다. 다시 말해 지금까지의 내가 아닌 **다른 누군가**가 되는 (또는 적어도 그러려고 노력하는) 과정을 통해 영구적으로 자신을 재규정하는 것이다. 하지만 '다른 사람이 되는 것'은 지금까지의 나이기를 **중단**하는 것과 같다. 뱀이 허물을 벗듯, 갑각류가 껍질을 벗듯, 자신의 낡은 모습을 깨뜨리고 떨쳐 버리는 것이다. 낡아 빠진 페르소나를 하나씩 차례대로 내치는 것이다. ─ 이렇게 하는 이유는 향상된 새로운 기회들을 꾸준히 접하면서 예전의 페르소나가 너무 낡고 답답하다고 느끼거나, 과거만큼 완전히 만족스럽지는 않다고 느끼기 때문이다. 새로운 자아를 공개하고 마치 거울을 보듯 다른 사람들의 눈에 비친 그 자아를 보고 감탄하려면, 자신의 시야와 다른 사람들의 시야에서 예전의 자아를 제거해야 한다. 가능하면 자신의 기억과 다른 사람들의 기억에서도 지워야 한다. '자기규정'과 '자기주장'을 진행하는 동안, 우리는 **창조적 파괴**를 실행하는 셈이다. 그것도 매일매일.

많은 이에게는 이처럼 새로운 버전의 삶의 예술이 충분히 매력적이고 그럴싸해 보일 수 있다. 특히 젊은이들은 주로 얕고 쉽게 지워지는 흔적만 조금 남겼기에 더욱 그렇다. 인정하건대 이들이 새 버전에 매력을 느끼는 데는 그럴 만한 이유가 있다. 이 신종 예술이 무한할 것처럼 보이는 기나긴 미래의 기쁨을 약속하기 때문이다. 게다가 즐겁고 만족스러운 삶을 찾는 사람들은 결코 궁극적이고, 결정적이며, 돌이킬 수 없는 패배로 고통받지 않는다고도 약속한다. 문제가 생기면 그때마다 두 번째 기회와 회복할 가능성이 생겨 더 이상의 손해를 막고, '다시 출발하고', '(새로) 처음부터 시작할' 수 있다고도 약속한다. — 혹은 심지어 '다시 태어나는' 동안(이렇게 적고 '바라건대 더 사용자 친화적이고 운이 좋은 또 다른 '유일한 가용 게임'에 합류하면서'라고 읽는다) 잃은 것을 되찾거나 심지어 완전히 보상받을 수 있다고 약속한다. 이렇게 되면 연속된 창조적 파괴 행위 가운데 파괴적인 부분은 쉽사리 잊힐 수 있다. 또한 새로운 전망과 아직 검증되지 않은 약속이 선사하는 달콤함이 상실의 쓰라린 뒷맛을 잠재울 수 있다.

앞서 언급했듯 장폴 사르트르는 '인생 계획'을 꾸준히 실현하는 것이 삶의 예술의 정수라고 주장했다. 그 시절에는 연속적인 인생의 상황들과 도전들이 각각 자립적이고 독립적인 에피소드로 보이지 않았다. 대신에 맞는지 틀린지는 몰라도, 사전에 설계된 여정을 이루는 **여러 단계**로 인식됐다. 엄격하고 '자연스러운' 순서에 따라, 어쩌면 사전에 예정된 순서에 따라 차례로 정렬된 단계들로 말이다. 마치 묵주 구슬과 비슷하다. 묵주 구슬은 미리 정해진, 흥정할 수도 바꿀 수도 없는 순서로 꿰어져, 묵주 기도를 하는 사람은 누구든 반드시 이 순서를 따라야 한다.

사르트르가 주장한 방식에 따르면, 인생의 첫 순간부터 마지막까지 인생의 궤적은 우리가 인생의 첫발을 떼기도 전에 설계된 여정을 따라간다. 사르트르의 인생 계획^{projet de la vie}은 세속적인 의미에서 구원의 길을 뜻했다. 세속적인 관점에서 인생을 영원한 은총과 영원한 지옥행의 교차로로 가는 순례의 길로 봤다. — 다만 세속적 관점에서는 은총, 구속, 구원은 내세의 삶에서 쓸모가 없었다. 세속적 관점에서는 순례와 그 최종 목적지 모두 이 세상의 물질적 삶에 완전히 포함됐다. 하지만 세속적 시각과 종교적 시각, 양측 모두 인생을 **궁극적으로** 지정된 목적지로 가는 **순례**로 봤다. 또한 일단 목적지가 정해지면, 목적지에 어떻게 도달할지 정확한 지침을 습득할 수 있다고 여겼다. 그러면 순례자의 몫과 책임으로 남는 것은 오로지 그 길을 충실히 따르는 의무를 다하는 것뿐이다. 지름길로 추정되는 길로 가고 싶은 유혹과 경치가 더 좋은 길이나 걷기 더 편한 길로 가고 싶은 유혹에 흔들리지 않으면서 말이다.

끈기 있고, 단호하고, 강인한 사람들이라면 여전히 전심전력을 다해 사르트르의 제안을 따를 수도 있다. 하지만 벅찬 과제를 선택하기는 했지만 끝까지 해낸다는 보장은커녕 합리적으로 생각했을 때 그럴 수 있다는 현실적인 희망조차 없다는 사실을 알면, 그들은 분명 그 과제가 정말로 벅차다는 것을 알아차릴 것이다. 그러면 그들은 자신이 헌신해야 하는 강도와 자신이 직면할 시험의 엄격성, 시험을 통과하기 위해 희생해야 하는 정도를 놓고 저울질할 것이다. 이런 사람들은 (나머지 우리와 마찬가지로) 순례 기간의 여행 조건이 현재와 거의 같으리란 것을 틀림없이 알고 있다. 즉 사회적 위치와 삶의 원천은 변함없이 취약하고, 사람들 사이의 유대는 부스러질 만큼 약하며, 사람들이 갈망하는 가치는 카멜레온처럼 변하고, 여론이 관심과 노력을 기울일 만하다고 여기는 문제도 끊임없이 달라진다는 것을 말이다. 이는 마치 주변의 모든 것이 결탁해 헌신적인 순례자들의 삶을 힘들게 해서 도저히 좋아할 수 없게 만드는 것만 같다. 한번 내린 결정을 굽히지 않는 고집과 충성심 때문에 그들에게 벌을 내리는 것만 같다.

앞에서도 언급했지만, 사르트르가 통찰한 대로 인생을 경험하면서 사르트르의 메시지에 공감했던 사람들은 실험용 쥐의 혹사를 바탕으로 한 심리학도 배웠다. 실험실에서 쥐들은 그토록 갈망하는 보상을 '지금부터 영원히' 약속하는 미로의 유일한 탈출구를 '지금부터 영원히' 찾고, 배우고, 기억하고, 따라가야만 했다. 달리 표현하면 쥐들의 인생 과제는 ***적응하기*** 위해 배우고 ***생존하기*** 위해 적응하는 것으로 여겨졌다. ― 이를 위해 쥐들은 질서 있고, 견고하며, 동요하지 않고, 흥정으로 바꿀 수 없는 세상에 자신들의 행동을 맞췄다. 하지만 만약 오늘날에도 미로 속 쥐 실험에서 지혜를 얻는 심리학을 배워야 한다면 어떨까? 학생들에게 이 심리학을 자신들이 사는 세상을 공정하게 반영한 것으로, 자신들의 고유한 인생 경험과 관련된 모형으로 이해시키려면 어떻게 해야 할까? 그러려면 미로 속 칸막이들 밑에 바퀴를 달고 실험을 할 때마다 옮겨야 할 것이다. 목표를 달성했을 때 받는 상도 실험을 할 때마다 항상 예상치 못한 새로운 곳에 배치해야 할 것이다. 그런데 그러면 문제가 생긴다. 예전에는 인생을 지속적이고 궁극적인 세상의 요구에 지속적이고 궁극적으로 적응하는 것으로 생각했다. 이 생각은 미래의 인생 실행자들을 가르치는 데 쥐의 경험을 활용하는 근거가 됐다. 그런데 이제는 교사들과 학생들의 눈에 전적으로 부조리하고 터무니없지는 않더라도, 적어도 모호해 보이는 생각이 됐다.

우리가 사는 세상과 같은 곳에서는 추구할 가치가 있다고 여겨지는 목표가 모두 짧은 순간 동안만 눈앞에 나타난다. 이런 목표는 대개 지금까지 유망하고 찾아갈 만하다고 알려진 데가 아닌 곳에서 나타난다. 아니면 (더 나쁜 경우에는) 과거에는 성공적으로 걸어갔던 터라 잘 검증됐다고 여겼으나, 이제는 방향을 잃고 헤맬 수 있는 길들이 있는 곳에서 나타난다. 이런 세상에서는 장기적 모험을 계획하는 것이 위험할 수밖에 없다. 그리 많지 않은 사람들, 비범한 자질을 타고난 사람들만 기꺼이 위험을 감수하고 높은 실패 확률을 받아들인다. 온통 함정과 매복이 도사린 세상에서는 지름길이 선호된다. 짧은 시간 안에 완료할 수 있는 프로젝트와 즉각 명중시킬 수 있는 표적에 보상이 따른다. 뿐만 아니라 '지금 즐기고 대가는 나중에'라는 식의 태도는 장려하는 반면 '결국 다 어떻게 되는 걸까?'와 같은 성찰과 우려는 하지 못하게 막아선다. 이는 마치 묵주의 실이 끊어지면서 묵주 구슬들이 사방으로 흩어져 버린 것과 같다. 이제는 어떤 묵주 구슬을 제일 먼저 집는지가 중요치 않다. '합리적인' 방법은 당장 제일 가까이에 있어 최소한의 노력과 시간을 들이면 되는 묵주 구슬을 집는 것이다.

(재래식 탄도미사일과 대비되는) '스마트' 미사일의 경우가 그렇다. 도구적 합리성 전략(선택 가능한 도구 가운데 목적 달성에 가장 효과적인 것을 선택하려는 전략. 도구가 목적을 효과적으로 잘 달성하면 합리적인 것이라고 본다. - 옮긴이)에 따라, 작전의 우선 목표물이 발사 전에 정해지는 일은 거의 없다. 대체로 목표물은 (만약 드러난다면) 작전 후에 사후 추가 사항 또는 예기치 않은 결과로 나타난다. 이와 마찬가지로 세상에서도 행동의 '목적'이 동기가 돼 행동을 결정하고 영향을 미치기보다는, 일련의 사건들이 다 지난 다음에 되돌아보며 행동의 '목적'을 찾거나 발견하거나 해석하는 경향이 있다.

역설적이지만, 노골적 강요에 의지하지 않고 폭력으로 위협하지 않는 압력이야말로 저항하고 맞서 싸우고 격퇴하기 가장 어렵다. "반드시 해야 해(또는 반드시 하지 말아야 해). 그러지 않으면."과 같은 식의 명령을 받으면 분한 마음이 들고 반항심이 싹튼다. 반면 "네가 원하는 거잖아. 넌 누릴 자격이 있어. 마땅히 네가 누려야지. 얼마든지 가질 수 있잖아. 자, 어서 해 봐."와 같은 제안은 끊임없이 칭찬에 목마른 자기애^{amour de soi}를 자극한다. 이런 제안은 영원히 충족되지 않는 자존감을 부채질하고 미지의 영역을 탐험하도록 부추긴다……

우리 소비자 사회에서는 시장이 최신 상품을 동원해 생활 방식을 추천하고, 시장의 대변인들이 자발적으로 또는 보수를 받고 이를 칭송한다. 이런 사회에서는 현재 유행하는 생활 방식을 복제하고 싶은 강한 욕구와 자신의 정체성과 공적 페르소나를 끊임없이 점검하고 싶은 강박적 충동이 더 이상 **강요**와 결부되지 않는다(여기서 말하는 강요란 *외부*의 강요를 뜻한다. 이런 강요는 외부에서 오기에 더 공격적이고 짜증을 유발한다). 반대로 이런 욕구나 충동은 (기분 좋고 만족스러운) **개인의 자유**를 표현한다고 받아들여지는 경향이 있다. 사람들은 손가락 사이로 빠져나가는 영원한 미완의 정체성을 좇는 일을 포기하고 물러나야만, 또는 그런 정체성을 좇는 일에서 배척되거나 선험적으로 입장이 거부돼야만, 그 자유가 얼마나 제한적인지를 깨닫는다. — 경주 트랙을 소유하고/소유하거나 관리하고, 입구를 지키고, 주자들을 재촉해 달리게 만드는 세력이 얼마나 강력한지를 깨닫는다. 그제서야 그들은 불운한 사람들과/사람들이나 복종하지 않은 사람들에게 가해지는 처벌이 얼마나 가혹한지를 안다. 예금 잔고와 신용카드가 없어 입장료를 낼 수 없는 사람들은 이것이 사실임을 너무도 잘 안다. 다른 많은 이들도 낮에는 바쁘게 물건을 사고팔다가 밤이면 찾아오는 어두운 예감에서 이런 공포심을 감지하기도 한다. — 혹은 예금 잔고가 마이너스가 되거나 가용한 신용이 0으로 떨어지면 발동되는 적색경보를 접하면 훨씬 더 생생하게 느낀다.

인생 궤도가 표시된 도로 표지판은 거의 사전 경고 없이 나타나고 사라진다. 그래서 미래의 어느 시점에 지나갈 구역의 지도는 거의 매일 업데이트돼야 한다. ― 그리고 비록 비정기적으로 예고 없이 진행되기는 하지만 그렇게 되고 있다. 많은 출판사가 지도를 인쇄해 판매하기 때문에 신문 판매점 어디서든 충분히 구할 수 있다. 하지만 그중에 미래를 통제한다고 주장하는 믿을 만한 기관의 '공인'을 받은 지도는 하나도 없다. 여러분이 어떤 지도를 보고 움직일 방향을 정하든, 그 위험과 책임은 오롯이 여러분의 몫이 되는 것이다. 간단히 말해 정체성을 찾는/정립하는/개혁하는 사람들의 인생은 골칫거리투성이이다. 특히 삶의 예술에 대단히 많은 돈과 끊임없는 노력이 필요하고, 강심장이 요구되는 경우도 많다. 삶의 예술은 환희와 더없는 행복한 순간을 약속하고, 한 번쯤은 약속대로 이 모든 것을 안겨 준다. 그런데도 극소수 사람들은 진짜 선택의 자유가 주어졌을 때도 이런 인생을 계속 실행할 만한 삶으로 보기를 주저한다. 당연하다.

이처럼 주저하는 사람들을 가리켜, 자유에 철저히 적대적이거나 최소한 무관심하다고들 흔히 이야기한다. 또는 자유를 즐길 정도로 충분히 성장하고 성숙하지 않은 것이라고 말한다……. 즉 유동하는 현대 소비자 사회의 지배적 생활 방식에 참여하지 않는 이유는 대체로 사상적인 영감을 받아 자유에 대해 분노를 느끼거나, 자유가 주는 선물과 축복을 사용할 기량이 부족하기 때문이라는 뜻이다. 하지만 이런 설명은 기껏해야 부분적으로만 맞다.

어떤 정체성이든 쉽게 변하며, 외부 자극에 취약하고, 내부적으로 나약하다. 이 때문에 정체성을 찾는 사람들은 매일같이 의무적으로 **동일시**라는 숙제를 해야 한다. 처음에는 의도적으로 시작한 일이 시간이 흐르면서 더는 깊이 생각하지 않고도 하는 일상이 되기도 한다. 이에 따라 끝없이 언제 어디서나 되풀이되던 '너는 지금의 네가 아닌 다른 사람이 **될 수 있어**.'라는 주장이 '너는 지금의 네가 아닌 다른 사람이 **반드시 돼야만 해**.'로 바뀐다. '반드시 해야 해.'라는 표현은 약속받고 기대했던 자유와는 거리가 먼 느낌이다. 이 표현에 많은 사람이 반발한다면, 그것은 자유에 대한 그들의 진심 어린 열망에서 우러나온 것이다. '반드시 해야 하는 일을 할 때' 필요한 실질적인 자원이 있든 없든, '반드시'라는 표현을 접하면 상상할 수 있는 그 어떤 모습의 자유보다는 노예 상태와 억압이 더 떠오른다. 몇몇 사람에게는 고기를 주고 (많은? 대부분의?) 다른 사람들에게는 독을 준다면,

결과적으로는 모두에게 음식과 독을 섞어서 주는 셈이다. '자유로움'의 의미가 자신의 바람에 따라 행동할 수 있고 자신이 선택한 목표를 추구할 수 있는 것이라면, 유동하는 현대의 소비지상주의적 관점에서 삶의 예술은 모두에게 자유를 **약속할지는** 모르지만, **약속을 *지킬 때는*** 인색하게 선별적으로만 자유를 준다. 로이크 바캉이 지칭하듯 상당히 많은 주변부의 '프리케리엇 precariat'(불안정한 precarious과 프롤레타리아 계급 proletariat의 합성어로, 불안정한 노동계급을 가리킨다. - 옮긴이)은 끊임없이 불안정한 인생을 그저 살 만한 것으로 만드는 것뿐인데도, 이를 위해 타인에 의한 (적대적인) 객관화(정형화)를 통해 자신들의 '주관성'을 형성해야 한다. 이들이 속한 '심화된 주변부 advanced marginality'는 다음과 같은 특성이 있다.

경계가 나뉜 고립된 구역들에 집중되는 경향이 있다. 이런 구역들은 점차 외부자와 내부자 모두로부터 사회적 지옥 같은 곳, 즉 탈공업화사회의 대도시 한복판에 있는 나환자촌으로 인식된다. 이런 곳에서는 오로지 사회의 쓰레기만이 거주하려 할 것이다.[9]

알렉산더 네하마스는 삶의 예술에 대한 철학적 성찰들을

통찰력 있게 연구했다. 그는 유럽 철학자들이 수수께끼처럼 소크라테스라는 인물에게 매료됐던 이유를 설명한다.[10] 아니, 정확히 말하면 크세노폰과 플라톤이 생생하게 묘사한 소크라테스의 비범한 생활 방식에 매료됐던 이유를 설명한다. 소크라테스 본인은 자신의 사상에 대한 기록을 하나도 남기지 않았지만, 이 두 저자 덕분에 그의 사상은 영원히 남아 있다. 소크라테스는 자신이 왜 자신과 같은 사람이 됐는지 그 이유를 털어놓지 않고 자제했다. 네하마스의 표현처럼, 소크라테스는 "자기 자신에 대해 고집스럽게 함구했다."

근대 시대의 가장 영향력 있는 지성들과 그들의 추종자들은 많은 측면에서 서로 극명하고 심오한 차이가 있었다. 세상과 철학의 과제에 대한 인식이 달랐고, 정치적 공감력과 가치관에서 차이를 보였다. 그런데도 플라톤이 묘사하는 소크라테스를 의미 있고 품위 있는 인생의 모범으로 선정하는 데는 의견이 일치했다. 게다가 그들이 단연 소크라테스를 꼽은 이유도 거의 일치했다. 그들이 소크라테스를(특히 플라톤의 **초기** 『대화편』에 등장하는 소크라테스를) 선택한 이유는 근대사상의 조상이 된 이 고대의 현인이야말로 온전히 진정으로 '자수성가한 사람'이자 자기창조와 자기주장의 명인이었기 때문이다. 그럼에도 그는 자신이 선택한 존재 방식을 모두가 본받아야 하는 유일한 가치 있는 삶의 방식이라고 주장한 적이 없다(플라톤이 갑자기 돌변한 것은 『소크라테스의 변론』부터 시작하는 그의 후기 『대화편』에서뿐이다. 여기서 그는 기존의 태도를 바꿔, 소크라테스가 자신이 선택한 길을 고수하면서 보인 *일관성*뿐 아니라 *선택* 그 자체도 모두가 따라 하기를 권고했다. 하지만 네하마스는 플라톤 전공 학자들 사이에 널리 자리 잡은 견해에 동의하며 다음과 같이 지적한다. 플라톤은 소크라테스처럼 철학에 헌신하는 것이 품위 있는 인생을 사는 유일한 비법이라고 독자들을 설득하지만, 이를 위해 그가 소환한 논거들은 근거가 빈약하거나 결점이 많아 설득력이 없었고 그래서 상대적으로 반박하기 쉬웠다고 말이다). 소크라테스를 우리가 따라야 할 본보기로 추천한 위대한 근대 철학자들에게 '소크라테스 모방하기'는 자유롭게 *독자적*으로 *자신의 고유한* 자아를, 즉 개성과/개성이나 정체성을 구성하는 것을 의미했다. 소크라테스가 그 자신을 위해 창조한 개성이나 다른 누군가가 만들어 실행한 누군가의 개성을 그대로 복사하라는 뜻이 아니었다. '소크라테스의 방식대로' 자기 삶을 산다는 것은 *자기*규정과 *자기*주장을 의미했다. 인생은 장점과 단점에 대한 책임이 오로지 그리고 오롯이 '작자auctor'(행위자actor와 저자authur를 하나로 묶은 용어. 설계자인 동시에 그 설계의 집행자)에게 있는 하나의 예술 작품일 수밖에 없다는 사실을 기꺼이 수용하는 것을 뜻했다.

달리 표현하면 '소크라테스 모방하기'는 모방을 확고히 *거*

부하는 것을 의미했다. '소크라테스'라는 인물 — 이나 그 어떤 가치 있는 인물 — 을 모방하는 것을 거부한다는 뜻이었다. 소크라테스가 자기 자신을 위해 선택하고, 고통을 감수하며 구성하고, 부지런히 일군 인생 모형은 그와 같은 부류의 사람에게는 완벽하게 들어맞았을지도 모른다. 하지만 그렇다고 해서 소크라테스처럼 살려고 애쓰는 사람들 모두에게 반드시 맞는 것은 아니다. 소크라테스는 스스로 특정한 생활 방식을 구축하고, 사는 내내 주저 없이 확고히 그 방식에 충실했다. 하지만 이 생활 방식을 노예처럼 맹종하듯 모방하는 것은 그의 유산을 **배신**하고 그의 메시지를 **거부**하는 것이다. — 그의 메시지는 무엇보다도 사람들이 자기 자신의 고유한 이성에 귀를 기울여 각자가 자립심과 **책임감**을 지녀야 한다고 주장한다. 맹종하듯 모방하는 것은 복사기, 스캐너나 할 일이다. 이런 식으로는 절대 독창적인 예술 창작품이 나올 수 없다. (소크라테스가 주장했듯) 우리는 인생을 독창적인 예술 창작품으로 만들기 위해 애써야 한다…….

화가나 조각가와 마찬가지로 — 의도적이든 아니든 인생이라는 예술의 실행자인 — 우리는 아무 예술 창작품이나(아무 인생 모형이나) 만족하지 않는다. 우리 모두는, 아니 적어도 우리 대부분은 특별한 — 독특하고 멋진 — 것을, 참으로 '절대적인 것'

을 찾으려 드는 경향이 있다. '궁극'의 모형, 다른 모든 모형보다 뛰어난 모형, **완벽**한 모형을 추구한다. '더 뛰어난' 것은 존재하거나 상상할 수도 없기에 그 이상으로 개선될 수 없을 만큼 훌륭한 모형을 추구한다. 우리는 좋은 삶에 필요한 모든 좋은 것들을 수반하는 모형을 찾기 위해 고군분투하는 경향이 있다. ─ 그래서 이런 모형 앞에서는 그 어떤 대안도 뒤처지고, 형편없이 작으며, 가치가 떨어져 보인다. 아마도 우리가 추구하는 모형은 보편적으로 유효한 철학 시험을 통과하지 못할 것이다. ─ 하지만 이런 모형을 찾는 우리에게 이 모형은 **절대적**인 것과 다름없다.

츠베탕 토도로프는 '절대'를 찾는 사람들이 마주치기 쉬운 너무도 흔한 함정은, 사랑을 찾는 사람들이 너무도 흔히 접어드는 우회로와 놀라울 정도로 유사하다고 경고한다.[11] 널리 알려진 잘못된 믿음과는 정반대로, 사랑이 그렇듯이 '절대' 역시 당장 쓸 수 있도록 미리 만들어져 있으면서 발견되기만을 기다리지 않는다. '절대'는 **창조**해서 그 안에 숨을 불어넣어야 하는 것이다. ─ 게다가 **일회성** 창조 행위만으로는 생기지 않는다. 절대는 **항시적** 창조 상태에서만 존재할 수 있고, 매일같이 매시간마다 끊임없이 **재**창조돼야 한다. ─ 절대적인 것들은 **발견되는** 것이 아니라 **만들어진다.** 이들은 오로지 **만들어짐**의 양상으로만 존재한다. 정체성을 찾는 사람들이 알든 모르든, 그들이 꿈꾸는 절대의 가치와 매력은 자기 창조라는 고된 노동에 있다.

사실이다. 우리는 절대에 가까운 완벽과 우연히 마주칠 수도 있다(완벽에 가까운 사랑과 마주칠 수 있듯). 아주 흔한 일은 아니지만, 완벽을 갈구하는 다른 예술 작품들과 마찬가지로 꿈에 그리던 절대 역시 일종의 '발견된 대상'으로서 삶을 시작할 수 있다. 하지만 조금이라도 헌신과 경계가 약해지고 관심과 주의가 소홀해지면 절대를 (마찬가지로 '우연히') 잃을 수 있다. 우리 인생을 인도하고 인생의 산물을 평가하는 최고 기준으로 선택된 '절대 가치'는 우리가 고집스럽게 헌신하고, 지속적으로 단호하게 선택하고, 끈기 있게 노력하는 만큼 (딱 그만큼만) 유지된다.

토도로프는 선택했다. 그는 (미지의) 독자들에게 추천할 수 있을 만큼 자신의 선택에 확신이 있었다. 그의 견해에 따르면 인생이 진리, 아름다움, 선함, 사랑에 이르거나 최소한 가까이 다가갈 때 성공적인 예술 작품에서 느낄 법한 최대의 만족감을 느낄 수 있다. 달리 표현하면 다음과 같다. 우리가 보편적 범주들을 열망하고, 이를 위해 부지런히 노력하는 이유는 그 범주들의 도구적 쓸모 때문이 아니라 그 본질 때문이다. 바로 이런 보편적 범주들에 다가가는 삶에서 최대의 만족감을 얻을 수 있다는 말이다. 하지만 역설적으로, 이 같은 우리의 추정과 구두 선언에도 불구하고, 이 경우에 우리가 추구하는 것은 '*개인적* 절대'이다(문제가 되는 범주들이 강력한 매력을 몰수당하지 않으려면 우리는 이렇게 추정해야만 한다. 우리의 선택이 사회적 승인을 얻기를 바란다면 이런 선언을 해야만 한다). 그런데 이 표현은 분명 모순됐다. 즉 논리적으로 불가능하다. '절대'는 정의상 당연히 **보편적**이고, 그래서 **초**개인적이며, 이런 의미에서 **비**개인적이기 때문이다. 따라서 '개인적 절대'는 논리에 반한다……. 하지만 개인적 절대에 논리 원칙을 따르면 탈락 사유가 되는 내적 모순이 있든 없든 상관없다. 토도로프가 시사하듯 우리가 매력적이고 사랑스럽고 즐거우며 진정 의미로 가득하고 의미로 가득 채우는 삶을 쓰레기 같은 싸구려 장신구와 찰나의 재미를 모아 놓은 삶과 구별할 수 있는 것은 바로 '개인적 절대' 덕분이다(개인적 절대는 선택자가 *개인적*으로 책임을 지면서 *개인적*으로 선택하고 *개인적*으로 최고 가치의 반열에 올린 것이다).

여러분이 어떤 시각을 가졌든, 삶의 예술을 성찰하면 궁극에는 *자기*결정과 *자기*주장이라는 개념에 이른다. 또한 이런 벅찬 과제를 직시하는 데 꼭 필요한 강한 의지도 생긴다.

위대한 소설가이자 그에 못지않게 생의 철학자였던 막스 프리슈는 그의 수첩에 이렇게 적었다. '자기 자신 되기'의 예술은 모든 예술 가운데 가장 힘든 예술임이 거의 틀림없다. 타인에 의해 주어지거나 주입된 규정과 '정체성'을 단호히 거부하고 물리쳐야 하기 때문이다. 흐름에 저항하고, 군중에서 나서 군중을 통해 강력해진, 우리를 무력하게 붙잡는 하이데거의 비개인적 보통 사람들$^{das\ Man}$에서, 혹은 사르트르의 사람들$^{l'on}$에서 벗어나야 하기 때문이다. 간단히 말해 '자기 자신 되기'라는 예술은 외부 압력에 의해 모든 이에게 강요되는 모습대로 되는 것이 아니라 '다른 누군가가 되는 것'이다. 프리슈의 다채로운 문학작품들(특히 『호모 파버』, 『슈틸러』나 『나를 간텐바인이라고 하자』)은 이런 주장을 확장해 소설화한 해설서라고 볼 수 있다.

이기주의를 퍼트리는 이데올로기

프랑수아 드싱리는 우리의 개인화된 사회에서 가장 흔한 인생 경험들을 종합하는 괄목할 만한 작업을 했다. 여기서 그는 삶의 예술을 행하는 개인 실행자들을 치유할 수 없는 극심한 불확실성과 끊임없는 망설임의 상태에 가두는 딜레마들을 열거했다.[12] 인생을 살다 보면 양립할 수 없고, 심지어 극명하게 대립하는 목표물 사이를 오갈 수밖에 없다. 가령 합류와 탈퇴, 모방과 발명, 일상과 즉흥 사이를 오가는 것이다. ― 이런 대립들은 모두 메타 대립^{meta-opposition}의 사례에 불과하다. 개인적 삶은 이런 최고의 대립 안에 포함돼 있어, 거기서 빠져나올 수가 없다. 이러한 메타 대립은 바로 **안전**과 **자유**의 대립을 말한다. 우리는 이 둘을 모두 열렬히 갈망하지만, 이 둘을 조화시키기란 고통스러울 정도로 어렵다. 또한 이 둘을 동시에 완전히 충족시키기란 사실상 불가능하다.

 삶의 예술이 빚은 작품은 그 예술가의 '정체성'이 돼야 한다. 하지만 자기 창조를 통해 이들 대립을 화해시키려는 노력은 아무 소득도 얻지 못한다. 끊임없이 변하는 세상은 변화하는 인생 조건을 따라잡으려 애쓰는 개인들의 불안정한 자기규정과 상호작용한다. 이런 상황에서 정체성은 내적 일관성을 유지할 수 없으며, 어떤 시점에서도 더는 개선의 여지가 없는 (그리고 개선하고 싶은 충동을 일으키지 않는) 최종적인 것이 될 수 없다. 정체성은 영구적으로 생성 상태^{in statu nascendi}에 머문다. 정체성이 연이어 취하는 모습들은 하나하나가 다 다소 극심한 내적모순에 시달린다. 각각의 모습은 정도 차이는 있으나 만족감을 주지 못하고 개혁을 갈망하게 한다. 또한 안심될 정도로 기대수명이 길어야만 생기는 신뢰감도 주지 못한다.

 클로드 뒤바르가 주장하듯 "정체성은 다양한 사회화 과정의 결과일 뿐이다. — 이 결과는 안정적인 동시에 잠정적이며, 개인적인 동시에 집단적이며, 주관적인 동시에 객관적이며, 전기적인 동시에 구조적이다."[13] 사회화 과정은 개인을 구성하는 동시에 제도도 규정한다. 하지만 얼마 전에 보편화돼 빈번히 거론되는 견해들과 달리, '사회화' 자체는 일방적 과정이 *아니라고* 할 수 있다. 그 대신 자기 창조를 위한 개인적 자유에의 갈망과 안전에 대한 강한 욕구 사이에서 계속 이루어지는 상호작용이 낳은 복잡하고 불안정한 산물이라고 할 수 있다. 이때 안전은 사회가 승인 도장을 찍고, 준거 공동체community of reference(들)가 함께 서명한 경우에만 보장된다. 이 두 갈망과 욕구 사이의 긴장은 오랫동안 좀처럼 완화되지 않으며, 긴장이 완전히 사라지는 일은 거의 없다.

드싱리의 정확한 지적처럼 오늘날의 정체성에 대한 이론을 세울 때는 '뿌리'와 '뿌리 뽑기'로 (같은 유형의 비유를 덧붙이자면 '심기'와 '파내기'로) 비유하는 대신 — 이런 비유는 개인이 출신 공동체의 보호와 감독에서 벗어나는 단 한 번의 해방 행위가 최종적이며, 돌이킬 수 없음을 암시한다. — 닻을 내리고 올린다고 비유하는 편이 더 나을 듯하다.[14]

실제로 '뿌리 뽑기'나 '파내기'의 경우와 달리, 닻을 올리는 행위에는 궁극적이기는커녕 돌이킬 수 없는 요소가 하나도 없다. 뿌리는 뿌리를 내리고 자라난 토양에서 뽑혀 나오면 말라 죽을 가능성이 크다. 그러면 뿌리에서 영양분을 공급받던 식물은 죽어 버리고, 이 식물이 회복하는 것은 기적에 가깝다. — 반면 닻을 올리는 유일한 이유는 다시 내리기 위해서로, 닻은 멀든 가깝든 서로 다른 기항지에서도 비슷한 난이도로 쉽게 내릴수 있다. 게다가 뿌리는 거기서 자라날 식물의 모양을 미리 설계하거나 결정한다. 뿌리는 다른 모양이 나올 가능성을 배제한다. 하지만 닻은 명시적으로 한 장소에 임시로 붙었다 떨어지는 역할을 하는 시설물이지, 결코 선박의 특성과 품질을 규정하지 않는다. 닻을 내렸다가 다시 올리기까지, 그동안의 시간은 선박의 전체 항로를 이루는 일부 단계에 불과하다. 다음에 닻을 내릴 정박항을 선택하는 문제는 대부분 선박이 현재 운반 중인 화물의 종류에 따라 결정된다. 어떤 화물에는 적합한 정박항일지라도 다른 화물에는 전적으로 부적합할 수 있다.

대체로 닻의 비유는 '뿌리 뽑기'의 비유가 놓치는 것을 포착한다. 모든 현시대의 정체성, 또는 최소한 점점 늘어나는 현시대의 정체성의 역사 속에 뒤얽힌 연속과 단절을 놓치지 않는다는 말이다. 다양한 기항지에 연속적으로 또는 간헐적으로 계류하는 선박들이 그렇듯 '준거 공동체' 안에서 자아는 정거장에 멈출 때마다 신임장을 확인받고 승인받는다(자아는 자신의 정체성을 인정받고 확인받는 일생에 걸친 여정 동안 준거 공동체로 입장하려 애쓴다). 제출해야 하는 증빙 자료에 관한 요구 사항은 '준거 공동체'마다 다르다. 일반적으로 선박의 항해 기록과/기록이나 선장의 항해일지가 승인 여부를 좌우한다. 그래서 새로운 곳에 정박할 때마다 (앞선 정박 기록이 늘어나면서 끊임없이 불어난) 과거를 재심사받고 재평가받는다.

물론 일부 공동체와 마찬가지로, 어떤 항구는 신임장을 꼼꼼히 확인하지 않고 방문객의 과거, 현재, 미래의 목적지에 별로 신경 쓰지 않는다. 이런 항구는 사실상 아무 선박(또는 아무 '정체성')이나 입항을 허락한다. 다른 항구라면 대부분 입구에서(또는 다른 공동체라면 검문소에서) 거부할 법한 선박들도 허락한다. 하지만 이렇게 되면 이런 항구(와 이런 '공동체')에 정박해도 '신분 확인' 측면에서는 거의 가치가 없으므로 이런 곳에 정박하는 것은 피하는 편이 좋다. 이런 곳에 귀중한 화물을 내려놓으면 결국 미래의 어느 시점에는 자산보다 부채가 될 수 있기 때문이다. 역설적이지만, 자아가 해방되려면 강력하고 까다롭고 요구가 많은 공동체라는 도구가 필요하다.

자기 **창조**는 반드시 해야 하는 필수적인 일이자, 실제로 불가피하게 성취할 수밖에 없는 일이기도 하다. 반면 자기 **긍정 확언**이라는 개념은 순전히 상상의 산물처럼 느껴진다(자폐증이나 자기기만 사례로 많이 매도되기도 한다). 긍정과 긍정을 완수하는 행위와 목적이 뒤따르지 않는다면, 자기 창조에 투자한 이 모든 노력이 개인의 지위, 확신, 행동 능력에 어떤 변화를 불러오겠는가? 그런데 자기 창조라는 고된 작업을 완수할 수 있는 긍정은 오로지 **권한**에서 나온다. 공동체에 *들어가는 것이 중요한* 이유는 *입장을 거부할 힘이 공동체에 있기 때문이다*……. 심지어 가장 독창적인 여정조차도 연이은 기항지들을 열거해 놓은 것에 불과하다.

장클로드 코프만이 주장하듯 오늘날 '소속'은 "주로 자아의 재료로 쓰인다."[15] 그는 '소속 집단'이라고 해서 반드시 '통합형 공동체'라고 생각해서는 안 된다고 경고한다. 그보다는 개인화 과정에 반드시 수반되는 것으로 생각하면 이해가 쉬울 것이다. 도로 위에 있는 일련의 정류장이나 여인숙이 스스로 형성하고 스스로 개혁하는 자아의 궤적을 표시한다고 상상해 보라.

'통합형 공동체'는 이제는 지난 시절이 된 '패놉티콘panopticon' 시대로부터 물려받은 개념이다. 이것은 '우리'와 '그들', '내부'와 '외부'를 나누는 경계선을 뚜렷이 긋고 강화하려는 조직적인 노력을 지칭한다. 내부 수용자들은 내부에 있게 하고 외부인들은 들어오지 못하게 하며, *내부자들*이 규범을 어기거나 일상의 지배력을 느슨하게 풀지 못하게 만들려는 노력을 말한다. 대체로 이 개념은 획일성을 촉진하고 행동에 대한 구속을 강화하는 것을 가리킨다. 또한 움직임과 변화에 가해지는 제약을 시사한다. '통합형 공동체'는 본질적으로 보수적인(보호하고, 안정시키고, 일상을 강제하고, 보존하는) 세력이기 때문이다. 이 공동체는 엄격히 관리되고, 치밀하게 감독받고 감시받는 환경에서 편안함을 느낀다. ― 이는 오로지 (또는 주로) 변화를 위해 속도와 가속화, 참신함과 변화를 숭상하는 유동하는 현대 세계에서는 거의 불가능한 일이다.

오늘날에는 과거의 '고정된 근대'로부터 물려받은 전통적 형태의 패놉티콘 도구들이 주로 사회적 주변부에서 활용된다. ― 소비자 사회에서 배제된 사람들이 이 사회의 진짜 구성원들 대열에 재진입하는 것을 막고, *추방자들*이 비행을 저지르지 못하게 하는 데 쓰인다. 현재 오웰의 '빅 브라더'나 제러미 벤담의 '패놉티콘'의 업데이트 버전으로 오인되는 것은 사실 이른바 원조들과는 정반대편에 있다.

이 장치는 '통합하고', '계속 안에 머물게 하고', '선을 벗어나지 않게 하는' 데 활용되는 것이 아니라, *배제하고* '계속 밖에 머물게 하는' 일에 이용된다. 또한 *외부인들*이 내부자가 되거나 내부자로 가장하지 못하도록 그들의 움직임을 모니터한다. ― 이렇게 하면 내부자들이 안에서 편안함을 느낄 수 있을 뿐만 아니라, 그 덕분에 패놉티콘 장치로 감시를 덜고 강제력을 행사하지 않아도 그들이 내부 규칙을 잘 따른다.

'주류'에 속하는 개인들은 자신들의 인생 여정 가운데 어느 한 단계에서는 초개인적 개체들에 충성하지만, 그래 봤자 다음 단계나 그다음 단계에서는 충성을 거둬들인다. 이 초개인적 개체는 과거의 **통합형** 공동체와는 전혀 다르다.

초개인적 개체는 사람들이 변두리에서 왕래하는 것을 모니터하지 않으며, 어느 방향으로든 경계선을 건너는 것도 기록하지 않는다. 개인이 '합류'하거나 '떠나기'로 결정하는 것도 거의 알아채지 못한다. ― 이런 모니터링, 등록, 기록 업무를 담당하는 관청도 운영하지 않는다. 이들 개체는 현재 '소속된' 사람들을 통합하는 것이 아니라, 개인들이 '합류'해 '패턴을 따르기'로 결정해야 하나의 완전체가 되고 '완전체로 유지'된다(물론 쉽게 저지하고 뒤집을 수 있는 느슨한 방식으로 전체를 이룬다는 점은 인정한다). 이런 결정이 내려지는 순간부터 대규모 이탈이 시작되기 전까지 완전체는 유지된다.

정통적인 '통합형 공동체'와 오늘날의 '소속'이라는 형태와 징표 사이에는 또 한 가지 중대한 차이가 있다. 다시 한 번 코프만을 인용하자면 "신원 확인 과정의 대부분은 타인을 거부하는 것에서 출발한다."**16**

한 집단에 접근하는 행위는 동시에 어떤 다른 집단에서 벗어나거나 물러나는 행위이기도 하다. 어느 한 집단을 소속될 장소로 고르면, 일부 다른 집단들은 잠재적으로 적대적일 가능성이 있는 이질적인 영토가 된다. '나는 P이다.'라고 하면 '나는 Q, R, S 등이 아니다.'라는 의미이다(대부분 명시적으로 그렇지만, 그렇지 않더라도 적어도 은연중에는 그런 의미이다). '소속'은 분리와/분리나 대립이 반대편에 공존하는 동전의 한 면과 같다. ─ 그래서 집단 간 원망, 적대감, 공개적 충돌이 싹트는 경우가 흔하다. 앞서 서술한 내용은 모든 '소속' 사례, 즉 접근해서 충성하는 모든 사례에 다 적용된다. 하지만 현대 시대가 진행되는 동안, 이런 보편적 특징이 상당한 변동을 겪었다. *정체성 정립*에서 일생에 걸친, 사실상 미완의 *신원 확인* 과정으로 변한 것이다. 어쩌면 가장 중대한 변동은 독점을 원하는 '소속 개체'의 야망이 퇴색한 것일 터이다.

앞서 주장했듯 정통적인 '통합형 공동체'와 달리 '소속'의 지시 대상들은 '구성원들'의 헌신도를 모니터할 도구가 없다. 또한 구성원들의 확고한 신의와 전적인 충성을 요구하고 장려하는 데도 관심이 없다.

오늘날의 유동하는 현대 환경에서는 한 개체에 '소속'된 상태에서 다른 개체들에도 소속될 수 있다. 개체 간의 거의 모든 조합이 가능하며, 그렇다고 반드시 어느 한 개체로부터 비난을 받거나 억압적 조치를 당하지도 않는다. 소속감은 과거에 비해 강도가 크게 떨어지는 경향이 있다. '소속된 사람들'의 당파심과 마찬가지로, 소속감 역시 동시에 작용하는 다른 충성심 때문에 그 열정과 열의가 많이 누그러지기 때문이다. 요즘에는 '온전한 자신'을 그대로 다 하나에 '소속'시키는 경우가 거의 없다.

누구든 인생의 어느 순간에나 소위 '다중 소속'돼 있기 때문이다. 이제는 부분적으로만 충실하다고 해서, 또는 '사안마다' 개별적으로 충실하다고 해서 배신은커녕 반드시 불충하다고 여기지 않는다.

이에 따라 오늘날에는 (문화적) '혼성'(서로 다른 분리된 종에서 파생된 특유의 특징들을 조합하는 것) 현상을 새롭게 인식한다. 과거에는 신분 하락déclassement의 징표라며 노골적으로 비난하거나 눈살을 찌푸리게 했는데, 이제는 하나의 미덕이자 특출함의 상징이 됐다. 문화적 우월성과 사회적 명성이 새로운 기준으로 떠오르면서 ('진짜'든 자칭이든) '혼성체'들이 대체로 이 새로 부상한 위계의 상위권을 차지한다. 또한 '혼성성'을 보여 주는 것이 사회문화적으로 신분 상승을 하는 데 매우 유리한 도구가 되고 있다.

반면 하나의 폐쇄적인 가치관이나 행동 패턴에 영원히 스스로 갇히거나 그렇게 강요당하는 것은 점차 사회문화적 열등함이나 박탈로 여겨지고 있다. 이제는 '통합형 공동체'가 주로, 어쩌면 오로지 사회문화적 사다리의 아래 단에만 존재할 수도 있다.

이러한 새로운 환경은 삶의 예술을 향해 지금껏 없었던 전망의 창을 열어 준다. 자기 창조의 자유가 이처럼 숨 막힐 정도로 흥분되면서도 동시에 두려운 경지에 이른 적은 한 번도 없었다. 지향점과 유익한 안내에 대한 필요성이 이처럼 강하게 또는 고통스럽게 느껴진 도 없었다. 더군다나 확실하고 믿을 만한 지향점과 신뢰할 만한 안내가 이처럼 부족한 적도 없었다(적어도 필요성의 크기와 정도에 비해 매우 부족하다).

분명히 짚고 넘어가자. **확실하고 믿을 만한** 지향점과 **신뢰할 만한** 안내가 현재 골치 아플 정도로 부족하다. 그런데 이런 부족 현상이 일어나는 것과 동시에 안내서들이 끊임없이 쏟아져 나오고 조언자들이 대대적으로 배출되면서 솔깃한 방향 제안이나 매력적인 방향 제의도 전대미문으로 급증하고 있다(이는 역설적인 일이지만 전혀 우연이 아니다). 하지만 이렇다 보니 약속을 지킬 것 같은 방향을 찾기 위해, 잘못 인도하거나 완전히 기만적인 제안들로 뒤얽힌 덤불을 헤치고 나가는 일은 더더욱 혼란스러운 과제가 된다……

2007년 6월, 새로 당선된 니콜라 사르코지 프랑스 대통령이 텔레비전 인터뷰에서 이렇게 선언했다. "나는 이론가가 아닙니다. 공론가도 아닙니다. 아, 나는 지성인이 아닙니다! 나는 구체적인 사람입니다!"[17] 그가 하고자 한 말은 뭐였을까?

확실한 점은 그가 '공론가'처럼 특정 신념을 변함없이 고수하면서 다른 신념을 단호히 거부하는 사람이 아니라는 의미는 아니었다는 것이다.

어쨌든 그는 강한 견해를 가진 사람으로 기록돼 있다. 그는 '생각보다 행동'을 확고히 믿으면서, 대통령 선거운동 기간 중 프랑스 국민에게 '더 많이 일하고 더 많이 벌자'고 호소했다. 그는 유권자들에게 부자가 되려면 더 열심히 더 오랜 시간 일하는 것이 좋다고 거듭 말했다(이런 호소가 프랑스인들에게 매력적으로 들렸던 것 같다. 하지만 현실적으로 타당하다고 만장일치로 믿었던 것은 전혀 아니다. 여론조사 회사 TNS-소프르^{TNS-Sofres}의 조사에 따르면, 프랑스 국민 중 일해서 부자가 될 수 있다고 믿는 사람들은 40퍼센트인 반면 39퍼센트는 복권 당첨으로 부자가 될 수 있다고 생각하는 것으로 나타났다). 이런 선언들이 진심인 한, 이 선언들은 이데올로기가 되는 조건을 모두 충족할뿐더러 이데올로기가 수행할 법한 주요 기능도 수행한다. 즉 사람들에게 해야 할 일을 지시하면서, 그렇게 하면 이로운 결과가 생긴다고 그들을 안심시키는 기능을 한다. 또한 대안적 신념에 대해 적대적이고 당파적인 태도를 보인다. 보통 이것은 이데올로기의 전매특허로 여겨지는 특징이다.

'우리가 지금껏 알던 이데올로기'의 특징들 가운데 어쩌면 딱 한 가지만 니콜라 사르코지의 인생철학에 없는 것 같다. 바로 '사회의 총체성'에 대한 통찰이다. 에밀 뒤르켐이 주장했듯 총체로서의 사회는 "사회를 이루는 부분들의 총합보다 더 크다."(가령 감자 한 부대와 달리) 그 안에 포함된 개별 단위들의 총합으로 축소해 버릴 수 *없다*는 말이다. *사회*의 총체성은 자신의 고유한 사적 목표를 추구하고, 자신의 고유한 사적 욕망과 규칙에 따라 움직이는 *개인*들의 총합으로 요약될 수 없다. 반면 프랑스 대통령의 반복된 공개 발언 내용은 그저 이렇게 축소해 버리는 것을 시사할 뿐이다.

'이데올로기의 종말'에 대한 예언들은 일찍이 약 20년 전에 널리 퍼졌고 받아들여졌으나, 이런 예언이 이미 실현됐거나 곧 실현될 것으로는 보이지 않는다. 오히려 우리는 현재 '이데올로기'의 개념이, 호기심이 일 정도로 특이하게 비틀어지는 광경을 목격하고 있다.

오랜 전통에 반항하는 차원에서, 현재 고위층에서 대중적 용도로 지지하는 이데올로기가 있다. 바로 '총체성'에 대해 생각하고 '좋은 사회'에 대한 비전을 구축하는 것이 시간 낭비라는 신념이다. 왜냐하면 이런 일들은 개인의 행복과 성공적인 인생과는 무관하기 때문이란다.

이런 새로운 유형의 이데올로기는 ***사유화된 이데올로기***가 아니다. 사실 이런 개념은 모순적으로 들린다. 원래 안전과 자신감을 선사하는 것은 이데올로기의 역작$^{tour\ de\ force}$이자 이데올로기의 매력을 이루는 주요 조건이다. 그런데 이런 역작은 **공공의 대대적인 지지가 없으면 만들어질 수 없다.** 그래서 오히려 ***사유화의 이데올로기***라고 하는 편이 맞다.

'더 일하고 더 벌자'는 호소는 개인들에게 보내는 호소이자 오로지 개인용으로만 적합한 호소이다. 이런 호소는 '사회를 생각하고' '사회(공동체, 국가, 교회, 명분)를 돌보자'는 과거의 호소를 쫓아내고 그 자리를 대신 차지하고 있다. 이런 변화의 방아쇠를 당기거나 변화를 가속하려 한 것은 사르코지가 처음이 아니다. 시기적으로 보면 마거릿 대처의 잊을 수 없는 발언이 먼저였다. "사회란 것은 없다. 개인으로서 남녀가 있고 가족이 있을 뿐이다."

이는 새로운 ***개인화된 사회***를 위한 새로운 이데올로기이다. 개인화된 사회에 대해 울리히 벡은 다음과 같이 설명했다. 이제 개인은 사회에서 생긴 문제를 해결할 개인적 해결 방안을 찾아내, 개인적 기량과 자원을 개인적으로 사용해 이들 해법을 실행할 것으로 기대되고 그렇게 등 떠밀려 끌려간다.

이 이데올로기는 연대, 즉 '공동의 명분'보다 개인의 행동을 낮게 보면서 세력을 모으는 것은 부질없다고(실제로는 역효과를 낳는다고) 선포한다. 그러면서 구성원들의 안녕에 대한 공동의 책임이라는 원칙을 조롱한다. 이런 원칙은 과잉보호를 통해 오히려 약체로 만드는 '유모 국가'가 되는 비법이라 매도하면서, 타인에 대한 돌봄은 타인을 혐오스럽고 가증스러운 '의존 상태'로 만든다고 경고한다.

이는 새로 등장한 *소비자 사회*에 맞춤하게 만들어진 이데올로기이기도 하다. 이에 따르면 세상은 잠재적 소비 대상이 쌓여 있는 창고와 같고, 개인의 삶은 끊임없이 흥정을 추구하는 것과 같다.

또한 이 이데올로기는 소비자의 최대 만족을 목적으로 삼으며, 개인의 고유한 시장가치가 상승하는 것을 인생의 성공이라고 본다. 널리 수용되고 확고하게 받아들여진 이 이데올로기는 'TINA There is no alternative, 대안은 없다'라고 퉁명스레 선언하며 경쟁 관계에 있는 다른 인생철학들을 묵살해 버린다. 이렇게 경쟁자들을 무너뜨리고 그들의 입을 틀어막은 이 이데올로기는, 피

에르 부르디외의 길이 남을 표현처럼, 진정한 '유일 사상 la pensée unique'이 된다.

인기 많은 '빅 브라더' 식 텔레비전 프로그램을 '*리얼리티 쇼*'라고 부르는 데는 다 이유가 있다. 이런 명칭은 화면 밖의 삶이, 즉 '진짜'가 '빅 브라더' 경쟁자들의 화면 속 무용담과 같음을 시사한다. 거기든 여기든 생존 게임 참가자 가운데 살아남는다고 보장받은 사람은 아무도 없다.

게임을 계속해도 된다고 허락받는 것은 일시적인 유예에 불과하다. 팀에 대한 충성은 '추후 통지가 있을 때까지'만 유효하다. — 즉 개인의 흥미를 촉진하는 데 쓸모가 없어지면 살아남지 못한다는 말이다. **누군가**가 쫓겨난다는 데는 논란의 여지가 없다. 유일한 문제는 **누가** 그렇게 되냐는 것이다. 따라서 추방을 **폐지**하는 것(이 과제는 세력 규합과 연대 행동에 유리하다)이 아니라, 추방의 위협을 자기 자신에서 **다른 사람들에게로 옮기는 것**(이 과제는 자기 걱정만 장려하고, 연대를 자살행위까지는 아니더라도 비합리적인 행위로 만들어 버린다)이 쟁점이다. '빅 브라더' 프로그램에서는 매주 누군가는 **반드시** 쫓겨나야 한다. 그래야 하는 이유는 신기한 우연의 일치로 매주 규칙적으로 한 명이 부적합자로 드러나기 때문이 아니다. 진짜 이유는 텔레비전으로 보여지듯 '현실'의 규칙에 추방이 들어 있기 때문이다.

세상의 이치가 그렇듯 추방은 이른바 세계에 속한 존재의 떼려야 뗄 수 없는 측면이자 '자연의 법칙'이다. — 그래서 이에 반항하는 것은 말도 안 된다. 생각할 만한, 그것도 열심히 생각할 가치가 있는 이슈는 단 하나이다. 다음 주에 추방할 차례가 됐을 때, 자신이 추방당하는 당사자가 될 가능성을 모면할 방법을 고민하는 것뿐이다.

적어도 지구상의 부유한 지역에서는 먹고 먹히는 치열한 개인의 경쟁에서 이제는 물리적 생존을 걸고 — 또는 생존 본능에 따른 일차적인 생물학적 요구 충족을 걸고 — 다투지 않는다. 자기주장을 할 권리, 자신의 고유한 목표를 설정할 권리, 어떤 인생을 살고 싶은지 결정할 권리도 마찬가지로 걸려 있지 않다. 오히려 반대로 이런 권리를 행사하는 것이 모든 개인의 의무라고 여겨진다. 나아가 개인에게 무슨 일이 일어나든 그 일은 다 이들 권리를 행사한 결과로 치부된다. 또는 끔찍하게도 이들 권리를 행사하는 데 실패하거나 행사하기를 거부하는 잘못을 저지른 결과로 여겨진다. 그래서 개인에게 무슨 일이 일어나든, 나중에 그 일을 되돌아보면 개인들 각자의 역경에 대한 책임은 오로지 그들 자신에게만 있고, 그 책임을 다른 사람에게 양도할 수 없다는 사실을 다시 한 번 확인하게 된다. — 성공만큼 역경도 다 개인의 책임이라는 것을 재확인하게 된다는 말이다.

우리는 일단 개인이라는 배역에 캐스팅되면, 우리의 개인적 선택이라고 사전에 해석된 것, 즉 (선택에 의해서든 의도치 않았든) 우리 개인들이 실천하고 있는 삶의 형태에 대해 '사회적 인정'을 받도록 적극적으로 노력하라고 장려받는다. '사회적 인정'이란 그런 형태의 삶을 실천하는 개인은 가치 있고 훌륭한 인생을 살고 있기에, 다른 가치 있고 훌륭한 사람들처럼 존경을 받을 자격이 있음을 의미한다.

사회적 인정 이외에 선택 가능한 유일한 대안은 존엄을 부정하는 것, 즉 모욕이다. 데니스 스미스는 최근 다음과 같이 규정했다. "특정한 개인들이 …… 자신이 어떤 사람이며 자신에게 어울리는 환경이 어떤 것인지 주장할 때 어떤 행위가 이 주장을 단호하게 무시하거나 강력히 부인한다면, 그 행위는 모욕적이다."[18] 다르게 표현하면 노골적이든 은연중이든 개인들이 자신의 인격과/인격이나 자기 삶에 대해 기대한 인정을 부정당하면, 그것은 모욕적이다. 그들이 이런 인정을 받은 뒤에 얻거나 계속 누려야 하는 자격이 거부당하면, 그것도 모욕이 된다. 사람은 "자신이 자기가 생각하는 모습이 될 수 없다는 사실을 말, 행동, 사건을 통해 갑작스럽게 접하면 모욕을 느낀다. …… 모욕은 부당하게, 불합리하게, 억지로 억눌리거나, 제압당하거나, 저지당하거나, 밀려나는 경험이다."[19]

이런 감정은 분한 마음을 싹틔운다. 우리 사회와 같은 개인들의 사회에서는 원한 중에서도 가장 누그러뜨리기 힘들고 독기를 품는 감정이 바로 분한 마음일 것이다. 이는 또한 갈등, 의견 차이, 반항, 복수심을 불러일으키는 가장 흔한 원인이기도 하다. 개인들은 사회를 향해, 혹은 사회 안에서 (개인적으로 또는 미디어를 통해) 직접 노출돼 경험하는 분야나 측면에 대해 원한의 감정을 느낄 수 있다. 이런 감정을 설명하고 정당화하는 데 가장 흔히 쓰인 공식이 착취와 차별이었다. 하지만 이제는 인정에 대한 부정, 존경에 대한 거부, 추방의 위협이 이를 대신하게 됐다.

그렇다고 해서 모욕이 근대 사회의 역사 속에서 현 단계에 처음 등장한 특이한 현상이라는 의미는 아니다. 오히려 그 반대이다. 모욕감은 인류의 사회성과 유대감만큼이나 역사가 오랜 감정이다. 여기서 말하고자 하는 바는 이렇다. 개인화된 소비자 사회에서는 결과적으로 느끼는 고통과 고충을 가장 흔하고 '가장 효과적으로' 규정하고 설명하는 방법이 달라졌다. 집단 ― 또는 범주 ― 과 관련된 특징 대신 *개인적*인 지시 대상으로 바뀌었거나 바뀌는 중이라는 뜻이다.

또한 개인의 개별 고통을 사회 전체의 불의나 기능장애 탓으로 돌려 *사회* 개혁에서 치료법을 찾으려 하기보다는, 점차 개인의 존엄과 자존감에 대한 비난이나 개인적인 공격의 결과로 인식해 *개인적*인 반응이나 개인적인 복수를 촉구하는 경향이 있다.

이렇게 사회적으로 발생한 불편을 개인적으로 해법을 발명해 해소하라는 요구처럼, 개인들도 똑같은 방식으로 반응하는 경향이 있다. 이들은 개인에 초점을 둔 이데올로기의 예상을 뒤엎는 상황 전환에 반응한다. 사유화의 이데올로기는 이런 상황 전환을 개인적 **모욕**, 즉 (목표가 무작위로 정해지더라도) 개인적으로 겨냥된 모욕으로 인식하고 '이해한다.' 모욕의 첫 희생자는 자기 존중감과 안전감과 자신감이다. 타격을 받은 개인들은 품위가 실추됐다고 느낀다.

사유화의 이데올로기에서는 모든 고통이나 불편 사례마다 그 뒤에 범인이 있다고 간주한다. 그래서 품위가 실추됐다고 느끼면 품위를 실추시킨 죄를 지은 장본인들을 찾느라 혈안이 된다. 그들을 고발하게 만든 피해와 마찬가지로, 갈등과 원한도 *개인적*이라고 여겨진다. 죄인들은 찾아내 공개하고 비난하고 처벌해야 한다. 사유화의 이데올로기에서 지칭하는 '그들'도 이 이데올로기가 '우리'라고 지칭한 사람들만큼이나 개인화됐다.

앞서 이미 주장했듯 여기서 논하는 이데올로기의 중심에는 정체성 이슈가 숨어 있다. 나는 누구인가? 다른 사람들 — 내가 아는 사람들이나 간접적으로 아는 사람들, 어쩌면 지금껏 한 번도 본 적 없는 사람들 — 사이에서 내 위치는 어디인가? 내 위치를 불안하게 만드는 위협은 무엇인가? 그 위협의 배후에는 누가 있는가? 배후에 있는 사람들을 무력화해 그런 위협을 모면하려면, 나는 어떻게 대응해야 할까? 이데올로기들이 단호하고 권위 있게 답할 것으로 믿었던(그리고 여전히 그렇게 믿는) 질문들은 개인화된 사회 구성원들에게 알맞게 이런 식으로 다시 표현되고 있다.

이 새로운 이데올로기는 만하임이 생각한 (유토피아의 대척점에 있는) 이데올로기만큼이나 보수적이다. 이 이데올로기는 우리가 현재 사는 세상의 일상적인 경험들을 꺾이지 않는 우주의 법칙으로 끌어올린다. 또한 법률상 개인의 관점을 세상의 상태를 확인할 수 있는 유일한 시각으로 만든다. 우리 중에는 지략과 기량이 뛰어난 덕분에 이런 세상에서 물 만난 고기가 되는 사람들이 있다. 그런 사람들은 사유화의 이데올로기가 **모든** 법률상 개인의 마음속에 불러일으키는 기대가, 지략과 기량이 부족한 사람들의 현실적 득점 가능성과는 괴리가 크다는 것을 알아차리지 못할 수 있다. 지략과 기량이 없으면 법률상 개인이 사실상 개인의 지위로 올라서는 것은 생각도 할 수 없기 때문이다.

반면 이런 *실패한* 개인들은 그 틈 속으로 빠져 끝없는 심연을 경험하면 그 간극에 주목하지 않을 수 없다. 게다가 그들은 조만간 그렇게 될 것이 틀림없다.

세상에 알려진 다른 모든 이데올로기와 마찬가지로, 이 이데올로기도 인류를 *분열시킨다*. 그런데 그것이 다가 아니다. 이 이데올로기를 믿는 사람들마저, 일부에게는 힘을 주고 나머지는 무력화하는 식으로 분열시킨다.

이렇게 함으로써 개인화된/사유화된 사회의 특징인 만연한 갈등 상황을 악화시킨다. 또한 잠재적으로 자신의 근간을 약화할 수 있는 세력을 무력화하고 그런 에너지를 누그러뜨린다. 그리하여 개인화된/사유화된 사회를 보존하고 이데올로기 자신을 정비할 가능성을 희박하게 만든다.

The Art of Life

3장

어떤 삶을 선택할 것인가

행복 추구의 원심력과 구심력

행복하고 싶은 욕망에서 분출되는 에너지는 구심력이나 원심력 중 한 형태를 띤다. 옥스퍼드 영어 사전의 정의에 따르면 '원심'이란 "중심에서 **벗어나거나 벗어나려는** 경향"을 의미한다. '구심'은 '원심'에 반대되는 것으로, "중심으로 **향하는** 성향"을 뜻한다. 두 단어의 정의에 모두 언급되는 '중심', 즉 힘이 발원돼 퍼져 나오는 곳 — 원심력은 중심에서 '벗어나고', 원심력의 동반자가/대안이 되는 구심력은 중심으로 돌아온다. — 이 바로 *행복을 갈망하는 주체*이다. 우리 모두 행복 추구를 우리의 도전 대상이자 과제로 여기고 우리의 인생 전략으로 삼는 한 행복을 갈망하는 주체는 *우리 한 사람, 한 사람*을 의미한다.

행복을 추구할 때 우리는 모두 양자택일 상황에 직면한다. 거두절미하고 간단하게 표현하면 다음과 같다. 나의 행복을 추구할 때 **나의 고유한** 안녕을 돌보는 데 초점을 맞출지, 아니면 **다른 사람들**의 안녕을 보살피는 데 초점을 맞출지를 택해야 한다. 러셀 저코비는 자신이 강단에서 연이어 경험한 여러 세대의 학생들이 어떤 선택을 했는지 자세히 들여다봤다고 한다. "예전 학생들은 사회의 병폐를 고치겠다는 꿈을 꿨다. 하지만 ― 내가 가르치는 학생들에 기반해 말하면 ― 지금의 학생들은 좋은 로스쿨에 진학하기를 꿈꾼다."[1]

그런데 양자택일의 두 선택지가 반드시 서로 모순되는 것은 아니다. 얼마든지 양자가 갈등이나 충돌 없이, 또는 거의 없이 동시에 작동할 수도 있다. **구심력**은 '혼자 독립적으로 행동'할 수도 있어서, 그 대안인 원심력과 함께 작용하는 것이 필요조건이 아니다. 반면 **원심력**이 작용하려면 구심력이 동시에 필요하다(구심력이 중심으로 끌어당겨야 원심력과 균형을 이뤄 원운동이 가능한 것과 같다. - 옮긴이). 타인의 안녕을 보살피고 타인에게 '잘하면' '기분 좋은' 느낌도 강해진다. 짐작건대 그러면 보살피는 주체의 행복도 커진다. 이 경우, 이기심과 이타심 사이의 대립이 녹아 사라진다. 이 두 태도는 구심력의 관점에서 바라볼 때만 서로 화해가 불가능할 정도로 극명하게 대립하는 것처럼 보인다.

그러면 — 오로지 그런 경우에만 — 이런 의문들이 생긴다. '내가 왜 그에게(또는 그녀에게) 잘해야 하지?' '그렇게 하면 내게 무슨 득이 있지?' '내가 배려해야 할 만큼 그가(또는 그녀가) 내게 해 준 게 뭐지?' 그런 다음에야 득과 실, 투입-산출 비율, 비용 대비 효과에 대한 계산이 시작된다. 그리고 그런 다음에야 이런 질문이 하고 싶어진다. '내가 희생한 만큼 내게 이익이 돌아올까?' 구심적 사고방식의 관점에서 보면 원심적 추동력에서 얻는 지혜와 이익에 의구심이 든다. 심지어 역효과를 낳는다고 폄하하고 묵살하고 비난할 수도 있다.

윤리철학자들은 인생이라는 강의 양쪽 기슭을 연결하는 다리를 세우기 위해 열심히 노력해 왔다. 한쪽 기슭에는 *자기* 이익을 좇는 사리사욕이 있고, 다른 쪽 기슭에는 *타인*에 대한 배려가 있기 때문이다. 늘 그렇듯 철학자들은 설득력 있는 논거를 모아 뚜렷이 설명하기 위해 고군분투했다. 겉으로 보이는 모순을 해결하고, 합리적 의심의 여지가 없도록 — 최종적으로 — 논란에 마침표를 찍을 수 있는, 또는 최소한 그렇게 기대되는 논거를 찾으려 했다. 그들은 도덕 규범을 지키는 것이 이를 지키는 사람의 '사리사욕'에 부합한다는 사실을 보여 주기 위해 노력했다.

도덕적으로 살면 그 대가가 이익이 돼 돌아오고, 다른 사람들에게 친절하게 대하면 같은 식으로 보답받는다는 것을 보여 주려 애썼다. 간단히 말해 타인을 배려하고 타인에게 선행을 베푸는 것은 자기 자신을 돌보기 위한 귀중한 과정이자, 어쩌면 없어서는 안 되는 부분임을 증명하기 위해 노력했다. 주장들 가운데는 다른 것들보다 기발한 것들도 있었고, 권위가 뒷받침돼 더 설득력 있는 것들도 있었다. 하지만 모든 주장의 중심에는 공통적으로 실증에 준하나 실증적으로 검증되지는 않은 추정이 있었다. 바로 '내가 다른 사람들에게 잘하면 그들도 내게 잘한다.'라는 것이다.

하지만 모든 노력에도 불구하고 실증적 증거를 얻기는 어려웠다. — 혹 증거가 생기더라도 여전히 모호했다. 이런 추정은 너무도 많은 사람들의 개인적 경험과 잘 맞아떨어지지 않았다. 모든 상급賞給을 독차지하는 것은 주로 이기적이고, 무감각하고, 냉소적인 사람들이었다. 반면 상냥하고, 마음 넓고, 인정 많은 사람들은 다른 사람들을 위해 기꺼이 자신의 평안을 희생하지만 자꾸만 속고, 멸시당하고, 애처로운 처지에 놓였다. 또는 사람을 쉽게 믿고 (서로 믿는 것이 아니라) 보장 없이 무턱대고 믿는 성향 때문에 조롱당했다. 대부분 이익은 자신만 걱정하는 이기적인 사람들에게 돌아가고, 다른 사람들의 안녕을 염려하는 사람들은 대개 손실을 계산해야 하는 처지에 놓였다. 이런 증거는 얼마든지 쉽게 모을 수 있었다. 특히나 오늘날에는 이런 증거를 얻기가 나날이 쉬워지는 듯하다. 로런스 그로스버그가 표현했듯 "뭔가에 충분히 마음을 쏟고, 그것이 중요하다는 충분한 믿음을 갖게 돼, 실제로 그것에 헌신하고 자신을 바칠 수 있는 곳을 찾기가 점점 어려워지고 있다."[2] 압박을 받으면 자신의 행동 동기 이면에 있는 추론 과정을 다음과 같은 식으로 설명하는 사람들의 태도를 두고 그로스버그는 '반어적 허무주의'라고 이름 붙였다.

> 속이는 게 잘못인 줄도 알고, 내가 속이고 있다는 것도 알아. 하지만 세상은 그렇게 돌아가고, 그게 현실이야. 사람들은 인생도 그렇고, 모든 선택이 다 사기란 걸 알아. 그런데 이런 인식이 워낙 보편적으로 받아들여져서 더는 다른 대안이 없어. 누구나 속인다는 걸 누구나 알아서, 모두가 속이지. 그러니 내가 속이지 않으면 나는 정직한 대가로 사실상 고통을 받게 될 거야.

이 외에도 철학자들의 추정에 반하는 훨씬 더 큰 의혹의 목소리들이 들려왔다. 가령 친절에 대한 보상을 기대하기 *때문에* 타인에게 친절하기로 마음먹는다면 어떨까? 원하는 *보상*을 받는 것이 선행의 동기라면? 득실을 계산한 결과에 따라 '타인에게 친절하고 선행을 베푸는 것'이라면? 이런 식의 행동은 정말로 **도덕적** 자세를 보여 주는 것일까? 아니면 또 다른 타산적이고 이기적인 행동에 불과할까? 그런데 이보다 더 심오하고, 정말로 근본적인 의구심이 고개를 들었다. 과연 선량함이 주장이나 설득의 문제가 될 수 있을까? 선량함을 두고 '이치에 맞다'고 '이야기하고', '설득하고', 결정할 수 있을까? 타인에 대한 선량함은 **합리적** 결정의 결과일까? 그래서 이성에 호소하면 이 선량함을 촉진할 수 있을까? 선량함은 **가르칠** 수 있는 것일까? 이런 질문들에 대한 긍정적인 대답과 부정적인 대답을 뒷받침하는 논거들이 제시되긴 했지만, 이론의 여지가 없는 권위 있는 논거는 지금껏 하나도 나오지 않았다. 여전히 결론은 나지 않고 있다…….

네하마 테츠는 저서 『빛이 어둠을 뚫고 들어올 때』에서 자신의 연구 결과를 밝혔다. 폴란드 유대인 말살의 목격자들 중에는 자신의 목숨을 걸고 희생자들의 목숨을 구한 사람들이 있었다. 그녀의 연구 목적은 사람들이 그런 결심을 하게 만든 요인이나 적어도 그쪽으로 마음이 기울게 만든 요인이 뭔지 찾는 것이었다.[3] 나치에 점령된 대다수 유럽 국가들과 달리 폴란드에서는 유대인의 도피를 도우면 ― 혹은 심지어 유대인 은닉죄를 저지른 이웃을 경찰에 신고하지 않으면 — 사형을 당했다. 그럼에도 불구하고 많은 사람들이 나치와 그 자발적 조력자에 저항했다. 그들은 '잘못된 인종'에 속한 죄로 형언할 수 없는 잔혹 행위를 당하는 남녀노소를 태연히 지켜보기보다 제 목숨을 거는 쪽을 택했다. 테츠는 완벽하게 숙달된 노련한 사회학자로서, 기꺼이 도와주고 자신을 희생하는 마음과 인간의 행동을 결정한다고 알려진 요인들 사이의 상관관계를 따졌다. 이런 요인들은 개인의 태도, 가치관, 인생관, 특정 부류의 행동을 선호하게 할 가능성이 있다고 여겨진다. — 가령 계층, 부, 교육, 종교적 신념, 정치적 충성심 등이 이에 해당한다. 연구 결과가 나오자, 그녀와 동료 사회학자들은 놀라고 말았다. 어떤 상관관계도 발견되지 않은 것이다. 도덕적 행동을 결정짓는 '통계적으로 유의미한' 요인은 없는 것으로 드러났다. 지금까지 축적된 사회학적 지혜를 총동원해 의견을 밝히자면, 유대인들을 도운 사람들은 나머지 폴란드인들과 다른 점이 없었다. 물론 그들의 행동이 지닌 도덕적 가치와 그 영향력의 인간적 의미는 나머지 대다수의 반응과 극명한 차이가 있었지만 말이다. 다만 선과 악 사이의 인간적 선택이라는 기로 앞에서 사회학적 지혜로 설명할 수 있는 부분은 아무것도 없었다…….

2005년 8월 28일, 아모스 오즈는 괴테상 수락 연설에서 사회과학자들을 신랄하게 지적했다.

그들은 인간의 모든 동기와 행동이 환경에서 파생된다고 생각한다. 이런 환경은 흔히 개인의 통제 범위 밖에 있다. …… 그렇다면 우리는 사회적 배경에 의해 통제되는 셈이다. 어느덧 100여 년 동안, 그들은 오로지 경제적 사리사욕만이 우리에게 동기를 부여한다고 이야기하고 있다. 우리는 그저 우리의 윤리적 문화의 산물에 불과하며, 우리의 잠재의식에 조종당하는 인형일 뿐이라고 이야기하고 있다.

오즈는 이런 관점에 동의하지 않았다.

개인적으로 나는 모든 인간 존재가 마음속으로 선악을 구별할 수 있다고 믿는다. …… 때때로 선을 규정하기 어려울 수는 있다. 하지만 악에서는 오인할 수 없는 악의 냄새가 난다. 삼척동자도 고통이 뭔지 안다. 따라서 타인에게 고의로 고통을 가할 때마다 우리는 자신이 무슨 일을 하는지 안다. 우리는 악행을 저지르는 것이다.[4]

깊은 통찰력, 비전, 공감력으로 널리 찬사받는 이 대가의 의

견에 이번만은 사회학자들 — 자칭 실패할 수 없는, 또는 거의 실패할 수 없는 연구법의 대가들 — 이 고개를 숙이지 않을 수 없다. 정말로 그럴 수밖에 없는 이유가 있다. 도덕적 자아와 윤리적 판단을 논할 때는 결정 요인 목록이나 그 분포 관련 통계 자료는 거의 쓸모가 없기 때문이다.

그렇다면 유대인들을 도와준 사람들은 왜 문을 걸어 잠그고 블라인드를 내려 유대인들이 고통받는 모습을 회피하지 않고, 희생자 대열에 합류할지도 모르는 위험을 무릅썼을까? 이 질문에 대해 홀로코스트의 역사적 증거에 부합하는 대답은 하나이다. 교육, 종교적 신념, 정치적 충성심 등을 공유하며 같은 사회 범주에 속하는 대부분의 또는 많은 다른 사람들과는 다르게, 그들은 **달리 행동할 수가 없었다**는 것이다. 그들은 다른 사람들의 생명을 지키지 못하면 계속 살아가지 못했을 것이다. 그들은 고통받는 사람들을 보며 느끼는 정신적 고통을 자신의 신체적 안전과 안위를 지키는 것으로 만회할 수가 없었다. 만약 자신들이 구할 수 있었던 사람들의 안녕보다 자신의 안녕을 우선시했다면, 아마도 그들은 자신을 결코 용서하지 못했을 것이다.

그들은 양심을 억누르는 것보다는 다른 사람들로부터 용서를 받는 것이 아마 더 쉬웠을 것이다. 1942년 10월에 제정된 법은 '유대인과 그 조력자'에 대한 처벌로 사형을 도입한 악법이었다. 이 법이 적용되는 상황에서, 비인간적인 광경에 충격을 받은 사람들은 다른 많은 이들이 그랬듯 행동을 포기할 (설득력 있는!) 핑계가 충분했다. '진심으로 뭐든 해서 돕고 싶었지만 **그럴 수 없었어.** — 만약 도왔다면 목숨을 잃거나 강제수용소로 보내졌을 거야.' 그들은 이렇게 말하며, 이 말을 듣는 대다수 사람들의 '양식'에 호소할 수도 있었다. — 이와 동시에 자기 양심의 소리에 귀를 닫으려 함으로써 도덕적 딜레마를 해소하기보다는 이를 미연에 방지하려 할 수도 있었다. 이렇게 말하려면, 그들은 생존 여부에 마음을 두지 않기로 한 다른 사람들의 목숨보다 자신의 목숨이 더 돌볼 가치가 있다고 이미 결정을 내려야 했을 것이다. 그러면서 자신들과 비슷하게 자기 걱정만 하는 수많은 개인으로부터 자신들의 선택에 대한 명시적 동의를, 또는 최소한 암묵적 동의를 받았을 것이다. 그리고 이렇게 함으로써 자신들이 옳다는 신념이 강화돼 안도할 수 있으리라 기대했을 것이다. 하지만 아무리 듣지 않겠다고 귀를 막아도, 양심의 소리를 침묵시킬 수는 없었을 것이다.

1987년 얀 브원스키^{Jan Błoński} 교수 주도로, 나치 점령기 당시 폴란드인과 유대인의 관계에 관한 토론이 이루어져, 그 내용이 폴란드 주간지 《티고드니크 포브셰흐니^{Tygodnik Powszechny}》에 게재됐다. 참석자 중 한 명인 예지 야스트솅보브스키^{Jerzy}

Jastrzębowski는 나이 많은 가족에게 들은 이야기를 떠올렸다. 그의 가족이 오랜 친구인 한 유대인에게 숨겨 주겠다고 제안했다고 한다. 그 친구는 비유대인 폴란드인처럼 생긴 데다 교양 있는 폴란드어를 구사해 폴란드의 좋은 가문 출신처럼 보였기 때문이다. 다만 그의 여동생 세 명은 숨겨 줄 수 없다고 했다고 한다. 여동생들은 유대인처럼 생겼고, 폴란드어 발음에 유대인 특유의 이디시어 억양이 있었기 때문이다. 그러자 그들의 친구는 혼자서만 목숨을 구하지는 않겠다고 거절했다고 한다. 야스트솅보브스키는 이 이야기를 들려주며 다음과 같이 논평했다.

> 만약 우리 가족이 다른 결정을 했다면, 십중팔구는 가족 모두 총살당했을 것이다. 이 경우, 그 친구와 여동생들이 살아남을 가능성은 어쩌면 더 적었을 것이다. 그런데 내게 이 가족 이야기를 들려주며 "우리가 뭘 할 수 있었겠어. 우리가 할 수 있는 일은 아무것도 없었어."라고 되풀이하던 사람은 내 눈을 똑바로 보지 못했다. 모든 사실이 다 진실이었지만, 그는 내가 거짓말이라 느낀다는 것을 알아차렸다.

러시아 영화 〈브레미아 비예디 $^{Vremia\ Biedy}$〉(대략 옮기자면 '뒤숭숭한 시절')에는 나이 지긋한 시골 아낙이 등장한다. 그녀는 강제 집단농장의 잔혹상과 뒤이어 나치 점령을 무기력하게 지켜본 목격자였다. 같은 일을 더는 감당할 수 없던 그녀는 스스로 몸에 불을 놓는다. 불타는 그녀의 오두막에서 그녀의 마지막 말이 들린다. "내가 돕지 **못한** 당신들, 모두 날 용서해 줘요!" 출처가 불분명한 『탈무드』 이야기 중 당나귀를 데리고 걸어가는 성스러운 현자의 이야기가 있다. 당나귀 등에는 식량이 가득한 자루가 잔뜩 실려 있었다. 현자는 길을 가다가 먹을 것을 구걸하는 거지와 마주친다. 마음씨 좋은 그는 재빨리 서둘러 식량 자루를 풀기 시작하지만, 너무 오래 굶었던 거지는 미처 그가 음식을 꺼내기도 전에 죽고 만다. 절망에 빠진 현자는 무릎을 꿇고 신에게 기도한다. '내 이웃의 목숨을 구하지 못한' 자신을 벌해 달라고 말이다.

이 두 이야기를 접한 독자들은 분명히 이야기에 내포된 기준이 '과하다'거나 비논리적이라는 인상을 받았을 것이다(정의는 인과율의 논리에 따라 적용돼야 하니 심지어 '부당하다'고 느꼈을 수도 있다). 자칭 죄인인 두 사람이 그들 스스로 죄라고 여긴 일로 기소된다면, 일반적인 법정에서는 분명 무죄판결을 받을 것이다. 하지만 도덕성은 사람마다 고유의 논리가 있는 법이라, 양심의 법정에서는 두 이야기 속 주인공이 무죄를 받을 가능성은 거의 없다.

얼핏 똑같아 보이는 상황인데도 사람들이 이토록 다르게 반응하는 이유는 밝혀지지 않았을 뿐만 아니라 여전히 수수께끼로 남아 있다. 신구 세대의 신학자들, 철학자들, 수많은 인문과학 전문가들과 자연과학 전문가들, 교육 이론가들과 교육 종사자들이 수수께끼를 풀고자 시도하고 노력했지만 모두 소용없었다. 하지만 이런 실망스러운 결과에도 불구하고(혹은 어쩌면 결과가 그랬기 때문에) 수수께끼를 풀려는 시도는 포기를 모르고 이어질 것 같다. 이렇게 계속 시도하는 동기는 각자 다를 수 있지만, 한 가지 공통점이 있다. 동기 하나하나가 다 압도적이라서 저항할 수 없다는 것이다. 먼저 신학자들은 이해할 수 없다고 인정할 수밖에 없는 것을 이해해야 할 필요가 있다. 바로 신의 창조와 신의 인간사 통치에 담긴 지혜 말이다. (만약 이 지혜를 꿰뚫어 본다면……) 당연시되지만 입증하기는 어려웠던 비밀이 밝혀지고 재확인되는 것이다. 그 비밀이란 한편으로는 신의 은총, 계명에 대한 순종, 신심, 미덕과 행복한 삶 사이의 관련성을, 그리고 다른 한편으로는 죄 많은 삶과 비참한 삶(이승의 삶과 저승의 삶) 사이의 관련성을 말한다. 다음으로 철학자들은 설명할 수 없고 논쟁을 거부하는 현상을 견디지 못할 뿐만 아니라 견디지도 않는 사람들이다. 그들은 이 현상이 상상의 산물임을 밝히는 논리가 발견되거나 최소한 고집스러운 이 현상의 존재를 이해할 수 있게 설명하는 논리가 발견될 때까지 멈추지 않는다. 그 다음으로는 과학자들과 그들의 손과 발이 돼 이론을 실제 적용하기도 하고 점차 그들의 주된 자극원이 되는 공학자들이 있다. 그들은 공통되게 무생물과 생물의 형태와 행동을 결정하는 법칙을 알아내고 싶어 한다. 그들은 이런 법칙을 알아내 생물과 무생물의 형태와 행동을 통제하고, 종국에는 이들을 완벽하게 통제할 수 있게 되길 바란다. 마지막으로 교육자들은 잘 조율된 피아노 같은 학생을 꿈꾸는 것이 명백하다. 어떤 건반을 눌러도 불협화음 없이 악보에 지시된 소리를 규칙적으로 내는 그런 피아노 말이다.

(『역사의 종말』로 유명한) 프랜시스 후쿠야마의 최근 주장에 따르면, 전체주의가 품었던 꿈은 잘못 구상되지도 비현실적이지도 않았다. 계몽주의에서 영감을 받아 그 이후로 존속돼 온 그 꿈이란, 인간 존재의 진짜 잠재력에 맞게(즉 설계자의 청사진에 표시된 표준에 맞게) 만들어진 '신인류'를 생산해 내겠다는 것이었다. 후쿠야마에 따르면, 이런 꿈이 실패한 유일한 이유는 그 꿈을 실현할 조건이 갖춰지지 않은 상태에서 때가 무르익기 전에 너무 일찍 꿈을 품었기 때문이다. 강제수용소, 세뇌, 반사적 조건 형성 실험은 옳은 목표에 걸맞지 않은 잘못된 수단이었다. 비효율적이었고, 수치스러우리만치 원시적이었으며, 안쓰러울

정도로 그 과제에 적합하지 않았다. 반면 오늘날에는 신경외과학, 생화학, 유전공학이 이룬 발전 덕분에 마침내 가용 수단이 그 과제에 맞는 수준까지 올라왔다. 오랜 기다림 끝에 마침내 우리는 새로운 *신인류*의 시대로 넘어가는 문턱에 도달한 것이다…….

전혀 과장 없이 하는 말인데, 후쿠야마의 이번 주장이 옳은지 아닌지는 그다지 의미가 없다. 하지만 의심의 여지 없이 분명한 점이 있다. 테크노사이언스가 이룬 새로운 위업과 도래하는 새로운 두려움과 새로운 디스토피아 시대 사이에는 상관관계가 있다는 것이다. 확실히 새로운 테크노사이언스 덕분에 우리 머릿속에만 있던 두려움과 디스토피아가 현실이 될 수 있는 수준까지 올라왔다. 이제 오웰의 『1984』와 헉슬리의 『멋진 신세계』는 낡은 것이 됐다. 그 대신, 지금은 우엘벡의 『어느 섬의 가능성』이 그 자리를 차지하고 있다.

함께하는 세상에 대한 희망

유토피아나 디스토피아는 둘 다 현재 전개되는 상황이 어떤 목적지에 도달하도록 예정돼 있는지 그 윤곽을 보여 주는 데 특화돼 있다. 유토피아는 길 끝에 도달하게 될 곳을 조화와 질서의 땅, 즉 도착하기를 고대하며 가능하면 더 가까이 가야 할 목적지라고 소개한다. 반면 디스토피아는 그곳을 기껏해야 담장 없는 감옥으로 묘사한다. 두려워해야 하고, 가능한 멀리 떨어져야 하며, 영원히 출입 금지 구역으로 만드는 것이 이상적인 곳이라고 표현한다. 이처럼 같은 목적지를 바라보는 시각이 극명히 대조됨에도 불구하고 둘 사이에는 공통점이 있다. 양측 모두 역사라는 경주 트랙에 결승선이 있으며, 이 결승선을 미리 긋거나 예측할 수 있는 것처럼 군다는 것이다. 동의어 사전에서 근대 지성이 낳은 이들 두 정신적 산물을 허황된 꿈, 몽상(또는 악몽), 실현 불가능한 꿈, 황당한 상상, 환상과 나란히 열거하는 데 거침없는 주된 이유가 아마도 이런 가식 때문인 듯하다. (좋은 것을 뜻하는) 접두사 '유^{eu}'로 시작하든, (나쁜 것을 상징하는) 접두사 '디스^{dys}'로 시작하든, 양측의 시각은 모두 결국에는 접두사 '아우^{ou}'로 끝나면서 어디에도 없는 곳(outopia - 옮긴이)을 의미하게 된다…….

우리가 따라 이동하는 길들은 마치 예정된 최종 목적지도, 예정된 결승선도 없는 것처럼 보인다. '신인류'로 향하는 길이라고 추정되는 길도 마찬가지이다. — 신인류의 컴퓨터 기반 모형에서는 모든 인간적인 우유부단함이나 예측 불가능성, 그리고

(그렇다!) 자유의지와 자유 선택을 깨끗이 씻어 낸다. 그러면 그 덕에 그 모형은 권위 있어 보이거나, 심지어 실패할 가능성이 없어 보일 수 있다. 하지만 아무리 그렇더라도 그 길에서는 예정된 끝이 보이지 않는다. — 과학적으로 작성된 결정 요인 목록이 제아무리 길더라도, 이들 결정 요인을 관리할 기술적 도구가 제아무리 많더라도, 인간은 현존하는 규칙과 일상을 아수라장으로 만드는 선택을 마치 중독된 듯 여전히 고집한다. 그래서 인간은 예측에 저항하는 버릇이 있고, 무작위로 불규칙적으로 행동하며, 일관성 없고, 예측할 수 없을 만큼 변덕스러우며, 경솔하기로 악명이 높다. 한마디로 인간은, 유능한 관리자라면 격분해 *신뢰할 수 없다*고 평가할 만한 대상인 것으로 유명하다. 인간에게는 축복일 수도 있고, 저주가 될 수도 있는 자질이 하나 있다. 결코 몰수당하거나 빼앗기거나 억누르지 않을 이 자질이 바로 자유의지이다……

변덕은 — 인간의 특성일 뿐만 아니라 — '바깥'세상을 상징하는 속성과도 같다. 그 안에 던져져 우연의 덤불을 헤쳐 나가려 노력할 뿐만 아니라 그 길을 발견하고 단호하게 따라가라는 압박을 (그리고 기대를) 받는 인간만의 특성이 아닌 것이다. 이런 변덕은 짜증스럽게도 인간의 계획과 예상에 둔감하고 무관심하다. 흔히 이를 가리켜 '우연'이라 부른다. 크시슈토프 키에실로프스키 감독은 바로 〈우연 Przypadek〉이라는 영화에서 한 청년이 사는 세 가지 다른 인생 이야기를 들려준다. 각각의 인생은 주인공이 이미 역을 떠난 기차를 잡아타려고 뛰어드는 것으로 시작된다. 첫 번째 이야기에서 그는 가까스로 기차를 잡아탄다. 두 번째 이야기에서는 놓치고 만다. 세 번째 이야기에서는 기차를 따라잡으려고 달려가다가 승강장을 넘어가 버린다. 거기서 그는 즉각 무장 경비원에게 붙잡혀 경찰서로 넘겨지고, 철로에 무단 진입한 죄로 체포돼 기소된다.

서로 다른 세 가지 '우연'에 뒤이은 세 가지 인생에서 유일한 공통점은 주인공이 같다는 것뿐이다. 주인공은 극단적으로 다른 규범이 적용되는 전적으로 다른 사회 환경에서 전적으로 다른 수단으로 전적으로 다른 목표를 추구하는 전적으로 다른 사람들 사이에서 세 가지 인생을 산다. 노련한 사회학자라면, 거의 의심 없이 받아들여지는 사회학적 상식에 따라 이 세 가지 인생을 사실상 모든 면에서 ― 정치적으로, 문화적으로, 도덕적으로 ― 서로 다른 사회 범주로 분류할 것이다. 첫 번째 인생은 정치에 무관심한 전문의의 인생이다. 그는 온전히 환자를 돌보는 일에만 전념하고, 그의 전공이나 직업과 관련된 것 말고는 병원 밖 넓은 세상에서 일어나는 일에 무심하다. 두 번째 인생에서 주인공은 전투적인 정치 활동가로 산다. 그는 정당의 고위직 인사들이 지시하는 대로 임무를 완수하는 데 전적으로 헌신한다. 세 번째 인생에서는 비정한 반체제 지하 투사의 순교하는 삶이 그려진다. 떠나는 기차를 잡으려 한 청년의 완전히 다른 세 가지 인생 여정은 공통된 줄기에서 갈라져 나온 ― 다시는 서로 만나지 않는 ― 나뭇가지와 같다.

리처드 로티는 조지 오웰에 대한 크리스토퍼 히친스의 주장에 반대한다. 히친스는 조지 오웰의 정치적 삶에는 오직 한 가지 요인, 즉 그의 인성 ― 정직과 지성 ― 만 반영됐다고 주장한다. 그의 인성이 어떤 상황에서도 그가 옳은 선택을 하도록 만들었기 때문이다. 여기서 옳은 선택이란, 히친스가 다음 세기의 지배적인 견해와 일치한다고 인정하는 그런 종류의 선택을 말한다.[5] 그러자 로티가 반박한다. 만약 오웰이 '다른 길로 스페인에 갔다면, 다른 전선에서 싸웠다면, 마르크스주의 통일노동자당에 가입하지 않았다면, 바르셀로나 거리에서 일어난 일을 스탈린주의자의 시각으로 받아들였다면, 그리하여 『카탈로니아 찬가』를 집필할 기회가 영영 없었다면' 어떻게 됐을까? 만약 그랬다면 그는 식민주의에 반대한 것만큼 격렬하게 2차 세계대전 후 처칠의 반공주의에 반대했을 수도 있다.

기상학자 에드워드 로렌츠는 아주 놀라운 발견을 했다. 어느 봄날, 베이징에서 나비 한 마리가 날갯짓하면 가을에 멕시코만에 상륙하는 허리케인의 궤적이 달라질 수 있다는 것이다. 그런데 그래서 어떻다는 말인가? 우연이 인간의 삶을 지배하는 걸까? 피하거나 되돌리거나 취소하거나 무효로 만들기는커녕 예측도 할 수 없는 그런 우연이? 그렇다면 우리가 뭘 선택하는지가 중요할까? 간단히 당구에 빗대자면, 인생을 일구는 동안에 우리는 당구 큐인가, 아니면 큐 거치대인가, 아니면 당구공인가? 과연 우리는 플레이어인가, 아니면 플레이를 당하는 존재인가?

플로리안 헨켈 폰 도너스마르크 감독의 영화 〈타인의 삶〉에서 주요 등장인물들은 어느 전체주의 국가에 터전을 두고 산다. 이 나라에서는 감시의 눈을 피할 수 있는 곳이 전혀 없다. 자유로운 선택은 단지 자유로이 선택했다는 이유만으로 반국가 범죄로 간주돼 응당한 처벌을 받는다. 그런 터전에서 연극예술가들 — 극작가, 연출가, 배우 등 직업 특성상 상상력, 창의력, 독창성, 자유로운 선택이라는 개념을 상징하는 사람들 — 이 산다. 그런데 그들만 있는 것이 아니다. 가장 은밀하고 사적인 순간에도 그들에게는 동반자가 있다. 절대 잠들지 않는 빅 브라더가 그 주인공이다. 빅 브라더는 항상 눈으로 지켜보고 있고, 귀로 듣고 있다. 빅 브라더의 게임판은 예술가들의 스튜디오, 무대, 침실을 망라한다. 그는 게임판 위의 말을 움직이듯 유예와 면직,

호의와 냉대를 오가며 우연을 가장한 채 자유로이 (잠깐씩 의미 없이) 움직인다……. 하지만 당하는 입장에서는 이런 '우연'이 너무 많아서, 그 영향에 맞서 싸우는 것은 고사하고 대처하기도 힘들다. 그들은 모두 궁지에 몰려 있다. 유순한 사람이든 대범한 사람이든, 출세주의자든 투사든 모두 마찬가지이다. 카드 섞이듯 비밀경찰의 파일 속에서 이리저리 정리되는 삶을 사는 예술가들에게는 당구공처럼 행동하는 것 말고는 선택의 여지가 거의 없다. 밀면 밀리는 대로 굴러가 자신이 속한 범주에 배당된 길을 따라갈 뿐이다. ― 그런 다음, 맞이하는 결과를 감내할 뿐이다. 이것 말고 그들에게 다른 선택지가 있을까?

폰 도너스마르크의 영화 속 주요 인물들은 모두 똑같이 이런 곤란한 상황을 공유하지만, 그들 사이의 유사점은 이뿐이다. 첫 번째 인물은 블랙리스트에 오른 연출가이다. 그는 먼저 떳떳한 양심과 자신의 예술가적 비전에 충실하기로 마음먹는다. 그러고 나서 일할 기회와 창작 허가를 얻는 대가로 부정과 배신을 저지를 수 없어 자살을 선택한다. 두 번째 인물은 빅 브라더가 제일 좋아하는 대표적 지성인인 극작가이다. 그는 진실을 말하는 행복, 즉 모든 진실과 오로지 진실만을 말하는 더없는 행복 대신 작품을 출판하고, 무대에 올리고, 박수를 받고, 집필하고, 나라가 주는 상을 받는 쪽을 택한다. 세 번째 인물은 모두가 좋아하는 우상과 같은 여배우이다. 그녀는 연극 출연을 금지당해 고통받기보다는 기꺼이 몸을 팔고 동료 배우를 밀고한다. '면직' 파일로 분류될 수 있다는 조사관들의 위협에 그녀는 독재국가 비판 유인물을 작성한 타자기가 숨겨진 장소를 알려 준다. 이 타자기가 발견되면 여론 조작용 공개재판에서 증거로 활용돼 극작가 — 그녀가 사랑하는 남자이자, 그녀를 사랑하는 남자 — 는 사형을 선고받게 된다. 그런데 다름 아닌 그녀의 조사관이 그 범죄 증거물을 비밀리에 제거해 재난을 막아 낸다. 인정사정없는 심문의 거장으로 알려진 인물이었지만, 조사관은 자칫 파괴될 위기에 놓인 사랑에 대한 연민이 솟구쳐 이런 행동을 한 것이다. 블랙리스트에 오른 연출가는 자살 직전에 자신의 친구인 극작가에게 그가 무대에 올리지 못한 작품 『좋은 사람을 위한 소나타』를 남긴다. 동독 비밀경찰을 기반으로 한 체제가 붕괴한 뒤, 극작가는 같은 제목을 붙인 그의 희곡 신작을 발표한다. 그리고 조사관 시절에 복종과 출세 대신 인류애를 택했던 남자에게 이 작품을 헌정한다.

모든 예술가는 소재에 자신의 비전을 아로새기고 싶어 하지만, 소재의 저항에 부딪혀 씨름한다. 그래서 모든 예술 작품에는 이런 고군분투의 흔적이 남아 있다. — 승리와 패배의 흔적, 강요된 결과라고 해도 수치스러운 타협의 흔적 말이다. 삶의 예술가들과 그들의 작품도 예외가 아니다. 이 예술가들이 (알면서든 모르면서든, 능숙하든 서툴든) 열심히 조각할 때 끌처럼 쓰는 도구가 바로 **인성**이다. 토머스 하디는 "인간의 인성이 곧 숙명이다."라고 선언하며 이런 원칙을 언급했다. **숙명**과 그 게릴라 부대 격인 우연은 삶의 예술가들이 직면할 여러 선택지를 결정한다. 하지만 어떤 선택을 할지 결정하는 것은 바로 **인성**이다.

환경은 어떤 선택을 다른 선택보다 개연성 있게 만든다. 인성은 바로 이런 개연성에 반기를 든다. 인성은 우연에게 있다고 여겨지는, 또는 그렇게 주장하는 전능함을 박탈한다. 여기서 말하는 우연이란 막후에서 조종하는 우연의 진짜 조작자, 또는 조작자로 추정되거나 그런 혐의가 있는 자를 모두 포함한다. 체념하며 수용하는 것과 환경의 힘에 맞서겠다는 대담한 결정 사이에 있는 것이 바로 인성이다. 의기양양하게 **개연성** 테스트를 통과한 선택을 이보다 훨씬 더 까다로운 **수용 가능성** 테스트에 넘겨 버리는 것이 바로 행위자의 인성이다. 1517년 10월 31일, 모든성인의날 전야에 마르틴 루터는 비텐베르크 성당 문에 자신이 작성한 95개조 반박문을 붙이면서 "**나는** 달리 행동할 수 없습니다. **Ich kann nicht anders**"라고 선언했다. 그를 압박해 이런 행동을 하게 만든 것이 바로 그의 인성이다.

지난 세기의 가장 예리한 윤리철학자 중 한 명인 크누드 로이스트룹에 따르면 도덕성(즉 타인에 대한 배려, 또는 더 까다롭게 도덕성의 본질에 더 가깝게 말하자면 타인을 *위해 존재하기*)의 희망은 도덕성의 ***선성찰적 자발성*** prereflexive spontaneity에 있다. "자비는 자발적이고 무의식적이다. 다른 뭔가를 위해 조금이라도 자비를 중단하거나, 계산하거나, 희석하면 자비는 완전히 파괴되기 때문이다. 이렇게 하면 실제로 자비의 정반대, 즉 무자비함으로 바뀌어 버린다."**6**

에마뉘엘 레비나스 역시 지난 세기의 위대한 윤리철학자 중 한 명이다. 그는 '왜 내가 도덕적이어야 하지?'라는 질문은(즉 '그렇게 하면 내게 돌아오는 게 있나?', '내가 배려할 만큼 그 사람이 내게 뭘 해 줬지?', '이렇게 많은 사람이 가만히 있는데 왜 내가 신경 써야 하지?' 등과 같은 질문의 논거를 찾는 것은) 도덕적 행동의 **출발점**이 아니라, 금방이라도 도덕이 붕괴하고 *사망*한다는 신호라고 주장한 것으로 유명하다. 레비나스가 보기에 모든 무도덕성은 "내가 아우를 지키는 사람입니까?"라는 카인의 질문에서 시작됐다. 그는 이 질문을 통해 아우를 돌보는 것이 정말로 자신의 의무인지 '증거'를 요구한다. 또한 이 질문에는 불복을 처벌할 제재를 갖춘 상급 권력자의 명령이 있어야만 돌보는 것이 의무가 된다는 전제가 깔려 있다. 이와 같은 레비나스의 판단에 대해 자발성, 즉 자신의 득실을 따지기보다 다른 사람들을 신뢰하고 싶은 충동과 욕구를 믿었던 로이스트룹은 분명 동의했을 것이다.

이 두 철학자는 도덕성의 *필요성*은 물론 도덕성의 *바람직함*마저도 추론적으로 입증은커녕 확립될 수도 없고, 그럴 필요도 없다고 인정하는 듯하다. 게다가 '도덕성의 필요성'이라는 표현 자체가 모순되기에 버려야 한다는 데도 동의하는 듯하다. ─ '필요성'과 부합하는 것 중에 도덕성은 없기 때문이다. 두 사람이 공유하는 의견은 또 있다. 다른 사람들에게 도움이 되리란 생각으로 하는 행동이더라도, 사심이 개입되면 도덕적이지 않다는 것이다. 어떤 행위가 아무런 계산 없이, 자연스럽게, 자발적으로, 깊이 생각하지 않고 인류애가 발현된 것인 한 그 행위는 도덕적이다. (스티븐 툴민은 행동이 '일반 원칙'과 부합할 때 도덕적이라고 주장한다.[7] 로이스트룹은 이 주장에 반박하며, 툴민이 자신이 주장하는 명제를 입증하기 위해 가장 많이 인용한 사례를 가져와 반론을 편다. "내가 존에게 (빌린) 책을 약속된 시간에 돌려준다고 하자. 그런데 만약 이렇게 행동하는 동기가 존을 배려해서가 아니라, 약속은 지켜야 한다는 일반 원칙을 준수하며 살기로 한 자신의 결심 때문이라면 내 행동은 도덕적이 아니라 도덕주의적이다."[8]) 도덕적 행동은 어떤 '목적'에도 '부역하지' 않는다. 또한 이익, 안위, 명성, 자아 고취, 대중의 환호, 기타 모든 종류의 자기 홍보 등에도 좌우되지 않는다. 비록 행위자가 — 신의 은총이나 대중의 존경을 얻든, 혹은 회개해 죄가 사해지든, 무정하고 비정한 행위를 신에게 용서받든 — 이득을 계산해 '객관적으로 선한' — 도움이 되고 유익한 — 행위를 여러 차례 한 것이 사실이더라도, 그 행위는 바로 그런 **동기**가 작용했기 때문에 진정한 **도덕적** 행위로 분류될 수 없다.

로이스트룹의 주장에 따르면 도덕적 행위에는 그 어떤 '이면의 동기'도 있어서는 안 된다. 자발적인 삶의 발현은 '이면의 동기가 없어서' **근본적**이다. — 여기서 말하는 이면의 동기에는 이득을 취하거나 처벌을 피하려는 동기가 아마도 가장 먼저 포함될 것이다. 이것이 바로 윤리적 요구가 침묵을 지키고 또 계속 **침묵**해야만 하는 중대한 이유이다. 윤리적 요구란 도덕적이어야 한다는 '객관적' 압박을 말한다. 이런 압박은 살아 있다는 사실에서, 다른 생명체들과 지구를 공유한다는 사실에서 비롯된다. 불복하면 처벌받을까 봐 두려워 명령을 따르는 과정에서 윤리적 요구에 복종하는 것은 윤리적 요구가 의도하는 도덕적 행위가 아니다. 순종은 비록 그것이 특정한 선행을 하라는 명령에 부응하는 일이라 해도 도덕성이 *아니다*. 도덕성에는 '반드시 해야 하는 것'이란 없다. — 명령도, 강요도 없다. 도덕적 행위는 본질적으로 **자유로운 선택**이자 자아의 행동할 자유가 발현된 것이기 때문이다(자유롭지 않은 인간 존재는 — 이런 모순적 표현이 타당하다면 — '도덕적 존재'가 되지 못한다). 역설적이지만(또는 전혀 역설적이지 않지만), 윤리적 요구를 따른다는 것은 윤리적 요구의 강제력을 잊는다는 의미이다. 윤리적 요구를 따른다는 것은 오로지 타인의 이익에 따라 좌우된다는 의미이다.

사람들 사이에 즉각적인 접촉이 지속되는 것은 즉각적인 삶의 발현 덕분이다. 다른 지원은 필요 없을 뿐만 아니라 용인되지도 않는다. 윤리적 요구는 과묵해서, 다른 사람들에 대한 배려가 어떤 형태를 취해야 하는지 또박또박 알려 주지 않는다. 하지만 윤리적 요구의 힘은 바로 이처럼 과묵하고 말수가 적은 데 있다. 이런 힘 덕분에 윤리적 요구는 명령을 내리거나 제재로 위협하지 않는다. 또한 도덕적 행위를 높은 권력에 순응하는 또 하나의 사례로 전락시키지 않는다. 이번에는 레비나스가 로이스트룹의 의견에 전적으로 동의할 것이다. 레비나스의 반복된 주장에 따르면, 타자는 타자의 **힘**이 아니라 타자의 **나약함**으로 우리에게 돌볼 것을 명한다. 달리 말하면 명령을 내리지 못하고 명령을 수행하도록 강제하지 못하는 **무능력과/무능력**이나 **무의지**로 우리를 움직이게 만든다. 우리는 상급 권력자의 강요로 도덕적 태도를 취하지 않는다. 타자의 얼굴^{the Face of the Other}(내가 보는 대상으로서의 타자가 아닌, 타자가 내게 보여 주는 자신의 모습. 사물과 달리 우리에게는 얼굴이 있어서, 얼굴로 자신을 표현하고 호소한다. 약자의 얼굴이 지닌 호소력에 이끌려 우리는 자유의지에 따라 주체적으로 책임감을 느끼게 된다. - 옮긴이)이라는 도전에 굴복할지는 우리가 결정할 문제이다. 우리에게는 타자에 대한 책임이 있다는 충격적 사실 앞에서 이 책임을 어떻게 구체화할지는 궁극적으로 우리에게, 오로지 우리에게 달렸다. 레비나스와 필립 네모의 대담을 번역한 리처드 A. 코언은 이렇게 요약한다. "윤리적 요구는 존재론적 필요성이 있는 것이 아니다. 살인을 금한다고 살인이 불가능해지지는 않는다. 다만 살인이 악이 되는 것이다." 윤리학의 '존재'는 오로지 '잔잔한 호수와 같은 존재의 안일함에 돌을 던지는 것'으로 이루어진다.[9]

실용적인 언어로 풀어 말하면 다음과 같다. 인간이 스스로 조언하고 책임지도록 홀로 남겨진 것에 제아무리 분개하더라도, 도덕으로 물든 함께하는 세상에 대한 희망은 바로 이런 고독 속에 있다. 여기서 말하는 것은 **확신**이 아니라 어디까지나 **희망**이다. 그런 세상은 확실히 **보장**되기는커녕 실현될 개연성이 높지도 않다. 통계적 추이를 근거로 그런 세상에 대한 확신이 보장되기를 꿈꾸고 추구했지만 말이다…….

삶의 발현에 자발성과 주권이 있다고 해서, 그 결과로 나타나는 행동이 윤리적으로 적절하고 칭찬할 만한 선악 사이의 선택이라는 보장은 없다. 잘못된 선택**과** 올바른 선택은 둘 다 똑같이 불확실하고, 결정과 규정이 미흡하고, 강제력이 부족한 조건에서 유발된다. — 마찬가지로 제재권과 사면권이 있는 권력의 권위적 명령에 따라 기꺼이 제공되는 피신처로 비겁하게 달려가 몸을 숨기고 싶은 충동도 그런 조건에서 생겨난다. **또한 다른 행위자, 특히 우월한 권력을 가진 행위자에게 책임을 떠넘기고 싶은 유혹을 이기고, 행동하기로 한 결정에 대해 개인적 책임을 지겠다는 대범함도 마찬가지 조건에서 나온다. 잘못된 선택이 될 가능성이 있음을 받아들이고 이에 대비하지 않고서는 꾸준히 옳은 선택을 추구할 가능성이 적다. 불확실성은 도덕성의 주된 위협과는 거리가 멀다**(하지만 많은 윤리철학자가 불확실성을 성가신 혐오의 대상으로 여긴다!). ***오히려 불확실성이야말로 도덕적인 사람의 홈그라운드이자, 도덕성이 싹을 틔우고 꽃을 피울 수 있는 유일한 토양이다.***

오늘날 규제 완화와 사유화 체제 아래 '책임을 덜어 주겠다'고 약속하고 또 그렇게 실행하는 모습은 근대 역사의 초기 단계와 거의 달라진 것 없이 여전하다. 그때와 다름없이 지금도 주로 쓰는 방법은 같다. 가망이 보이지 않을 정도로 불투명한 상황에 진짜 선명하거나 선명하다고 추정되는 조치를 주입하는 것이다. — 이를 위해 머리에 쥐가 날 정도로 복잡한 과제를 간단명료하게 '반드시 해야 하는 일'과 '절대 해서는 안 되는 일'로 대체한다(더 정확히 말하면 대체라기보다는 덮어서 보이지 않게 숨긴다). 그때와 마찬가지로 지금도, 개인 행위자들은 당국을 신뢰하도록 압박을 받고/받거나, 부추겨지고/부추겨지거나, 설득당한다. 당국은 무언의 요구가 이런저런 상황에서 그들에게 정확히 뭘 하라고 명하는 것인지, 그들의 무조건적인 책임이 어디까지인지(그리고 그 이상은 아닌지)를 결정하고 상세히 알려 준다. 이런 계략은 예나 지금이나 대동소이하지만, 요즘은 다른 도구들을 활용하는 경향이 있다.

예전에는 책임과 책임 있는 선택이라는 개념이 타자에게 필요한 것을 배려해야 한다는 윤리적 의무의 의미장 안에 있었다. 그랬던 것이 지금은 자기 충족감이란 영역과 자신에게 닥칠 위험을 계산하는 쪽으로 이동하거나 바뀌었다. 구심적이고 자기 지시적인 걱정거리를 위해 쓰이게 된 것이다. 그 과정에서 책임의 방아쇠, 표적, 척도로 받아들여지고, 추정되고, 행동 근거가 됐던 '타자'는 시야에서 거의 사라졌다. 행위자 자신의 자아가 타자를 밀어내거나 그 위에 그림자를 드리운 것이다. 이제 모든 면에서 '책임'이란 *자기 자신에게 돌아오는 책임*을 의미한다('책임 경감'을 두고 노골적으로 흥정하는 자들이 상대의 책임으로 돌리기 위해 상대에게 '자업자득', '자승자박'이라고 거듭 말하는 경향이 있다). 모든 면에서 '책임 있는 선택'은 행위자의 이익에 도움이 되고, 행위자의 욕망을 충족시켜 타인이나 현실과 타협할 필요가 없게 해 아예 자기희생의 여지를 없애는 움직임을 말한다.

그 결과는 근대 시대의 '고정적' 국면에서 관료주의가 실행했던 계략이 낳은 '아디아포라^{adiaphora}'[10] 효과와 크게 다르지 않다. 그 계략이란 '무언가(행동의 대상이 되는 쪽에 있는 또 다른 인간 존재의 안녕, 자주권, 존엄)에 **대한** 책임'을 '누군가(행동을 유발하는 상급자, 권위, '고결한 명분', 그 명분의 대변인)에게 **돌리는** 책임'으로 대체하는 것이었다. 그런데 요즘의 아디아포라 효과(즉 행동을 윤리적 중립 상태로 만들어 윤리적 평가와 검열을 면제받는 것)는 주로 '*다른 사람들에 대한* 책임'을 '*자기 자신에게 돌아오는* 책임'과 '*자기 자신에 대한* 책임'으로 대체함으로써 달성된다. 현대의 '유동적' 국면에서는 자유를 소비주의적으로 해석하는 성향이 지배적이다. 이런 비약이 낳은 이차적 피해자가 바로 윤리적 책임과 도덕적 우려의 주요 대상이 되는 타자이다.

20여 년 전, 널리 읽히며 큰 영향력을 미친 저서에서 콜레트 다울링은 복잡하게 얽힌 '대중의 분위기'를 충실히 따라간다. 그러면서 안전하고 따뜻하게 지내고 돌봄을 받고 싶은 욕망은 '위험한 감정'이라고 선언한다.[11] 그녀는 다가오는 시대의 신데렐라들에게 함정에 빠지지 않도록 조심하라고 경고한다. 다른 사람들을 보살피고 싶은 충동과 다른 사람들로부터 보살핌을 받고 싶은 욕망에는 의존성이라는 무시무시한 위험이 흐릿하게 보인다고 주장한다. 여기서 의존성이란 당장 올라타기에 가장 편한 조류를 선별해, 조류 방향이 바뀌는 순간 재빨리 다른 파도로 갈아타는 능력을 상실하는 것을 의미한다. 이에 대한 앨리 러셀 혹실드의 논평을 빌자면 "타인에게 의존하는 것에 대한 그녀의 두려움을 보면 홀로 동떨어져 자기 말을 타고 자유롭게 이리저리 돌아다니는 미국 카우보이의 이미지가 떠오른다. …… 신데렐라의 잿더미 위로 탈근대의 카우걸이 자라난 것이다." 오늘날 공감과 조언을 다루는 베스트셀러 작가 가운데 가장 인기 있는 작가인 혹실드는 "독자들에게 속삭인다. '감정 투자자에게 경각심을 일깨워 주자.' …… 다울링은 여성들에게 독자적인 사업에 투자하듯 자아에 투자하라고 당부한다."

내밀한 사생활을 장삿속으로 보는 상업적 마인드는 불신의 패러다임으로 가는 길을 닦는 이미지들로 이뤄져 있다. …… 상처 받지 않도록 방어막을 철저히 두른 자아가 이상적인 자아의 이미지로 그려진다. …… 자아가 할 수 있는 영웅적 행위는 …… 다른 사람들과 거리를 두고, 다른 사람들을 떠나고, 다른 사람들에게 덜 의존하고, 다른 사람들을 덜 필요로 하는 것이다. ……

많은 멋진 현대 작품들을 통해 저자들은 우리가 우리의 보살핌이 필요 없는 사람들과 우리를 보살피지 않거나 보살필 수 없는 사람들을 대비하고 준비하게 만든다.[12]

소비 지상주의적 유토피아는 배려하는 사람들이 더 많이 사는 세상을 만들거나 사람들이 더 많이 배려하도록 유도하는 경우를 고려하지 않는다. 그 대신, 소비 지상주의 시대의 카우보이와 카우걸이 사는 사유화된 유토피아의 자랑거리는 방대하게 확장된 '자유 공간'(물론 *나* 자신을 위한 자유 공간)이다. 이 공간은 방대하긴 하지만, 여기에는 초대받지 않고 환영받지 못하는 방문객의 출입을 막기 위한 '문'이 설치돼 있다. 유동하는 현대의 소비자들은 혼자만의 작업에만 몰두하는 탓에 이런 공간이 항상 더 필요하고 늘 부족하다. 그들은 자신에게 필요한 이 공간을 쟁취하라고 사방에서 충고도 받고, 부추겨지기도 하면서 대담해진다. 그런데 이런 공간을 얻고 소유할 방법은 다른 인간들을 쫓아내거나 비하하는 것뿐이다. — 특히 배려하는 사람들과/사람들이나 배려가 필요할 수도 있는 사람들이 그 대상이다.

이제 고정된 근대의 **관료주의**로부터 아디아포라화化의 과제를 물려받은 것은 소비자 *시장*이다. '**함께** 존재하기'라는 탐나는 연고에서 '**뭔가를 위해** 존재하기'라는 옥에 티와 같은 파리를 제거해 버리는 것과 같은 과제 말이다. 에마뉘엘 레비나스의 생각도 같았다. 그는 홉스의 주장처럼 '사회'는 이기적 성향을 줄이거나 억압하는 방법을 동원해 타고난 이기주의자들을 사람들과 평화롭고 우호적으로 함께하게 만드는 기이한 장치가 아니라고 여겼다. 오히려 '사회'는 **타고난 도덕적 존재들**을 '구심적' 관심사에 집중시켜 자기중심적, 자기 지시적, 이기적 삶을 살게 만드는 계략이 될 수 있다고 봤다. 이를 위해 타자의 얼굴로 촉발되는 타인에 대한 무한한 책임, 함께하는 사람들이라는 피할 수 없는 현실 앞에서 촉발될 수밖에 없는 타인에 대한 무한한 책임을 줄이는 방법이 동원된다.

> 지금 통용되고 있는 의미에서의 사회가 인간은 서로의 포식자라는 원칙을 제한한 결과인지, 아니면 반대로 인간은 서로를 *위해* 존재한다는 원칙을 제한한 결과인지 아는 것이 지극히 중요하다. 제도와 함께 보편적 형태와 법칙을 갖춘 사회는 인간들 간 전쟁의 영향을 제한한 결과일까, 아니면 인간 대 인간이라는 윤리적 관계 안에 펼쳐진 무한성을 제한한 결과일까?[13]

오늘날 느끼는 압박은 세상에서 물러나 자신만의 울타리를 치도록 강요하지 않는다. 오히려 그 반대이다. 물려받았든 인위적으로 구성됐든, 충성과 의무로 엮인 관계망은 견고해지고 치밀해졌다. 하지만 이런 관계망에서 벗어나 해방된 개인들은 인류 역사상 전대미문으로 바깥세상에 **열린** 상태가 됐다. 이처럼 새로 개방된 상태가 되자, 바깥세상은 무한한 기회를 지닌 거대한 컨테이너라는 새로운 역할을 맡게 됐다. 이런 기회는 개인의 기량, 창의성, 노력에 따라 얻거나 잃을 수도, 즐기거나 애통할 수도 있다. 이처럼 세상은 흥미진진한 모험의 현장인 동시에 어둡고 무시무시한 위험으로 가득한 황무지이기도 하다(그중에서도 실패의 위험이 그에 따른 수치, 모욕과 함께 제일 큰 위험으로 꼽힌다). 또한 세상은 강한 호기심과 욕망의 대상인 동시에 공포의 근원이자 달아나고 싶은 충동의 원천이기도 하다.

대체로 원심적 추동력을 자유롭게 풀어놓으면 무수히 많은 위기가 예견된다. 그런데 이는 원심력을 완전히 억제하고 오로지 구심력만 따라가도 마찬가지이다. 둘 중 어느 쪽도 명백히 바람직한 선택이 아니다. 양쪽 모두 끔찍하고 혐오스러운 부작용의 위험을 안고 있다. 양극단 사이에서 타협점을 찾는 것은 쉬운 일이 아니다. 똑같이 정이 가지 않는 양극단을 피해 갈 수 있는 길은 아직 나오지 않았다. 이를 두고 비유적으로 이렇게 말할 수도 있겠다. 거식증과 폭식증 둘 다 신뢰할 수 없기는 마찬가지이지만, 인생의 여정에서는 이들 양극단의 유혹과 공포 사이를 시계추처럼 오가야 한다고…….

현대인의 불안을 없앨 해독제

요즘은 서점에 진열된 베스트셀러 도서의 유통기한이 우유와 요구르트 사이의 어느 지점에 있는 것처럼 매우 짧다. 베스트셀러 목록에 오르는 도서 제목들이 매주 바뀌는 것을 보니 말이다. 이런 상황에서도, 적어도 미국에서는, 두 종류의 도서는 매주 혹은 거의 매주 베스트셀러 목록에 오른다. 바로 새로운 다이어트 비법을 소개하는 책과 흥미롭고 기발한 새로운 요리법을 알려 주는 요리책이다.

현재 미국인들의 정신은 양분됐다(그런데 이는 미국인들만의 문제가 아니다). 미국인들은 늘 새로운 쾌락을 추구하도록 훈련받고, 재촉당하고, 조언 받으면서 매일같이 늘 새로운 약속과 유혹에 노출된다. 그러면서 아직 경험해 보지 못한 황홀한 맛을 갈망하고, 친구들이나 유행에 민감한 사람들 내지는 다른 중요한 사람들에게 교양 있고 세련된 미식가나 전문가처럼 보여서 경탄의 대상이(자신감을 고취하는 열망의 대상도 잊지 말자!) 되기를 갈망한다(이는 미국인들만의 이야기가 아니다). 미국인들은 과거와 현재의 쾌락을 담고, 바라건대 미래의 쾌락을 담을 그릇인 자신들의 몸이 새로운 즐거움을 계속 흡수하기에 알맞은 상태를 유지하도록 훈련받고, 재촉당하고, 조언 받는다. 하지만 그러면서도 지방, 독소, 그리고 '체내에 흡수되면 마치 적처럼' 몸 상태를 유지하지 못하게 위협하는 다른 물질들을 조심하라는 경고도 매일같이 접한다. 그러면 미국인들은(미국인들뿐만이 아니다) 음식을 한 입 한 입 먹을 때마다 의혹의 눈으로 음식을 보고, 음식이 소화되면 처리해야 하는 열량을 계산하게 된다. 또한 원하는 이익과 가능한 해악 사이에서 올바른 균형을 찾길 희망하며 식품 포장지에 적힌 낯선 화학 용어들을 공부하듯 분석한다. 확실히 이러지도 저러지도 못하는 딜레마에 빠진 셈이다. 이는 갈등에 시달리는 전형적인 이중인격자의 모습이다. (경쟁이 치열하긴 하지만) 유행하는 의학 용어로 표현하자면 전형적인 조현병이라고 할 수 있다. 단계를 밟거나 고려할 때마다 그 결과로 발생할 수 있는 병적인 부작용을 없앨 해독제를 찾는 양상이 벌어지는 것이다. 가령 밤에는 비아그라를, 그다음 날 아침에는 피임약을 복용하는 식이다…….

그 결과, 거식증과 그 **분신**인 폭식증은 유동하는 현대 소비자의 삶이 낳은 쌍둥이가 된다. (노골적으로 이란성인) 두 쌍둥이는 끝없이 선택하도록 운명 지어진 삶에 적합하도록 맞춰져 있다. 그러면서 삶의 예술가들을 양립 불가능한 가치들과 모순적인 충동들 사이를 강제로 항해하게 만든다. 모순이 지속될 때마다 모순을 해소하려는 노력과 그 과정에서 활용되는 지식은 적합하지 않은 것으로 여겨질 수밖에 없다. 행위자는 기량 부족이나 방조죄로 비난받을 공산이 크다.

미국의 심리학자 닐 엘가 밀러와 존 달러드는 실험용 쥐들을 맛있는 돼지기름 덩어리와 끔찍한 전기충격을 하나로 묶은 '패키지 딜'에 직면하게 한 뒤 그 반응을 관찰했다. 쥐들은 그 어떤 합리적인 것도 할 수 없는 상태에서 양면적 메시지의 근원 주위를 뱅뱅 맴돌았다(사실 쥐들이 할 만한 합리적인 일은 거의 없었다……). 이런 반응을 관찰한 두 연구자는 1941년에 한 가지 이론을 세웠다. '접근 반응'과 '회피 반응'(밀고 당기기 또는 끌림과 거부감. 배가 고플수록 강하게 끌리고, 전선에 가까워질수록 혐오감도 커진다)이 정확히 균형을 이룰 때 정신 상태가 불균형해지고 비합리적 행동을 보일 가능성이 가장 크다는 것이다. 한편 콘라트 로렌츠는 큰가시고기 여러 마리를 그들이 지내기에 비좁은 수족관에 넣고 변화를 관찰했다. 물고기들은 자신들이 여전히 자신의 원래 서식지에 있는지(이 경우, 그들은 본능적으로 침입자들을 몰아낸다), 아니면 다른 큰가시고기들의 영역에 있는지(이 경우에는 달아난다) 불분명한 상태에 놓였다. 이해할 수 없고 받아들일 수 없는 이런 모순적인 신호에 직면하자, 물고기들은 꼬리를 위로 향한 채 머리를 바닥에 있는 모래 속에 파묻어 버렸다. 두 '합리적' 패턴 가운데 어느 쪽도 따를 수 없었기 때문이다. 공격과 도주 가운데 하나를 선택할 수 없었던 탓이다.

두 실험 결과를 보면, 유동하는 현대 소비자 사회에 나타난 거식증과 폭식증 현상을 어느 정도 이해할 수 있다. 유동하는 현대 소비자 사회의 일반적이고 상시적인 특징은 매력적인 이득과 혐오스러운 부작용이라는 '패키지 딜'이 있다는 것과 선택된 상황에 적용되는 규칙들이 양면적이라는 것이다. 심지어 쥐와 물고기에게는 없는 매우 중요한 한 가지 요인이 없다면, 이런 상황에서는 거식증과 폭식증이 예측 가능한 반응이라는 말까지 할 수도 있다. 하지만 **인간**의 반응은 타고난 본능에 의해 결정돼 예측 불가능한 문화적 규범의 영향을 받지 않는 것이 아니라, **문화적**으로 유도된 형태로 나타나는 경향이 있다. 양면성은 인간의 실존적 조건과 함께하는 영원한 동반자이다. 그런데 오늘날에는 구심력이 우세하며 그 결과, 자기 걱정^{le souci de soi}과 자존감^{l'amour propre}을 주로 또는 오로지 **몸**을 돌보는 것과 동일시하는 경향이 있다. 만약 이런 경향이 없다면 인간의 반응은 아마도 섭식장애라는 형태로 나타나지 않을 것이다. 더 정확히 말하면 자기 걱정과 자존감을 육체적 **건강**을 돌보는 일, 쾌락을 생산하고 흡수하는 몸의 능력을 돌보는 일과 동일시하는 경향이 있다. 이때, 쾌락은 세상과 세상에 사는 다른 사람들로부터 제공받기고 한다. 또한 즐거운 느낌을 줄 수 있는 잠재적 쾌락 제공자의 마음을 사로잡기 위해 몸의 **겉모습**, 즉 외모와도 동일시하는 경향이 있다.

자기 걱정을 겨우 (또는 거의) 몸을 돌보는 일로 격하시키면, 소비자 사회에 속하는 사람들은 밀러와 달러드의 실험용 쥐와 로렌츠의 실험용 큰가시고기와 똑같은 상황에 놓인다. 몸과 나머지 세상을 나누는 경계선이 극도의 **양면성**과 그에 따른 극심한 **불안**의 현장이 될 수밖에 없는 것이다. '바깥세상'은 육체적 생존에 필요한 모든 물질의 (유일한) 원천으로 남으면서, 몸을 돌보는 동기가 되는 쾌락도 제공한다. 하지만 이런 세상에는 몸의 생존을 위협하고 쾌락을 생성하고 소비하는 몸의 능력을 위협하는 위험도 도사리고 있다. 이런 위험들은 무시무시하다. ― 그 중 알려진 것들은 곳곳에 있지만 명확하게 규정되지 않은 탓에 위치를 파악해 회피하기 어렵기 때문에 더욱 무섭다. 나머지 알려지지 않은 위험들은 아직 겪어 보지도 드러나지도 않은 상태로 남아 있어서 눈에 보이지 않는 탓에 더더욱 두렵다. 하지만 이런 곤경에서 벗어날 근본적(합리적?) 해법 ― 경계선을 폐쇄하고 경계선을 넘나들며 왕래하는 것을 완전히 금지하는 것 ―

은 선택지가 아니다. 독으로부터 더 안전해지려면 더 많은 쾌락을 넘겨주는 수밖에 없으며, 하데스식으로 해야만, 즉 모든 쾌락과 기쁨에 마침표를 찍는 식이어야만 실패할 염려가 없다. 따라서 몸과 바깥세상 사이의 경계면 전체를 면밀히 지켜봐야 한다. 몸에 생긴 작은 틈들은 하루 종일, 일주일 내내 상근 무장경비원 — 과 자경단과 엄격한 출입국관리인 — 이 지켜야 한다.

거식증은 바깥세상의 양면성에 대해 북한이나 미얀마처럼 반응하는 셈이다. 이들 국가가 국경을 완전히 폐쇄하고, 그 너머에서 들어오는 모든 수입을 금지한 대가로 내부인들은 영구적으로 비참하고 결핍된 상태로 살고 있다. 이들은 심지어 비참한 생활에 익숙해져 변화를 두려워하기 시작할 수도 있다. 죽을 듯한 배고픔을 겪으면서 포만감에 불쾌해하며 분개하게 되는 것이다. — 단식을 겨우 40일 만에 끝낸다는 사실에 격노하고 절망하는 프란츠 카프카의 「단식 광대」 속 주인공처럼 말이다. "40일이 지났는데, 왜 하필 이 순간에 단식을 멈추는 걸까? 그는 오랜 시간을, 무한히 오랜 시간을 버텨 냈다. 그런데 왜 지금 멈추는가? 지금이 단식하기에 가장 좋은 컨디션인데, 아니 아직 최상의 컨디션에 도달하지 않았는데 말이다. 그는 자신의 단식 능력에는 한계가 없다고 느꼈는데도 …… 더 오래 단식해서 얻을 수 있는 명성을 왜 속아서 빼앗겨야 하는가?"[14]

반면 폭식증은 도전에 정면 대응해 자기 방식대로 맞서 싸우기로 결심하는 것을 의미한다. 이는 그레고리 베이트슨의 '분열생성 고리' 가운데 **대칭적** 분열생성 고리로 볼 수 있다. 이 고리 안에서는 충돌 상태에 있는 양측(시장이 유발한 유혹과 목표물이 된 소비자)이 같은 게임에서 같은 무기를 가지고 같은 상금을 걸고 경쟁한다. 한편이 승리하면 상대편의 결의와 사기가 진작된다. 더 뻔뻔하고, 무례하고, 눈에 거슬리게 도전할수록 더 반항적이고 도발적으로 반응하게 된다. 풍요에는 풍요로 답하고, 과잉에는 과잉으로 반응한다…….

확실히 양측의 반응은 **문화적**으로 촉발된다. 이런 반응들은 모방 행동처럼 퍼지면, 똑같은 식으로 유행이 식어 구식이 된다. 이것들은 진짜 문제에 대한 상상 속 비현실적인 반응이다. 문제를 해결하지도, 문제가 사라지도록 유도하지도 않기에 비합리적이기 때문이다. 조만간 그 비효율성으로 인해 인기가 사그라들 가능성이 크다. ― 그러면 새로운 반응을 찾고 발견하게 될 텐데, 새로운 반응은 반드시 더 효과적이지는 않더라도 지금까지 시도되지 않았고 아직 신뢰가 떨어지지 않은 것이어야 한다. 하지만 반응이 자라 나온 뿌리를 잘라 내려면 그 이상이 필요하다. 뿌리는 유동하는 현대 소비자 사회의 풍요로움이라는 비옥한 토양 속에 묻혀 증식하고 있기 때문이다.

결국 당신의 선택에 달려 있다

이처럼 새로 개방된 상황에서 개인이 즐거움을 누릴 기회와 전망은 넓어졌다. 반면 세상의 가능성과 전망에 대한 개인들의 책임은 인지되기는 했으나 아직 그 책임이 확대되지는 못했다. 이런 경향은 '사냥꾼'에 비유했을 때 잘 맞아떨어진다. 근대 시대 '고정적' 국면의 지배적인 사회화 압력과 인생 전략은 '정원사'에 비유된다. 그보다 앞선 전근대 시대에 팽배했던 동향은 '사냥터 관리인'에 비유하는 것이 적합하다.

사냥꾼들은 집을 반짝반짝하게 닦고 광내고 꾸미는 데 시간을 많이 쓰지 않는다. 그들은 밖으로 나가고 싶어 전전긍긍한다. 열린 공간을 무척이나 좋아한다. 그들은 바깥에서, 사냥감과 모험으로 가득한 미지의 광활한 공간에서 자신들을 기다리는 행복을 만나길 바란다. 그들의 행복 추구 방식이 그들을 넓은 세상으로 인도하는 것이다. 그렇다면 사냥꾼들의 행복하고 싶은 욕망에서 발산돼 그들이 가던 길을 계속 가게 만드는 것은 원심력일까? 어느 정도는 그렇다……. 다만 단서가 하나 붙는다. 만지는 모든 것을 금으로 만들어 버린 전설 속의 미다스 왕처럼, 사냥꾼들이 만지는(또는 보는, 또는 볼 것이라 기대하고 바라는) 것은 모두 사냥감, 또는 사냥을 부르는 사냥감으로 바뀐다.

사냥꾼들이 방문하면, 그 세상은 사냥터가 되는 것이다.

그런데 밖에서 행복을 추구할 때 발산되는 원심력은 딱 하나만이 아니라 다양하다. 이렇게 다양한 원심력은 계획적이든 아니든 모두 궁극적으로는 '중심'으로 되돌아온다. 각각의 원심력을 유발하는 것은 행복하고 싶은 욕망이다. 이렇게 생겨난 원심력은, 계획적이든 아니든, 원심력을 활용하는 사람들이나 원심력에 인도되는 사람들의 행복을 위해 쓰인다. 모든 원심력 안에서 이기적 동기와 이타적 동기 사이의 대립은 희미할 뿐만 아니라 완전히 사라지는 경향이 있다. 하지만 '다른 사람들을 *위한* 존재'라는 원심력의 경우, 구심력은 그 원심력의 예기치 못한, 의도치 않은 초점에서 벗어난 부작용 또는 용량 과다로 해석될 수 있다. 반면 사냥꾼들을 계속 전진하게 만드는 원심력은 구심적 충동을 의식적으로 선별하고 열심히 추구해 얻은 주요 산물처럼 보인다. 실제로 원심력의 상대편인 구심력이 확장된 것처럼 보인다.

행복 추구 욕구라는 공동의 줄기에서 갈라져 나온 구심력과 원심력의 대립은 '둘 중 하나'를 택하는 문제가 아니다. 이 두 힘은 오로지 추상적 모형으로서만 명확히 구별될 뿐 실제 삶에서는 거의 분리되지 않은 것처럼 보인다. 차라리 '둘 다 함께'의 관계에 있다고 보는 것이 맞다. 그럼에도 행복을 찾는 행위자에게 이 두 힘은 둘 중 하나를 고르는 *선택*의 문제가 된다. 선택하지 않은 대안과 이 대안의 형태가 두드러지게 눈에 띨지, 아니면 거의 보이지 않을지는 이 선택에 따른 (의식적 또는 무의식적) 결과에 달렸다. 두 결과 모두 행위자의 책임 범위 안에 든다.

이 장의 나머지 부분은 행복 찾기 전략을 고르는 선택의 틀에 할애했다. 선택은 이 틀 안에서 이루어질 수밖에 없다. 계획적이든 아니든 선택의 결과에 대한 책임도 이 안에서 발생하고, (의식적으로) 책임을 지는 것도 이 안에서 이루어진다. 선택을 상상하고 실행을 기획할 때 나란히 따라가는 연속체의 구심적, 원심적 양극단을 대변할 사람으로는 각각 프리드리히 니체와 에마뉘엘 레비나스를 선정했다.

『이 사람을 보라』는 프리드리히 니체의 저서 가운데 '추론적 자서전'이라는 모형에 가장 가까운 작품이다. ― 저자의 연구가 지닌 의도된 의미와 의의를 대중에게 밝히는 공개 고백록(그의 고유한 표현으로 들려주는 그 자신에 관한 '증언')이기도 하다. 이 책에는 독자의 상상에 맡기는 대목이 하나도 없다. 니체는 직설적이고 명료한 언어로 '위대한 (그의) 과업과 보잘것없는 (그의) 동시대인들의 과업 사이에 격차'가 있다고 주장하며 한탄한다. 이렇게 격차가 있다는 사실은 사람들이 그의 말을 "듣고 받아들이지도, 심지어 이해하지도 못했다."라는 데서 드러난다고 한다.

우리가 주목할 점은 그가 이 글을 적어 내려간 것이 1888년 가을이었다는 사실이다. 집필 시기가 120년 뒤였다면, 니체는 이와 비슷한 불평을 거의 늘어놓지 못했을 것이다. 120년 뒤의 사회는 귀를 기울여 듣고, 주시해서 보고, 이렇게 귀를 기울여서 안 것과 주시해서 안 것을 좋아할 만큼 충분히 '성숙'했음이 분명하기 때문이다. — 니체는 아직 미완 avant la lettre인 이 사회에 그 고유한 분위기와 의도를 들려주기에 적합하다고 판단되는 어휘를 제공했다. 1888년에 니체가 주장한 내용 — "오로지 모레만이 내 것이다. 몇몇 날은 사후에 생긴다."[15] — 은 실현될 운명이었던 것으로 드러났다. 니체는 그의 동시대인들이 눈과 귀를 돌려 그의 위대함을 발견하리라고 믿지 않은 것이 분명하다. 불과 한두 쪽만 넘기면 이렇게 선언하는 내용이 나온다. 그의 저서 가운데 가장 뛰어나다고 꼽히는 『차라투스트라는 이렇게 말했다』("세상에 존재하는 가장 고귀한 책", "가장 깊고도 마르지 않는 우물과 같아 양동이를 던지면 언제든 황금과 선량함을 가득 길어 낼 수 있다.")는 그가 인류에게 선사한 선물이자 "인류가 받아 본 선물 중 가장 위대한 선물"이라고 말이다. 그러면서 그는 자신의 인생을 되돌아보며 다음과 같이 판결한다.

나는 내 운명을 안다. 언젠가는 내 이름을 접하면 뭔가 무서운 기억이 떠오르는 날이 올 것이다. ― 세상에 없던 위기, 가장 심한 양심의 충돌, 그때껏 믿었고 필요했고 신성시한 모든 것에 반하는 결정에 대한 기억 말이다. 나는 인간이 아니다, 나는 다이너마이트다. ……

최초의 훌륭한 인간 존재가 되는 것이 내 운명이다. …… 나는 최초로 진리를 발견한 사람이다. ……**16**

그렇다면 니체가 발견했다고 주장하는 '가장 위대한 진리'란 뭘까? 이 진리의 발견이 인류를 한 번도 헤쳐 나간 적이 없는 것은 물론이고 직면한 적도 없는 위기로 안내하리라 예상한 이유는 뭘까? 니체가 생각하기에 자신이 발견해 낸 것은 도덕성이 가짜이며 타락의 징조라는 것이다. 또한 도덕성이란 약하고 게으르고 비겁하고 미숙한 사람들이 위대하고 고귀하고 강력하고 탁월하고 자긍심을 가질 만한 모든 것에 맞서기 위해 꾸며 낸 음모의 산물이라는 것이다(**"동정심**은 오로지 **타락한 자들** 사이에서만 미덕이라고 불린다."). 니체는 자신을 규정하는 단어로 '비도덕주의자'를 선택했다. "나를 인류 전체와 대조시킬 수 있는 이 단어가 있다는 것이 자랑스럽다."**17**

그렇게 비도덕주의자 니체는 유대교와 기독교의 윤리적 가르침을 대대적으로 요란하게 거역하고 업신여기듯 거부했다. 유대교와 기독교의 윤리적 가르침은 이른바 '유럽 문명'(더 정확히 말하면 유럽 문명의 자기 이해와 — 끝없이 추구되나 결코 완전히 도달하지는 못하는 — 이상)의 기반을 이루는 것이었다. 그는 도덕성과 선악의 대립이라는 사상의 바탕이 되는 공리를 완전히 뒤엎었다.

> 선한 것은 무엇인가? 권력감을 강화하는 모든 것이 선하다. ······ 악한 것은 무엇인가? 나약함에서 비롯되는 모든 것이 악하다. ······ 약자와 실패자는 소멸하는 법. 이는 우리 인류의 제1 원칙이다. 심지어 저들이 소멸하도록 도와야 한다.
> 악행보다 해로운 것은 무엇인가? 모든 실패자와 약자에게 실질적으로 공감하는 것이다. ······[18]

니체는 자랑스럽게 인정했다. "나는 환희가 파괴되고 있음을 안다. 게다가 나는 탁월한 파괴자 destroyer par excellence이다."[19] 여러 세대에 걸쳐 다른 '탁월한 파괴자들'이 이런 말을 육신처럼 현실화하는 데(더 정확히 말하면 말이 육신을 **죽일** 수 있게 만드는 데) 적합한 무기로 무장한 채 니체의 비전을 현실로 만들기 위해 노력했다. 그들은 니체로부터 영감을 받았을 수 있다. — 실제로 이 가운데 영감을 받은 사람이 많다. 그들이 니체에게서 배울 수 있었던 것은 — 그리고 가장 열심히 받아들인 것은 — '거리의 파토스pathos of distance'를 칭송하는 것이었다.[20] "영혼의 평등이라는 거짓 때문에 철저히 기반이 약해진 귀족적 마음가짐"을 칭송하는 것이었다. 그들은 "약자와 실패자의 소멸을 도와주려 한" 자신들의 의도를 사면해 줄 근거를 니체의 판결에서 찾았다. 기독교가 니체의 동시대인들에게(이들의 "입냄새"에 그는 "질식할 것만" 같았다) 물려준 윤리는 "배를 깔고 기어가는 비천한 모든 것들이 고귀한 모든 것에 맞서 일으키는 반란"이었다.[21] 이런 기독교 윤리는 "살며시 움직이는 자벌레", 즉 "비겁하고 여자처럼 나약하며 감상적인 무리"가 일으킨 반란이 남긴 독 묻은 유물과 같았다…….

니체가 보기에 인간은 두 범주로 나뉘었다. 강하며 *그렇기에* 완벽한 사람('그렇기에'라고 인과관계로 본 이유는 "정치적 우월성이라는 개념은 언제나 심리적 우월성이라는 개념으로 귀착되기 때문이다." — 가령 '청결'과 '불결'은 "처음으로 계급 구별 표식으로서 서로 대치된다."[22])과 약하며 *그렇기에* 실패한 사람으로 분류됐다. 그의 견해에 따르면 이 근본적인 구분이야말로 다른 모든 구분보다 중요해서 나머지 구분을 궁극적으로 설명해 주는 역할을 한다.

[강한 사람이란] 귀족, 지위가 높은 사람, 고결한 사람을 말한다.

이들은 스스로 선하다고, 즉 스스로 일류라고 느낀다. 이들과 대조되는 사람들은 신분이 낮은 사람, 비열한 사람, 천박한 사람, 못 배운 사람 등이다. 고귀함과 거리의 파토스 …… 만성적이고 독재적인 단결심*esprit de corps*과 높은 지위의 지배 집단이 비천한 집단, 즉 '하위 집단'과 접촉하면서 거리감을 느끼는 근본적 본능, 이것이 바로 선악 대립의 기원이다.

'귀족적이고 강한 자들'은 좋고 고귀한 모든 것의 척도이자 동의어가 된다. 반면 나머지 사람들은 더 비천한 '하위 집단', 천박한 사람, 서민이 된다. 그렇다면 어떻게 이런 일이 일어나는 걸까? 사실 "주인의 명명권은 심지어 언어 그 자체를 권력의 표현으로 간주할 수 있을 정도이다. ……" 강자들에게는 그들이 선택한 말 안에 다른 사람들을 봉인할 권리가 *있다*. 왜냐하면 그들은 그렇게 *할 수 있기* 때문이다. *오직* 그들만이, 강자들만이 할 수 있기 때문이다. 이런 근본적 진리에 반하기 때문에, 유대교가 만들고 기독교가 이어받아 확산시킨 윤리는 반란 — '말 안에 봉인되고' 선량함의 영역으로부터 차단당한 자들의 반란 — 이었다. 반란의 무리가 내건 현수막에는 진리와 정반대되는 내용이 수놓였다.

가련한 자들만이 선한 자들이다. 가난한 자, 병든 자, 혐오스러운 자, 이런 자들만이 유일하게 경건한 자들이며, 유일하게 축복받은 자들이다. 오로지 이들만이 구원받는다. ─ 하지만 다른 편에 있는 그대는, 귀족이자 권력자인 그대는 영원히 악한 자, 끔찍한 자, 탐욕스러운 자, 만족을 모르는 자, 신을 믿지 않는 자이다. 또한 영원히 축복받지 못하고, 저주받으며, 지옥에 떨어지는 자가 되리라![23]

이런 반란은 *르상티망*이라 불리는 시기심에서 생겨났다. 이는 질투, 부러움, 인지부조화가 뒤섞인 특이한 감정이다. 이 감정에는 다른 원천이 필요 없었다. 그래서 다른 설명이 필요 없다. 반란은 강자의 고결함과 고귀함에 대한 보복 행위였고, 여전히 그렇다. 반역자들의 대변인이 내세울 법한 주장처럼 강자들이 권력을 부당하고 이기적으로 사용한 것에 대한 보복이 아니었다. 이 반란은 횡포에 대한 설욕이 아니라 고결함에 대한 설욕이었고, 여전히 그런 설욕으로 남아 있다……. 열등한 자들은 우월한 자들의 모습을 참을 수 없었다. 그 모습을 모욕적이고 역겹다고 생각했다. 그들이 본 모습은 그들에게는 갈망의 대상인 동시에 이룰 수 없는 것이었으며, 뜨겁게 열망하나 금지된 것이었기 때문이다. 그들은 자신들이 만약 우월한 자들의 화려한 모습에 맞추려 한다면 실패할 수밖에 없다고 생각했다. 그들보다 우월한 자들이 자연스럽고 무덤덤하게 누린 것을, 그들은 술책을 통해 자연의 순리를 거슬러야만 얻을 수 있었다. 그런데 그들이 갈망하면서도 부러워한 우월한 자들의 세계 내 존재 방식은 바로 술책 ― 모든 술책, 모방, 복제 ― 을 **불가능한** 일로 만드는 데 있었다. 우월한 자들의 '선'이 열등한 자들에게 넘어가거나 도난당하면, 선은 그 반대인 악으로 바뀔 수밖에 없었다. 그래서 니체는 영주의 자격을 박탈한다고 평민이 귀족이 되는 것은 아니라고 ― 그렇게 될 수도 없다고 ― 주장했다.

'좋은 가문에서 태어난 자들'은 단순히 자신이 '행복하다'고 **느꼈다**. 그들은 적들을 보며 인위적으로 자신의 행복을 만들어 낼 필요가 없었다. 또는 혹시나 해서 스스로 거짓으로 행복하다고 말할 필요도 없었다(이는 한 많은 이들이 습관처럼 하는 일이다). 마찬가지로 완전한 사람들이라 생기가 넘쳐 **필연적**으로 에너지가 왕성할 수밖에 없었던 그들은 너무도 현명해 행복을 행동과 분리해서 생각할 수 없었다. ……

이와 극명하게 대조를 이루는 것이 약자들과 억압받는 자들의 '행복'이다. 앙심과 악의가 곪아 터질 지경에 이른 그들에게 행복은 본질적으로 마약, 마취제, 정적, 평화, '안식일'의 모습으로 나타난다. 그들에게 행복은 마음이 약해지고 팔다리가 늘어진 상태 — 간단히 말해 완전히 **수동적**인 현상이다.[24]

불평등의 보편적 이익을 옹호하는 사람들은 정치적으로 올바르기에(이렇게 적고 '위선적이기에'라고 읽는다) 입이 더 무겁다. 그런데 이들과 달리 니체는 노골적인 어조를 조금도 누그러뜨리지 않은 채 '하방 침투' 효과를 어렴풋이 거론하면서/예측하면서/약속하면서 귀족 계급을 옹호한다. 행복은 우월한 소수의 **전유물**이다. 그래서 서민들이 이 독점권에서 끌어낼 수 있다고 합리적으로 기대할 만한 유일한 이익은 이 자연의 법칙을 수용해야 얻을 수 있다. 그들이 이 자연의 법칙을 받아들이면, 그들의 **르상티망**이 불가피하게 안길 고통과 좌절, 시험과 시련을 모면할 수 있다.

귀족계급의 지혜는 합리적으로 자기 것이 될 수 있는 것을 모두에게 주는 데 있다는 것이 니체의 견해라 할 수 있다. 즉 강자들에게는 생동감이 주는 행복을, 약자들에게는 온순하고 차분하게 운명을 수용함으로써 얻는 고요를 주는 것이다. 이런 시각에서 보면, 약하고 무기력한 이들에게 보내는 동정과 연민은 아무 효과도 없기에 잔인하다. 동정과 연민은 약자들을 강하게 만드는 것이 아니라 불행하게 만들 뿐이다. 경솔하게 깨달은 희망은 열등감의 상처에 패배감이라는 치욕만 더 안길 뿐이다. 니체의 공식 대변인이자 전권대사인 차라투스트라는 이렇게 말했다. "내 가장 큰 위험은 언제나 탐닉과 묵인에 있다. 모든 인간은 탐닉에 빠지고 싶어 하고, 또 묵인되기를 원한다."**25** 위대하고 위력 있는 자들의 이기심은 '건강하고 신성하다.' 그들의 위대함과 위력이야말로 모든 인류에게 주어진 선물(유일한 선물이자 상상할 수 있는 가장 위대하고 관대한 선물)이기 때문이다. 차라투스트라라면 이렇게 말했을 것이다. 아, 애석하게도 또 하나의 이기심이 있으니, 그것은 줄 수 있는 것이라곤 나약함과 비천함밖에 없는 사람들의 이기심이다. 병든 이기심이자 "너무도 가난하고 배고픈 이 이기심은 늘 훔치고 싶어 한다. …… 그래서 광나는 모든 것을 도둑의 눈으로 바라본다. 또한 식탐으로 먹을 것이 많은 사람을 평가한다. 그러면서 주는 사람들의 테이블 주변에 항상 몰래 숨어 있다."**26**

    니체의 대변자인 차라투스트라의 메시지는 결코 난해하거나 모호하지 않다. 행복은 *모든 사람*이 누릴 수 있지만, 행복이라고 *다 같은* 행복은 아니다. 신분 높고 위력 있는 사람들, 고귀하고 의지가 강한 사람들의 '건강하고 신성한' 이기심은 행복이다. 반면 나머지 사람들이 누릴 수 있는 유일한 '행복'(더 정확히 표현하면 불행의 모면)은 이 가공할 만한 진리를 받아들이고 그대로 따르는 것이다. 무엇보다도 그들은 자신의 평범함을 인정하고, 허황된 꿈을 신속히 포기해야 한다. 어디까지나 그들은 그들보다 높은 사람이 *아니며*, 절대로 그렇게 **될** 수도 없다. 그런데도 그들은 손해를 감수하며 자신보다 높은 사람이 될 수 있으리란 잘못된 기대를 품고 무모하게 행동하려 한다. 이처럼 실패로 돌아가는 행동을 삼가야 한다. 이것이 그들에게는 행복이다.

이런 상황에서는 행복 **추구**가 비집고 들어갈 자리가 없다. 이처럼 극명하게 다른 두 종류의 '행복'은 둘 다 속성상 우리가 **획득**할 수 없는 것이다. 우리에게는 행복이 있거나 없거나, 이 둘 중 하나이다. — 그럼에도 연민(신분 높고 위력 있는 사람들의 경우)이나 **르상티망**(천하고 신분 낮은 사람들의 경우)이 부르는 세이렌의 노래에 속아 넘어간다면, 여전히 행복을 몰수당할 수 있다. 자연의 판결은 고칠 수 있지만, 고치는 사람이 위험을 감수해야만 한다. 파국을 피하려면 인간은 자유의 몸이 돼야 한다. 신분 높고 위력 있는 사람들은 동정과 연민, (부당한) 죄책감과 (부적절한) **양심**의 가책에서 벗어나야 한다. — 이에 반해 비천하고 신분이 낮은 사람들은 **희망**에서 해방돼야 한다.

니체가 묘사한 초인Übermensch에 대한 해설은 많다. 초인은 위대한 일을 하도록 부름을 받아 기꺼이 그 소명을 따르는 사람이다. 이 사람에게는 편한 삶이 약속돼 있지 않다. 그는 먼저 자신의 자유를 얻어야 하고, 그런 다음에는 온 힘을 다해 그 자유를 지켜야 한다. 니체는 인간을 두 부류로 나눴는데, 그 가운데 '자수성가한 사람'이라 불릴 수 있는 유일한 인간 유형이 바로 초인이다. — 그는 실제로 자기 자신이 **돼야** 한다. 초인의 힘을 사용해 초인의 소명을 다하기로 결심하고 초인의 정체성에 도달해야 한다. 소명을 다할 확률은 그의 최고 권력과 확고한 의지에 따라 결정된다. 다시 문제가 되는 것은 '소인배' 무리이다…….

「왜소하게 만드는 덕에 대하여」라는 장에서, 차라투스트라는 초인의 감정을 전해 준다.

> 나는 눈을 뜬 채 이 사람들 사이를 지난다. …… 그들이 나를 쪼아 댄다. 소인배에게는 왜소한 덕이 필요하다는 내 말 때문이다. 그리고 나로서는 소인배들이 **필요하다**는 것이 이해가 잘 안 되기 때문이다! ……
>
> 나는 눈을 뜬 채 이 사람들 사이를 지난다. 그들은 이미 더 왜소해졌고 더욱더 왜소해지고 있다. **행복과 덕에 대한 그들의 가르침이 그 원인이다.** ……
>
> 근본적으로 그들이 무엇보다도 원하는 것은 하나이다. 아무도 그들을 해치지 않는 것이다. 그래서 그들은 누구보다 앞장서서 모두에게 잘한다.

하지만 이것은 *비겁한 짓*이다. 비록 '덕'이라 불리긴 하지만. ……

그들은 영리하다. 그들의 덕은 영리한 손가락을 갖고 있다. 하지만 주먹이 없다. 그들의 손가락은 어떻게 주먹을 쥐는지 모른다. ……

하지만 이것은 그저 *평범한 일*이다. 비록 중용이라 불리긴 하지만. ……

그대, 소인배들이여! 그대들은 점점 더 왜소해지고 왜소해질 것이다. 그대, 편히 지내는 자들이여! 그대들은 무너져 내릴 것이다. 그대들의 많은 왜소한 덕으로 인해, 그대들의 많은 작은 태만으로 인해, 그대들의 많은 작은 굴복으로 인해 그대들은 소멸할 것이다!**27**

'소인배들'에 대한 경멸을 담아 내뱉는 이런 말들을 다시 들을 수 있는 기회가 있다. 바로 캐럴 리드 감독의 영화 〈제3의 사나이〉에 등장하는 부도덕한 전시 부당이득자 해리 라임의 입을 통해서이다. 그는 오스트리아 빈의 프라터 공원에 있는 64.75미터 높이의 대관람차 꼭대기에서 이런 말들을 내뱉는다. 그렇게 높은 곳에서 보면 땅에 있는 사람들이 작고 시시해 보인다. 사람이라기보다는 개미나 바퀴벌레에 더 가깝게 느껴진다. 그래서 해리 라임은 불법 밀매업자들의 이익 때문에 불순물을 섞어 만든 페니실린으로 인해 희생된 사람들의 고통과 죽음쯤은 크게 중요하지 않고 거의 따지지 않는 '이차적 피해' 정도로 여길 수 있었다. '소인배들'은 마땅히 인간 대우를 받아야 하는 부류에 속하지 않는다. 특히 대관람차 꼭대기에 있는 그 인간이 보기에 그렇다.

그들은 왜소할 수 있지만(그들은 왜소하다!) 수가 많다. 니체는 차라투스트라의 입을 빌려 또박또박 설명한다. 그들은 "급히 서두르는 사람 누구에게나 방해가 될 정도이다." 세상에는 "정의와 동정만큼 나약함도 많다." 정의와 동정은 곧 나약함이다. 정의롭고 동정한다는 것은 나약하다는 의미이다. 힘은 동정 ― 과 정의 ― 에 대한 *거부*를 의미한다. 최소한 '소인배들'이 주장할 법한 정의를 거부하는 것이다. "군중이 눈을 깜빡거리며 말한다. "우리는 모두 평등하다." …… "초인은 없다. 우리는 모두 평등하다. 인간은 신 앞에서 인간일 뿐이다. 우리는 모두 평등하다!" …… 하지만 이제 그 신은 죽었다. 그러니 군중 앞에서 우리는 평등하지 말자. …… 그대, 초인이여, 그 신은 그대에게 가장 큰 위험이었다. …… 신은 죽었다. 이제 우리는 바란다. ― 초인이 살기를."[28]

신이 필요 없어진 것은 초인의 등장 때문이었다. 탐닉, 묵인, 동정을 쏟아 내 버리자, 초인의 눈으로 보는(초인이 윤곽을 그리는/

예측하는/예상하는/원하는/안내하는) 세상에는 신 — 평등의 신이자 인간 **보존**의 수호자 — 이 있을 자리가 없어졌다……. 다가오는 초인의 세상에서는 어떻게 인간을 보존할 것인가가 아니라 "어떻게 인간을 극복할 것인가?"가 도전 과제이다.[29]

니체가 가장 많이 되풀이해 요구한 것은 '모든 가치의 재평가'이다. 가장 시급히 재평가돼야 할 가치 가운데 첫손가락에 꼽히는 것이 약자들에 대한 연민과 동정이다. 나약함은 죄이므로 동정받아선 안 된다. 경멸과 무자비로 다뤄야 할 대상이다. 해방은 연민이라는 족쇄를 산산조각 낸다는 의미이다. 따라서 당연히 자유는 소수, 즉 초인들(현재의 초인들 또는 장차 초인이 될 사람들)을 위한 것이다. 소수가 성취할 자유를 위해 나머지 사람들 — '소인배들' — 은 그들이 품고 있는 평등에 대한 환상과 연민의 권리에 대한 착각에서 자유로워져야(이렇게 적고 '박탈당해야'라고 읽는다) 한다.

니체는 '탈근대의 카우걸과 카우보이'처럼 구심적 행복 추구를 실천하는 사람들의 신념을 솔직하게 자세히 설명한다. 니체의 이런 솔직 담백함은 그의 동시대인들 구미에는 맞지 않았다. 그가 자신을 '선구자'로 여긴 것도 놀랍지 않을 정도이다. 하지만 그 이후로 그의 진정성은 부채에서 주요 자산으로 탈바꿈했다. 유동하는 현대 소비자 시대의 해리 라임 같은 사람들은 니체를 인용해 정치적 부당성 혐의를 회피하고, 거기에 이름을 올려 대중의 분노를 유발하는 것을 피할 수도 있다. 어쩌면 이것이 오늘날 니체가 인기 있는 주된 이유인 것 같다. 물론 그렇다고 꼭 이것이 가장 많이 알려진 인기의 원인은 아니다. 우리 시대는 니체가 부활한 시대이다. 그는 더는 인습 타파론자이자/인습 타파론자나 신기한 인물로 여겨지지 않는다. 오늘날에는 많은 해설가가 그를 가장 통찰력 있는 감정 대변인 중 한 명 또는 틀림없이 **최고로** 통찰력 있는 대변인이라고 평가한다. 점점 많은 **우리** 동시대인들의 인생관을 이끌고 유도하는 감정들을 가장 뛰어나게 대변한다는 말이다.

프리드리히 니체 철학의 중심축이 되는 범주로 **초인**('우월한 인간' 또는 '슈퍼맨')을 꼽는다면, 에마뉘엘 레비나스 학문의 초점은 **책임**이라는 범주에 있다. 이들 두 범주를 나란히 놓고 보면, 인생철학으로서 니체와 레비나스의 두 가르침이 양극단에서 대립한다는 것을 알 수 있다. 첫 번째 가르침에서는 자아 돌봄, 자아 강화 프로그램과 전체적으로 **자기 지시적** 고민을 제안한다. 또한 행복 추구를 일종의 자기 홍보 노력으로 묘사한다. 두 번째 가르침에서는 타자에 대한 배려와 관심을 — 그리고 '타자를 **위해** 존재하기'에서 얻는 행복을 — 전망한다.

에마뉘엘 레비나스에 따르면 내 주관성의 '본질적, 일차적, 근본적 구조'는 타자에 대한 책임이다. 윤리, 도덕적 의무를 다하고 싶은 충동, 내 책임에 따라 행동하고 싶은 욕구는 내 존재라는 케이크의 겉에 바른 아이싱이 아니다. 존재에 추가된 부록도 아니며, 내 실존을 꾸미는 탐나지만 필요는 없는 장식품도 아니다. 그보다는 "책임이라고 인식되는 윤리 안에서 매듭이 만들어져 주관이라는 마디가 된다."[30] *내가 다른 사람들을 위해 존재하기 때문에 내가 존재하는 것이다.* 사실상 모든 면에서 '존재하기'와 '타인을 위해 존재하기'는 동의어이다.

내 시야에 들어온/갑자기 포착된 타자의 얼굴은 내게 손짓하며 '실존의 고립 상태'에서 벗어날 가능성을 열어 준다. 그리고 그렇게 함으로써 나를 **존재하게** 한다. 존재하기는 한낱 '실존'과는 달리 나눔 없이는 생각도 할 수 없다(레비나스가 우리에게 상기시키듯 "실존은 내가 전달할 수 없는 유일한 것이다. 나는 실존에 관해 이야기할 수는 있지만, 내 실존을 공유할 수는 없다.").[31] 내 '자아'는 내가 지는 책임들이 엮여 만들어진다. "내 행동이 아닌 것, 또는 심지어 내게 중요치 않은 것에 대한" 책임들 말이다. "타자가 나를 보기 때문에 나는 그에게 책임이 있다. 심지어 그의 관점에서는 내가 책임을 **떠안지** 않았더라도 말이다." "그 얼굴이 내게 명령하고 나를 운명 짓는다."[32] 명령을 통해 운명 짓고, 운명 짓는 것을 통해 명령한다…….

 이렇게 인식된 책임은 내 모든 지향성보다 앞선다고 말할 수 있다. 또한 책임은 내가 그에게 의존한다거나 그가 내게 의존한다고 표현되는 우리의 관계와 아무 관련성이 없다. "그 얼굴이 내게 명령한다."라는 문장에서 '명령한다'라는 동사는 비유적으로 쓰인다. 이 단어는 일반적인 일상적 의미에서의 '명령하기' ─ 순순히 따르라는 명령을 내리는 것 같은 ─ 를 지칭하지 않는다. '얼굴'로 내게 책임을 지라고 명하는 타인은 내 상사가 **아니다**. 명령을 무시하거나 거부한다고 나를 처벌하거나 내게 고통을 가할 수 있는 보스가 아니다. 내가 명령을 따른다면, 그것은 타자의 우월한 권력 때문이 아니라 그 또는 그녀의 나약함 때문이다. 그녀 또는 그가 있다는 이유로 내 것이 된 그 책임을 내게 강요할 수 없는 그녀 또는 그의 무능함 때문이다. 레비나스라면 그 또는 그녀가 있다는 말보다 '가깝다'라고 표현했을 것이다. 하지만 '명령'과 마찬가지로 '가까움'이라는 단어도 비유적으로 쓰인다. ─ **물리적**으로 가깝다거나 **제도적** 근접성(가령 가까운 친족 관계)을 의미하는 것이 아니라, 오로지 **내가 책임지는 상태로 만드는** 행위만을 가리킨다.

 앞서 이미 언급했듯 책임지는 상태에 들어가는 것은 거래가 아니다. 계약도 아니며, 우리 각자의 권리와 의무, 약속과 기대를 자세히 설명하는 행위도 아니고, 이들 사이의 균형을 잡는 행위는 더더욱 아니다.

> 상호주관적 관계는 대칭적 관계가 아니다. …… 나는 호혜를 기다리지 않으면서 타자를 책임진다. 호혜는 *그의* 일이다. 타자와 나의 관계가 상호적이지 않는 한 나는 타자에 종속된다. 이런 의미에서 나는 본질적으로 '주체'이다. 모든 것을 떠받치는 것은 바로 나이다. …… 그런 나는 언제나 다른 모든 이들보다 한 가지 책임이 *더* 있다. ……
>
> 타자를 떠받치고 그를 책임지는 것은 나이다. …… 내 책임은 양도할 수 없는 것이라 누구도 나를 대신할 수 없다. 나라는 인간의 정체성은 책임에서부터 시작한다는 말이다. …… 책임은 내게만 독점적으로 지워진 의무이자, **인간적**으로 내가 거절할 수 없는 것이다. …… 나는 내가 책임지는 정도만의 나이며, 교환할 수 없는 나이다. 나는 나 자신으로 모두를 대체할 수 있지만, 누구도 나 자신으로 나를 대신할 수 없다. 이것이 주체라는 나의 양도할 수 없는 정체성이다.[33]

레비나스는 다양한 맥락에서 다양한 표현을 사용하며 "윤리적 요구는 존재론적 필요성이 있는 것이 아니라고" 거듭 인정하고 경고한다.**34** 타자에 대한 책임, 즉 타인을 *위해* 존재하는 것은 **물리적** 현실이나, 심지어 '**사회적** 사실'이라는 현실과는 다른 의미(더 약한 의미)에서 '현실'이다. 에밀 뒤르켐은 '사회적 사실'에는 이를 거역하고 위반하는 사람들을 위협하기 위해 불굴의 강제력과 처벌 제재가 있다고 규정한다. 책임은 내 행동을 ***결정할 능력이 없다***. 우리는 윤리적 요구에 눈을 감고 귀를 닫은 채로 있거나, 의도적으로 그리고 완전히 의식적으로 요구를 거역해도 법정에 끌려가지 않을 수 있다. 그저 외면당하거나 공동체의 제재를 받거나 자존감에 회복할 수 없는 상처를 입는 정도의 적당하거나 약한 위험만 감수하면 된다. 윤리적 책임을 직시하고, 그 책임을 떠안고, ***그 책임에 대한 책임을 지는 것***은 **선택**의 문제이다. — 양심의 소리 말고는 승산이 없거나 있어도 거의 없다. 책임을 진다는 **보장**은 절대 없다. "인간은 타자를 알아채지 못할 가능성이 있다. 악의 가능성이 있는 것이다. …… 나는 '존재와 다르게'(이것은 레비나스가 타자에 대한 굴복을 — 자기중심적 존재가 고독에서 벗어날 출구를 — 일컫는 표현이다.)가 승리할 수밖에 없다는 확신이 전혀 없다."**35** 기껏해야 확률은 반반이다. 윤리적 태도를 방해하는 경우도 너무 많다. 윤리는 실존보다 '더 현실적'이거나 강하지 않다. 그저 ***더 나을*** 뿐이다. 내 책임에 책임을 지는 것은 바로 이 '더 나은 것'을 추구해서 얻는 결과이다. —

다만 이것을 추구하는 일은 착수될 수도, 착수되지 않을 수도 있다…….

궁극적으로는 이것이 바로 우리가 행복을 추구할 때 모두 직면하는 선택, 즉 궁극적 선택이다. 매일매일 해야 하는 선택이자, 확고부동하게 고수해야 하지만 날마다 다시 확인해야 하는 선택이다.

우리가 할 수 있는 것은 이 책 첫머리에 인용한 세네카의 말을 되뇌는 것뿐이다. "무엇이 삶을 행복하게 만드는지 뚜렷이 알려면" 우리는 "손으로 더듬어 가며 빛을 찾아야 한다." 그리고 2000년이 지난 지금, 이렇게 덧붙일 뿐이다. 세네카 시대의 사람들보다 우리가 그 빛에 훨씬 더 가까이 다가간 것처럼 보이지는 않는다고. 우리는 계속해서 더듬으며 찾고 있다. 궁극적으로는 이것이 바로 '삶의 예술'이 아닐까?

후기

지금, 어떻게 살아야 하는가?

그러므로 우리 모두는 우리 삶의 예술가이다. — 우리가 알든 모르든, 자발적이든 마지못해서든, 좋든 싫든 그렇다. 예술가로 산다는 것은 달리 모양이나 형태가 잡히지 않은 것에 형태와 모양을 잡아 준다는 의미이다. 개연성을 조작한다는 뜻이다. 혼란스러울 수밖에 없는 것에 '질서'를 부여한다는 의미이다. 나머지 모든 사건보다 특정 사건이 일어날 가능성을 더 크게 만들어, 혼란스러울 — 제멋대로 마구잡이식이라 예측할 수 없는 — 상황과 사건 더미를 '조직화'한다는 뜻이다.

'조직화'(또는 '경영관리'. 이 두 표현은 샴쌍둥이와 같다)란 본래 따로 떨어지고 흩여져 있는 다양한 행위자와 자원을 한데 모으고 조정해 일이 되게 만드는 것을 의미한다(암묵적 추정: 조직화가 아니면 이렇게 모이고 조정되는 일은 벌어지지 않는다). 복잡한 일을 표현하기 위해 우리는 '*일*을 조직화할' 필요성, 또는 '*나 자신*을 정리할'(이 경우에는 인생의 예술성을 가리킨다) 필요성을 이야기하는 경우가 많다. — 그리고 때로는 '일이 되게 하고' 싶다면 바로 이렇게 정리하거나 조직화해야 한다고 설명한다. 물론 설명은 때때로 하지만, 추정은 늘 이렇게 한다.

(우리 자신을 조직화하는 것을 포함해) 조직화를 가장 잘하는 방법을 알려면 전문가들 말고 누구에게 물어보겠는가? 이른바 '조직'이라는 독립체를 담당하는 사람들 말이다. 어쨌든 이들은 — 날이면 날마다 실수 없이 — 반드시 일이 되게, 그것도 제대로 (즉 의도한 대로!) 일이 되게 만드는 전문가라고 여겨지는 사람들이다. 그들이 근무시간 내내 하고, 목표로 삼는 것이 바로 그런 일이다. 옥스퍼드 영어 사전에 설명돼 있듯 최근까지 그들은 '(뭔가에) 명확하고 질서 있는 구조를 세우느라' 바빴다(암묵적 추정: 이렇게 하지 않으면 '뭔가'는 모양도 없고 무질서한 상태로 있게 된다). 그런데 **명확**하고 *질서* 있는 구조라……. '조직'이 일상어로 자리 잡은 이래 아주 최근까지만 해도, 이 개념을 접하면 으레 그래프, 도표, 명령 계통, 부서, 시간표, 규정집이 떠올랐다. 또한 **혼돈**(즉 가늠할 수 없거나 똑같은 확률로 무슨 일이든 일어날 수 있는 상태)을 이겨 낸 *질서*(즉 몇몇 사건이 나머지 다른 모든 사건보다 일어날 가능성이 훨씬 더 크게 *만들어진* 상태)가 생각났다. '4C' — 연

속성continuity, 불변성constancy, 정합성consistency, 일관성coherence ― 뿐만 아니라 구조화 대상보다 구조가 우위에 있고, 내용보다 틀이, 개인보다 전체가, 경영 대상의 행동보다 경영 목표가 우위라는 생각이 들었다.

바로 앞에서 나는 분명히 "아주 최근까지만 해도"라고 표현했다. 왜냐하면 요즘 들어 조직화의 본거지에 들어가 보면 변화의 바람이 불어오는 것이 느껴지기 때문이다. 몇 해 전, 조지프 파인과 제임스 H. 길모어는 『경험 경제』라는 책을 출판했다.[1] 이 책은 출간되자마자 경영학도들의 상상력에 불을 붙였다. ― 출판사가 하버드 경영대학원인 것도 틀림없이 도움이 됐을 것이다. 그러면서 회사 임원들의 현재 사고방식을 조직 연구의 새로운 패러다임으로 선보일 토대가 마련됐다. 코펜하겐 경영대학원 출판사도 다니엘 요르트와 모니카 코스테라가 편집자로 참여한 흥미로운 연구서를 출간했다.[2] 이 책에서 두 사람은 조직 패러다임 변화의 대략적인 윤곽을 포착해 놀라울 만큼 세세하게 추적했다. 통제와 효율성을 우선시하는 '관리' 중심의 조직 패러다임은 낡은 것이 됐고, 경험의 가장 중요한 특징, 즉 직접성, 유희성, 주관성, 수행성을 강조하며 기업가정신에 초점을 맞춘 새로운 패러다임이 떠오르고 있다.

모니카 코스테라는 '관리주의'(이 이론은 이미 옛것이 됐거나, 간

혹 억울해하고 주저하는 모습이 보이기도 하지만 빠르게 저물고 있다)의 특징 "권력 위에서 번성하고 점점 더 많은 권력을 축적하는 것"이라고 주장했다. 관리주의는 먼저 노동자와 사무직 피고용자의 권력을 빼앗았고, 그다음에는 점차 지휘자급까지 올라가 최고위 경영진의 권력마저 앗아 갔다. "공장은 거대한 기계로 변했다. …… 그곳에서 노동자들은 컨베이어 벨트에 붙어서 실수나 저지르는 한낱 부속품으로 여겨졌다. 곧이어 사무실도 그 전철을 밟았다." 그런데 관리주의에서 '경험 경제'로 변환하는 도중에 새로운 조직 유형이 탄생했다. "기업가적이고, 뻔뻔하게 절충적이며, 비선형적이고, 때로는 노골적으로 비논리적인" 이런 조직 유형은 직접성, 주관성, 유희성, 수행성을 통해 작동한다.[3] 이제는 불변성, 정합성, 일관성에 작별을 고해야 할 때가 도래한 것으로 보인다. 4C 가운데 나머지 하나인 연속성의 경우에는, 어쩌면 결과물로는 나타날 수 있을지 모르지만 설계, (대외적으로) 천명한 목적, 동기 차원에서는 더는 등장하지 않는다. (혹시) 등장하더라도 조직의 보스가 (또는 주식중매인들이!) 반드시 이를 조직의 장점으로 여겨 대변credit side에 반영하는 것은 아니다…….

그렇다면 이렇게 진행 중인 급격한 변화는 사회와 개인에게 어떤 영향을 미칠 수 있을까? 이에 대한 심리는 계속되고 있는 데, 배심원들의 판단은 만장일치 평결과는 거리가 멀다. 어떤 평자들은 조직의 격변을 피고용자들의 해방과 권한 강화로 가는 강력한 발걸음으로 묘사할 수도 있다(실제로 그렇게 묘사한다!). 반면 하급직과 상급직 모두를 일로 인해 생성된 의존성이라는 그물망 안에 더 단단히 옭아매는 방향으로 가는 길이라고 보는 평자들도 있다. 혹자는 자유 측면에서 이뤄낸 또 다른 괄목할 만한 발전이라고 말하는가 하면, 더 탐욕스럽고 무자비한 새로운 지배를 어디서나 흔히 보게 됐다고 이야기하는 사람들도 있다. 어떤 이들은 비인간적 통제와 일상의 성급한 후퇴라고도 하고, 또 어떤 이들은 얼마 남지 않은 자율성과 사생활 영역에 대한 침범과 정복이라고도 한다. 피고용자들의 자기경영과 자기주장에 대한 권리가 회복되고 정착될 시점이 임박했다고 보는 사람들도 있고, 그들의 개인적이고 비공개적인 자질, 자산, 관심사를 몰수하는 방향으로 한 걸음 더 진전했다고 여기는 사람들도 있다. 이렇게 제시된 격변 과정의 특징들은 모두 극명하게 모순되고 양립 불가능한 것처럼 보인다. 그래도 최소한 부분적으로는 사실에 부합하는 것처럼 들리는 이유는 각각의 의견 모두가 단칼에 묵살되지 않을 정도로 주장을 뒷받침할 충분한 증거가 있기 때문이다.

이처럼 '경험 경제'가 도래하면서 어떤 영향력을 끼칠지는 참으로 모호하다. 모호한 탓에 결단이 어렵다. 어쨌든 표면적으로는 '관리주의'에서 '경험' 경제로의 이행을 막을 수 없을 것처럼 보인다. 수많은 원인 가운데 하나는 모든 단호한 판단이 부분적으로 효력을 잃기 때문이다. 이렇게 무효화되는 이유는 한때 자립과 자율의 인생 영역과 가치 영역을 뚜렷이 구분하던 경계선들이 점진적으로 흐려지거나 유연해지거나 지워지고 있기 때문이다. 즉 직장과 가정, 위탁 시간과 자유 시간, 일과 여가, 비즈니스와 집안일 사이의 경계가 허물어지고 있기 때문이다(막스 베버는 비즈니스와 집안일의 분리야말로 근대성의 탄생을 알리는 신호탄이자, 조직의 도표와 무관한 모든 것과 비인격적 조직 논리로의 종속에 적합하지 않은 모든 것을 향해 선포하는 근대성의 전쟁 포고라고 주장했다).

휴대전화, 노트북, 휴대용 컴퓨터 시대에는 직장이나 가정과 일시적으로 연락이 두절되는 것 — 직무나 가족의 의무에서 일시적으로 벗어나는 것 — 이 용납되지 않는다. 업무 파트너와 상사의 명령뿐만 아니라 가족과 친구의 연락에 대비해 항상 대기하는 것이 가능성의 차원을 떠나 의무가 됐을 뿐만 아니라, 일종의 내적욕구가 됐다. 오늘날, 영국인들의 가정은 그들을 보호하는 견고한 성채인 것은 변함없지만, 마치 벽에 구멍이 숭숭 뚫려 방음이 되지 않는 것처럼 집에서도 언제나 외부와 소통할 수 있는 상황이다. 재택근무를 하거나 직장에서 재미있게 지내는 일이 너무도 빈번해지면서, 이제 영국인들은 어디가 원래 뭘 하던 곳인지 확실치 않아도 다 양해되는 분위기이다. 뭘 기대해야 할지, 언제 어디서 기대해야 할지, 그리고 이런 기대가 좌절되면 언제 어디서 그렇다고 결론 내려야 할지 확실치 않아도 된다.

지금까지 (관리되는) 직장의 영역에 속한다고 여겨져 온 기능들 상당수가 이제는 '협력 업체'에 위탁됐다. 그 결과, 이런 기능들은 시장형 관계("조금이라도 만족하지 않으신다면 매장으로 반품해주세요."와 같은 식의 관계)로 대체됐다. 아니면 상당수 기능을 '자회사에 맡기듯' 개별적으로 각각의 피고용자에게 맡겼다. 그 결과, 상사가 짊어져야 했던 업무 수행에 대한 책임과 그 결과를 감내할 의무가 피고용자들의 어깨로 옮겨졌다. 요즘에는 정통적인 경영 과제를 같거나 낮은 위치에 있는 사람에게 넘겨 회피하는 식으로 진정한 지배력을 행사한다.

'자율권을 가지게 된' 피고용자들이 자기경영을 하자, (직간접적으로) 고용된 사람들의 자아나 인격 관련 영역 — 지금까지는 고용주들이 '노동력을 사면서' 취득하는 패키지 딜에 포함되지 않았던 영역 — 가운데 상당히 많은 영역이 이제 착취의 대상으로 노출됐다. *자기*경영을 하는 피고용자들은 자신들 안에서 전통적 노동계약상 상사들에게 출입 금지 지역이었던 부분들까지 활용한다고 봐도 된다. — 그들의 경영자였다면 접근할 수 없었을 자원에까지 손을 뻗는 것이다. 또한 새로이 '자율권을 지니게 된' 피고용자들은 ('하도급자'라는 새로운 이름으로 불리든 아니든) 고용 회사의 목표를 달성하는 데 들인 시간을 계산하지 **않을** 것이라고 기대해도 된다. 뿐만 아니라 그들의 경영자가 직접 책임지거나 규칙을 적용했다면 잠재적으로 역효과를 낳거나 문제를 일으켰을 수도 있는 그들의 일부분을 통제하고 중화할 것으로 기대해도 된다. 이런 부분들은 그들의 경영자가 게 맡았다면 최소한 길들이고 무력화하기 어려웠을 수도 있다.

새로운 조직 유형이 희망을 걸고 있는 '주관성'이나 '유희성'은 그 본산지가 예전에는 가정, 교우 관계, 이웃 공동체였다. 하지만 조직이 새로이 피고용자들의 시간, 에너지, 감정을 탐하면서 이런 곳들은 소외되고 왜소해지고 평가절하되는 경향이 있다. — 긴급 비상 상태가 인위적으로 강화되면서 '열렬한 헌신'이 요구되는 것도 여기에 한몫한다. 이제 조직은 이런 전통적인 현장에서 독립적으로 자라 '추수 준비'를 마친 작물을 추수하는 대신, 조직 스스로 그 작물의 씨를 뿌리고 부지런히 경작해야 한다. 다시 말해 조직 구성원들의 '수행성'을 증진하기 위해 조직에서 동원하려는 구성원들의 자질들을 조직 스스로 개발해야 한다.

하지만 결과는 의도했던 바와 얼마든지 다를 수 있다. 원래 의도는 조직을 '경량화'함으로써 빠르게 변화하는 유동적인 환경에 맞게 조직을 적응시키는 것이었다. 하지만 새로운 도전에 부응하려다 보면 조직이 오히려 '더 비대해질' 수도 있다. 계속해서 젊어지는 세상에서, 조직은 마치 동화 속 늙어 가는 마녀처럼 처녀의 피가 점점 더 많이 필요해질 수 있다(최신 버전에서는 처녀의 피 대신 기업 인수와 뒤이은 자산 수탈을 말한다. 완곡하게 표현해 '합병'이라 불리는 기업 인수는 우호적일 수도 비우호적일 수도 있지만, 언제나 강제적이라는 것은 변함이 없다). 이렇게 상황이 진행되면서 폭식증 증상이 나타날 수 있다. 예를 들면 한바탕 폭식을 일삼다가 간간이 발작적으로 구토와 지방흡입술을 하거나, 한동안 미친 듯 몸무게에 집착하거나, 주말 휴가를 건강 관리 리조트에서 보내는 식이다. 정확한 비용 대비 효과는 아직 계산기를 두드려 보지 않았다. 하지만 아마도 새로운 요구 관련 비용의 증가분이 예전 조직이 수행하던 기능 가운데 일부를 외부에 위탁하거나 자회사에 맡겨서 얻는 절약분을 능가하는 것으로 나올 것이다.

코펜하겐 경영대학원의 닐스 오케르스트룀 교수는 조직 내 피고용자의 현재 상황을 현대의 혼인이나 동거 관계에 있는 파트너의 상황에 비유한다. 두 경우 모두 비상이 예외가 아닌 일상이 돼 가는 경향이 있다(비상 상태란 이성과 감성을 막론하고 모든 자원을 동원해야 하는 상태를 말한다). 두 경우 모두 사람들은 "자신이 사랑받는지 아닌지, 얼마나 사랑받는지 늘 의심한다. …… 조직 안에서도 사람들은 혼인 관계 안에서와 마찬가지로 확인받고 인정받고 싶어 하는 마음이 크다. …… 어딘가의 일원이냐 아니냐가 피고용자 개인의 행동을 좌우한다."[4] 오케르스트룀은 '사랑의 규약'이 '신형' 조직의 전략을 움직인다고 믿는다. 그래서 '좋을 때나 나쁠 때나, 죽음이 우리를 갈라 놓을 때까지' 영원토록 계약 기간이 정해진 고용계약서는 없다(연인들 사이에 영원히 동거하기로 구두로 합의하는 경우가 없는 것과 마찬가지이다). 파트너들은 영구적으로 생성 상태 in statu nascendi에 놓여 있어, 미래가 불확실한 상태가 지속된다. 그런 만큼 자신이 상사나 파트너의 공감과 충성을 얻었고, 자신에게는 이를 얻을 만한 자격이 충분함을 더욱더 설득력 있게 끊임없이 입증해야 한다. '사랑받는 상태'에는 결코 '충분함'이란 없으며, 이것이 '충분히' 확인되는 경우도 절대 없다. 사랑받으려면 영원히 조건이 따른다. ― 즉 자신의 수행 능력과 성공 능력, 자신이 반복해서 현재의 또는 잠재적 경쟁자보다 '한 걸음' 앞설 수 있음을 증명할 새로운 증거를 계속 제공해야 한다. 이 작업에는 끝이 없다. 사랑과 인정을 얻기 위한 조건들이 완전히 무조건으로 충족되는 일은 절대 없는 것처럼 말이다. 이미 월계관을 썼다고 해서 거기에 안주

하고 있을 시간이 없다. 월계관은 금세 시들고 바래기 때문이다. 성공은 달성되고 나면 그다음 순간 잊히기 마련이다. 회사 생활은 무한히 연속되는 비상 상태와도 같다……. 이런 삶은 흥미진진하면서도 사람의 진을 뺀다. 모험을 즐기는 사람들은 삶이 흥미진진하지만, 마음 약한 사람들은 기운이 소진된다.

마지막으로 덧붙일 중요한 사항이 하나 더 있다. '경험 경제'가 촉진하는 *개인주의* 버전의 역량 증진 논리는 직장 동료들 사이의 협력, 상호 약속, 연대를 쓸모없게 만든다. 뿐만 아니라 역효과를 낳는 것이 분명하다. 이 논리에 따르면 연대적 태도를 취하고 감정적 유대와 상호 헌신을 강화할 경우, 얻는 것은 거의 없고 잃는 것만 많아질 수 있다. 현재 상황은 모든 측면에서 공동체의 연대를 저해하는 것처럼 보인다(뱅상 드골레자크가 만든 목록[5]에 따라 몇 가지 측면만 열거하면, 급여가 개별화되고, 공동 요구가 분산되며, 집단 동의를 포기하고, '구체적 연대'가 약해지고 있다). 지금은 모두가 각자도생하고 있다. 이 가운데 경영자들은 연대 대신 각자도생하면서 파생된 '생산성'에서 이익을 뽑아내고 있다…….

앞서 오케르스트룀은 조직 형태가 연인 관계와 유사한 패턴으로 새로 형성되는 경향이 있다고 했다. 우리는 이런 의견을 접하면서 이보다 훨씬 더 폭넓은 변화, 아마도 '패러다임 변화'의

토대가 될 변화에 주목했어야 한다. 바로 유동하는 현대 환경에서 인간적 유대 관계, 특히 연인 관계와 더 일반적으로는 교우 관계의 근본적인 역할 변화에 주목했어야 한다는 말이다. 일반적인 의견에 따르면, 현재 인간적 유대 관계의 매력은 전대미문의 수준으로까지 커지고 있다. 하지만 이 유대 관계가 기대받는 역할을 해낼 능력은 이와 반비례한다. — 이 역할이야말로 매력의 주요 요인이었고, 이런 사실은 변함이 없는데도 말이다…….

지금 우리의 인간관계는 불안과 영속적 비상 상태에 푹 빠져서 의미 없는 소음으로 가득하다. 그 이유는 우리가 '깊은 우정과 동료애'를 *기꺼이* 맺고 싶어 하고, 그 어느 때보다도 강하게 절실하게 이를 갈망하기 때문이다. 우리가 이렇게 열렬히 *원하는* 이유는 우정으로 맺어진 유대 관계야말로 (레이 팔Ray Pahl의 길이 남을 절묘한 표현을 빌자면) 유동하는 현대 세계의 "격렬한 물결을 헤치고 오는" 우리의 유일한 (사회적) "호위대"이기 때문이다. 호위대의 도움이 있어야만 용감히 맞설 수 있는 '격렬한 물결'이란 뭘까? 바로 다음과 같은 현실이다. 직장은 동료들을 서로 의심하는 데 중독돼 있고, 살인적인 경쟁으로 갈기갈기 찢겨 불안정하며 언제든 부서지기 쉬운 상태이다. 우리의 이웃 공동체는 개발자들의 끊임없는 위협에 시달리고 있다. 훌륭한 인생과 성공으로 가는 길을 알리는 표지가 많기는 하지만, 예고 없이 나타났다가 사라지는 등 하나같이 불확실하고 형편없다. 우리 몸과 재산의 안전을 위협하는 위험은 너무 모호해 맞서 싸우기는커녕 정확히 찾아낼 수도 없다. 패기를 보여 주고 '자신을 증명하라'는 압박을 끊임없이 받지만, 이에 필요한 자원을 모을 수 있게 도와주는 손길은 거의 없다. 뒤처지거나 트랙 밖으로 완전히 밀려나지 않기 위해 계속해서 생활 속 유행을 추천받지만, 유행이 너무나 빠르게 변해 따라잡을 수가 없다. 믿을 수 있고, 충실하고, 신의 있고, '죽음이 우리를 갈라 놓을 때까지 변함없을' 친구가 내미는 도움의 손길, 필요할 때마다 기꺼이 즉시 내밀어 주리라 믿어도 되는 손길 — 망망대해에 있는 난파선 앞에 나타난 섬과 사막에서 길 잃은 사람들 앞에 나타난 오아시스를 떠올려 보라. 우리는 이런 손길이 필요하고, 우리에게 이런 손길이 있기를 바란다. — 은 많으면 많을수록 좋다…….

하지만…… 하지만! 우리의 유동하는 현대 환경에서 일생을 건 충성이란 많은 저주가 따르는 축복이다. 파도의 방향이 바뀌면 어떻게 될까? 어제의 안전한 자산을 오늘의 위험한 부채로, 소중한 재산을 쓸모없는 자갈돌로, 물에 뜨는 구명대를 중량벨트로 바꾸는 새로운 기회가 손짓한다면? 가깝고 소중한 사람들이 이제는 더 이상 소중하지 않은데도 여전히 짜증스러울 정도로 가깝다면? 그리하여 우리는 불안하다. 친구나 파트너를 잃을까 봐 두려우면서도, 그들 중 더는 원치 않는 사람들을 덜어 낼 수 없을까 봐 — 그에 더해 자신이 친구나 파트너의 충동이나 결심, 즉 "우리 거리를 좀 두자."라는 말을 듣는 입장이 될까 봐 — 두렵기도 하다. 요즘은 인간관계의 '네트워크'('네트워크': 끝날 줄 모르는 연결과 단절의 유희)야말로 가장 비참한 양면성의 중심지이다. 여기에 직면한 삶의 예술가들은 지침이 되기보다는 혼란을 더 많이 일으키는 딜레마에 얽혀 버린다…….

이반 클리마는 이런 질문을 던졌다. "개인의 행복과 새로운 사랑을 추구할 권리가 한편에 있고, 다른 편에는 가정을 파괴하고 어쩌면 자녀들에게 피해를 줄지도 모를 무모한 이기심이 있다면, 이 둘 사이의 경계는 어디쯤일까?"[6] 이 경계선을 정확히 긋는 작업은 비참한 일이 될 수 있지만, 한 가지는 확신할 수 있다. 그 경계선이 어디든, 유대의 끈을 묶고 푸는 것이 도덕적으로 좋지도 나쁘지도 않은 중립적 행위라고 선언되는 순간, 이 경계선은 무너진다. 이렇게 되면 행위자들은 자신의 행동이 상대에게 미치는 영향에 대한 책임을 선험적으로 덜게 된다. 좋을 때나 나쁠 때나 사랑이 약속하고 기르고 지키기 위해 고군분투하는 바로 그 무조건적인 책임감을 덜게 되는 것이다. 소비 대상을 통해 즐거움을 추구하는 것과는 극명히 대조적으로, "선하고 지속적인 상호 관계를 창조하려면 어마어마한 노력이 요구된다." 클리마의 주장에 따르면 사랑은 다음과 같다.

> 사랑은 예술 작품 창작에 비견돼야 한다. …… 이때도 상상력, 온전한 집중력, 인성의 모든 측면을 결합하는 작업, 예술가의 자기희생, 절대적 자유가 요구된다. 하지만 무엇보다도, 예술 창작의 경우도 그렇지만, 사랑에는 행동이 요구된다. 즉 일상적이지 않은 색다른 활동과 행동, 파트너가 본래부터 가진 천성에 대한 변함없는 관심, 그 또는 그녀의 개성을 이해하려는 노력, 존중이 필요하다. 그리고 마지막이지만 중요한 한 가지. 사랑에는 관용이 필요하다. 즉 자신의 가치관이나 이상을 반려자에게 강요하거나 상대의 행복을 가로막으면 안 된다는 깨달음이 있어야 한다.

결론적으로 사랑은 행복과 의미로 가는 쉬운 길을 약속하길 삼간다. 반면 소비 지상주의적 관행에서 영감을 받은 '순수한 관계'는 이런 종류의 쉬운 삶을 약속한다. 하지만 그래서 행복과 의미를 운명의 볼모로 만든다.

간단히 말하면 사랑은 **발견**할 수 있는 것이 아니다. 발견된 물건objet trouvé이나 '기성품'이 아니다. 사랑은 매일, 매시간, 늘 새로 **만들고** 다시 만들어야 하는 것이다. 끊임없이 소생시키고, 재확인하고, 돌보고, 보살펴야 하는 것이다. 그런데 요즘은 유대

관계가 점점 더 약해지고, 장기적인 약속의 인기가 떨어지고, '권리'에서 '의무'를 제거하고, '자기 자신에 대한 의무'('이건 다 내 덕분이야.', '난 이럴 자격 있어.' 등)를 제외한 모든 의무를 회피하는 경향이 있다. 그리고 이것과 일맥상통하게 사랑을 처음부터 완벽하거나 아니면 실패이거나, 둘 중 하나로 여기는 경향이 있다. ― 실패인 경우, 깨끗이 포기하고 정말로 완벽하기를 바라며 '새로운 개량' 종으로 대체하는 편이 더 낫다고 여긴다. 이런 사랑은 심각한 불화나 대립은 고사하고 사소한 일로 처음으로 옥신각신하기만 해도 살아남지 못한다…….

칸트의 진단을 소환해 보면, 행복은 이성이 아니라 상상이 품는 이상이다. 칸트는 인간이라는 휜 목재로는 곧은 것을 만들 수 없다고도 경고했다. 존 스튜어트 밀은 이 두 가지 지혜를 하나로 묶어 경고하는 듯하다. 당신이 스스로 행복한지 의문을 품는 순간, 당신의 행복이 멈춘다고……. 아마 고대인들도 그렇게 의심했던 것 같지만, 그들은 살아 있는 한 희망을 놓지 않는다 dum spiro, spero 는 원칙을 따랐다. 그러면서 열심히 노력하지 않으면 인생은 삶을 가치 있게 만드는 것을 하나도 주지 않는다고 주장했다. 2000년이 지난 지금도, 이 주장이 지닌 화제성은 여전한 것처럼 보인다.

참고문헌

Book epigraphs from Epictetus, *The Art of Living*, interpreted by Sharon Lebell, Harper One, 2007, p. 42, and *Seneca: Dialogues and Essays*, trans. John Davie, Oxford University Press, 2007, p. 85.

서문 행복, 과연 무엇이 문제인가

1. Michael Rustin, 'What is wrong with happiness?', *Soundings* (Summer 2007), pp. 67–84.
2. Robert E. Lane, *The Loss of Happiness in Market Democracies*, Yale University Press, 2000.
3. Richard Layard, *Happiness: Lessons from a New Science*, Penguin, 2005.
4. Jean-Claude Michéa, *L'Empire du moindre mal. Essai sur la civilisation libérale*, Climats, 2007, p. 117.
5. See 'English patience', *Observer Magazine*, 21 Oct. 2007.
6. See 'My favourite outfit', *Observer Magazine*, 22 Apr. 2007, p. 39.
7. Stuart Jeffries, 'To have and to hold', *Guardian*, 20 Aug. 2007, pp. 7–9.
8. Friedrich Nietzsche, *The Genealogy of Morals*, trans. Horace B. Samuel, Dover, 2003, p. 11.
9. Ibid., p. 20.
10. See Hanna Buczyn'ska-Garewicz, *Metafizyczne rozwaz'ania oczasie* [Metaphysical Reflections on Time], Universitas, 2003, pp. 50ff.
11. See Douglas Kennedy, *The Pursuit of Happiness*, Arrow, 2002.

1장 행복의 비극

1 Ann Rippin, 'The economy of magnifi cence: organization, excess and legitimacy', *Culture and Organization*, 2 (2007), pp. 115-29.

2 Max Scheler, 'Das Ressentiment im Aufbau der Moralen', in *Gesammelte Werke*, vol. 3, Bern, 1955; here quoted after the Polish edition, *Resentyment i Moralnos´c´*, Czytelnik, 1997, p. 49.

3 Ibid., p. 41.

4 Epictetus, *The Art of Living*, interpreted by Sharon Lebell, Harper One, 2007, p. 22.

5 Immanuel Kant, *Grounding for the Metaphysics of Morals*, trans. James W. Ellington, Hackett, 1981, p. 27.

6 See Aristotle, *The Basic Works of Aristotle*, ed. Richard McKeon, Random House, 1941.

7 Darrin McMahon, *The Pursuit of Happiness: A History from the Greeks to the Present*, Allen Lane, 2006, pp. 337ff.

8 Alexis de Tocqueville, *Democracy in America*, trans. George Lawrence, Harper, 1988, vol. 2, p. 538.

9 Ibid.

10 원문에서는 1996년에 출판된 폴란드어 번역본을 참고함. 참고로, 존 데이비가 영문으로 번역한 『세네카: 대화와 에세이』, 옥스퍼드 출판사, 2007년, 91쪽은 다음과 같음: '최고선에는 죽음의 손길이 닿지 않는다. 최고선은 끝이 없으며, 과도함이나 뉘우침을 용납하지 않는다. 올곧은 사람은 절대 일탈하거나 자기혐오에 빠지지 않으며, 완벽하기에 아무것도 변경하지 않는다. 반면, 쾌락은 즐거움을 주는 바로 그 순간 사라져 버린다. 쾌락이 차지하는 자리는 작아서 금세 채워지고, 지쳐버린 쾌락은 첫 번째 공략 이후 에너지를 잃기 때문이다.'

11 Émile Durkheim, *Selected Writings*, trans. Anthony Giddens, Cambridge University Press, 1972, p. 110.

12 Ibid., pp. 94, 115.

13 See Seneca, *Epistulae Morales ad Lucilium*, trans. by Robin Campbell as

  Letters from a Stoic, Penguin, 2004, p. 65.
14 *Seneca: Dialogues and Essays*, pp. 41, 85.
15 Ibid., p. 134.
16 Ibid., p. 64.
17 Marcus Aurelius, *Meditations*, trans. Martin Hammond, Penguin, 2006, pp. 13, 15, 19.
18 Ibid., p. 65.
19 Ibid., p. 71.
20 Ibid., pp. 36, 80.
21 Pascal, *Pensées*, trans. A. J. Krailsheimer, Penguin, 1968, p. 59.
22 Ibid., pp. 67, 69.
23 Ibid., p. 70.
24 See Max Scheler, 'Ordo amoris', in *Schriften aus dem Nachlass*, I: *Zur Ethik und Erkenntnislehre*, Franke Verlag, 1927; here quoted after David R. Lachterman's translation in Max Scheler, *Selected Philosophical Essays*, Northwestern University Press, 1973, pp. 100–1.
25 Ibid., p. 117.
26 Ibid., p. 113.
27 Ibid., p. 102.
28 Erich Fromm, *The Art of Loving*, Thorsons, 1995, p. 18.
29 Ulrich Beck and Elisabeth Beck-Gernsheim, *The Normal Chaos of Love*, trans. Mark Ritter and Jane Wiebel, Polity, 1995, pp. 3, 13, 53.
30 Ibid., p. 12.
31 B. Ehrenreich and D. English, *For Her Own Good*, Knopf, 1979, p. 276.
32 Gilles Lipovetsky, *L'ère du vide. Essais sur l'individualisme contemporain*, Gallimard, 1993, pp. 327–8.
33 Ibid., p. 316.
34 Christopher Lasch, *Culture of Narcissism*, Warner Books, 1979, p. 43.
35 Ibid., pp. 22, 55, 126.

36 Jean-Claude Kaufmann, *L'invention de soi*, Armand Colin, 2004, p. 188.
37 Hannah Arendt, *La crise de la culture*, Gallimard, 1972, p. 14.
38 Jean-Claude Michéa, *L'Empire du moindre mal. Essai sur la civilisation libérale*, Climats, 2007, p. 27.
39 Leopold von Ranke, *Civil Wars and Monarchy in France*, trans. M. A. Garvey, Bentley, 1852, vol. 1, p. 325, and vol. 2, p. 50.
40 A primary contemporary source quoted by Leopold von Ranke in *The History of the Popes during the Last Four Centuries*, trans. G. R. Dennis, Bell, 1912, vol. 2, p. 219.
41 See Richard Drake, 'Terrorism and consolation of history', *Hedgehog Review*, 2 (2007), pp. 41–53.
42 Michéa, *L'Empire du moindre mal*, p. 197.
43 Jean-Claude Michéa refers here to J. A. W. Gunn's *L'intérêt ne ment jamais. Une maxime politique du XVIIe siècle*, PUF, 1998, pp. 192, 207.

2장 우리, 삶의 예술가

1 See her conversation with Joanna Sokolin'ska in 'Wysokie obcasy', *Gazeta Wyborcza*, 6 Nov. 2006.
2 Paul Ricoeur, *Soi-même comme un autre*, Seuil, 1990, p. 210.
3 Michel Foucault, 'On the genealogy of ethics: an overview of work in progress', in *The Foucault Reader*, ed. Paul Rabinow, Random House, 1984, p. 350.
4 Susan Neiman, *Evil in Modern Thought*, Princeton University Press, 2002, pp. 4–5.
5 See *Guardian Weekend*, 4 and 11 Aug. 2007.
6 See Ernst Kris and Otto Kunz, *Legend, Myth and Magic in the Image of the Artist*, trans. Alistair Lang and Lottie M. Newman, Yale University Press, 1979, p. 113.

7   Richard Wray, 'How one year's digital output would fi ll 161 bn iPods', *Guardian*, 6 Mar. 2007.
8   See 'A bigger bang', *Guardian Weekend*, 4 Nov. 2006.
9   Loïc Wacquant, 'Territorial stigmatization in the age of advanced marginality', *Thesis Eleven* (Nov. 2007), pp. 66–77.
10 Alexander Nehamas, *The Art of Living: Socratic Refl ections from Plato to Foucault*, University of California Press, 1998, pp. 10ff.
11 Tzvetan Todorov, *Les Aventuriers de l'Absolu*, Robert Laffont, 2006, pp. 244–8.
12 François de Singly, *Les uns avec les autres. Quand individualisme crée du lien*, Armand Colin, 2003, pp. 108–9.
13 See Claude Dubar, *La Socialisation. Construction des identités sociales et professionelles*, Armand Colin, 1991, p. 113.
14 De Singly, *Les uns avec les autres*, p. 108.
15 Jean-Claude Kaufmann, *L'invention de soi. Une théorie d'identité*, Hachette, 2004, p. 214.
16 Ibid., pp. 212–13.
17 Quoted from Elaine Sciolino, 'New leaders say pensive French think too much', *New York Times*, 22 July 2007.
18 Dennis Smith, Globalization: The Hidden Agenda, Polity, 2006, p. 38.
19 Ibid., p. 37.

3장 어떤 삶을 선택할 것인가

1   See Russell Jacoby, *Picture Imperfect: Utopian Thought for an Anti-Utopian Age*, Columbia University Press, 2005, p. 148.
2   Lawrence Grossberg, 'Affect and postmodernity in the struggle over "American modernity"', in *Postmodernism: What Moment?* ed. Pelagia Goulimari, Manchester University Press, 2007, pp. 176–201.

3   Nechama Tec, *When Light Pierced the Darkness*, Oxford University Press, 1987.
4   Quoted from *Guardian Review*, 3 Sept. 2005.
5   See Richard Rorty, 'Honest mistakes', in *Philosophy as Cultural Politics*, Cambridge University Press, 2007, p. 57; Christopher Hitchens, *Why Orwell Matters*, Basic Books, 2002.
6   Knud Løgstrup, *After the Ethical Demand*, trans. Susan Dew and Kees van Kooten Niekerk, Aarhus University, 2002, p. 26.
7   Stephen Toulmin, *The Place of Reason in Ethics*, Cambridge University Press, 1953, p. 146.
8   Knud Løgstrup, *Beyond the Ethical Demand*, University of Notre Dame Press, 2007, p. 105.
9   See Emmanuel Levinas, *Ethics and Infinity: Conversations with Philippe Nemo*, trans. Richard A. Cohen, Duquesne University Press, 1985, pp. 10–11.
10 '아디아포라'는 중세 그리스도 교회의 언어에서 빌려 온 용어이다. 본래는 종교 교리와 관련된 문제에 대해 '중립적'이거나 '무관심한' 신념을 의미했다. 여기서는 비유적으로 사용해서, 무도덕함을 뜻한다. 도덕적 의미가 없어서 도덕적 판단의 대상이 되지 않는다는 의미이다.
11 Colette Dowling, *Cinderella Complex*, PocketBook, 1991.
12 See Arlie Russell Hochschild, *The Commercialization of Intimate Life*, University of California Press, 2003, pp. 21ff.
13 Levinas, *Ethics and Infinity*, p. 80.
14 Franz Kafka, 'A Hunger Artist', trans. Willa Main and Edwin Muir, in *Collected Short Stories*, Penguin, 1988, p. 271.
15 Friedrich Nietzsche, *The Antichrist*, trans. Anthony M. Ludovici, Prometheus Books, 2000, p. 1.
16 Friedrich Nietzsche, *Ecce Homo*, trans. R. J. Hollingdale, Penguin, 2004, pp. 5, 96–7.
17 Ibid., pp. 13, 101.

18 Nietzsche, *The Antrichrist*, p. 4.
19 Nietzsche, *Ecce Homo*, p. 97.
20 Nietzsche, *The Antichrist*, p. 63.
21 Ibid., pp. 52, 63.
22 Friedrich Nietzsche, *The Genealogy of Morals*, trans. Horace B. Samuel, Dover, 2003, p. 15.
23 Ibid., pp. 11, 17.
24 Ibid., pp. 20−1.
25 Friedrich Nietzsche, *Thus Spoke Zarathustra*, trans. R. J. Hollingdale, Penguin, 2003, p. 204.
26 Ibid., p. 100.
27 Ibid., pp. 188−91.
28 Ibid., pp. 189, 204, 189, 297.
29 Ibid., p. 297.
30 Levinas, *Ethics and Infinity*, p. 95.
31 Ibid., p. 57.
32 Ibid., pp. 57, 96−7.
33 Ibid., pp. 98−101.
34 This wording appears ibid., p. 87.
35 Emmanuel Levinas, *Entre nous. Essais sur le penser-à-l'autre*, Bernard Grasset, 1991, p. 132.

후기 지금, 어떻게 살아야 하는가?

1 B. J. Pine and J. H. Gilmore, *The Experience Economy: Work is Theatre and Every Business is a Stage*, Harvard Business School Press, 1999.
2 Daniel Hjorth and Monika Kostera (eds), *Entrepreneurship and Experience Economy*, Copenhagen Business School Press, 2007.
3 Ibid., pp. 287, 289.

4   Sophie Bjerg Kirketerp, 'The loving organization', *Fo*, 3 (2007) ('The virtual living' issue), pp. 58−9.
5   See Vincent de Gaulejac, *La société malade de la gestion*, Seuil, 2005, p. 34.
6   Ivan Klima, *Between Security and Insecurity*, Thames and Hudson, 1999, pp. 60−2.

옮긴이 김수진

이화여자대학교와 한국외국어대학교 통번역대학원을 졸업한 후 공공기관에서 통번역 활동을 해왔다. 현재 번역 에이전시 엔터스코리아에서 번역가로 활동하고 있다. 옮긴 책으로는 「선악의 기원」, 「어떻게 행복해질 것인가」, 「혐오와 대화를 시작합니다」 등이 있다.

아포리아 07

지그문트 바우만 행복해질 권리

1판 1쇄 인쇄 2025년 4월 18일
1판 1쇄 발행 2025년 4월 25일

지은이 지그문트 바우만
옮긴이 김수진
감수 노명우
펴낸이 김영곤
펴낸곳 (주)북이십일 21세기북스

정보개발팀장 이리현 **정보개발팀** 이수정 김민혜 김설아 박종수
디자인 표지 수란 **본문** 푸른나무디자인 **교정교열** 박귀영
출판마케팅팀 남정한 나은경 한경화 권채영
영업팀 한충희 장철용 강경남 황성진 김도연
해외기획실 최연순 소은선 홍희정
제작팀 이영민 권경민

출판등록 2000년 5월 6일 제406-2003-061호
주소 (10881) 경기도 파주시 회동길 201(문발동)
대표전화 031-955-2100 **팩스** 031-955-2151 **이메일** book21@book21.co.kr

ⓒ 지그문트 바우만, 2025
ISBN 979-11-7357-222-7 03300
KI신서 13512

(주)북이십일 경계를 허무는 콘텐츠 리더

21세기북스 채널에서 도서 정보와 다양한 영상자료, 이벤트를 만나세요!
페이스북 facebook.com/21cbooks   포스트 post.naver.com/21c_editors
인스타그램 instagram.com/jiinpill21   홈페이지 www.book21.com   유튜브 youtube.com/book21pub

서울대 가지 않아도 들을 수 있는 명강의! <서가명강>
'서가명강'에서는 <서가명강>과 <인생명강>을 함께 만날 수 있습니다.
유튜브, 네이버, 팟캐스트에서 '서가명강'을 검색해보세요!

책값은 뒤표지에 있습니다.
이 책 내용의 일부 또는 전부를 재사용하려면 반드시 (주)북이십일의 동의를 얻어야 합니다.
잘못 만들어진 책은 구입하신 서점에서 교환해드립니다.

※ '아포리아' 시리즈가 더 궁금하다면 큐알코드를 스캔하세요.

일상에서 마주친 사유의 정거장

아포리아는 '해결하기 어려운 난제'를 뜻하는 그리스어로, 사유의 지평을 넓혀줄 '새로운 클래식'입니다. 지금까지와는 다른 삶 속으로 나아갈 우리가 탐구해야 할 지식과 지혜를 펴냅니다.

01 제임스 앨런 원인과 결과의 법칙
사람은 생각하는 대로 살게 된다
제임스 앨런 지음 | 박선영 옮김 | 184쪽(양장) | 값 19,800원

02 제임스 앨런 부의 여덟 기둥
부의 잠재력을 깨우는 위대한 공식
제임스 앨런 지음 | 임경은 옮김 | 360쪽(양장) | 값 23,800원

03 제임스 앨런 운의 법칙
내면의 힘이 운의 크기를 결정한다
제임스 앨런 지음 | 박은영 이미숙 옮김 | 704쪽(양장) | 값 33,800원

04 선악의 기원
아기를 통해 보는 인간 본성의 진실
폴 블룸 지음 | 최재천 김수진 옮김 | 344쪽 | 값 22,000원

05 생각을 잃어버린 사회
시대를 앞서간 천재 버트런드 러셀의 비판적 세상 읽기
버트런드 러셀 지음 | 장석봉 옮김 | 292쪽 | 값 19,800원

06 빈곤 해방
세계적 실천윤리학자 피터 싱어의 담대한 제언
피터 싱어 지음 | 함규진 옮김 | 340쪽 | 값 22,000원

07 지그문트 바우만 행복해질 권리
세기의 지성이 불안한 현대인에게 건네는 철학적 조언
지그문트 바우만 지음 | 김수진 옮김 | 노명우 감수 | 300쪽 | 값 19,900원